王茂荫研究系列之二

陈平民 ⊙ 主编

王茂荫研究文辑

安徽师范大学出版社
ANHUI NORMAL UNIVERSITY PRESS
·芜湖·

图书在版编目(CIP)数据

王茂荫研究文辑 / 陈平民主编 . —— 芜湖 : 安徽师范大学出版社 , 2021.2
ISBN 978-7-5676-4343-7

Ⅰ. ①王… Ⅱ. ①陈… Ⅲ. ①王茂荫(1798—1865) - 思想评论 - 文集 Ⅳ. ①K825.34-53

中国版本图书馆CIP数据核字(2021)第029448号

王茂荫研究文辑
WANGMAOYIN YANJIU WENJI

陈平民◎主编

责任编辑 : 蒋　璐　　责任校对 : 牛　佳
装帧设计 : 张　玲　　责任印制 : 桑国磊
出版发行 : 安徽师范大学出版社
　　　　　芜湖市北京东路1号安徽师范大学赭山校区
网　　址 : http://www.ahnupress.com/
发 行 部 : 0553-3883578　5910327　5910310(传真)
印　　刷 : 苏州市古得堡数码印刷有限公司
版　　次 : 2021年2月第1版
印　　次 : 2021年2月第1次印刷
规　　格 : 700 mm × 1000 mm　1/16
印　　张 : 21.5
字　　数 : 322千字
书　　号 : ISBN 978-7-5676-4343-7
定　　价 : 69.90元

前　言

　　读者见到的这部《王茂荫研究文辑》，是我四十多年前就想编著的书。

　　历四十多春秋，不忘初心，念兹在兹，砥砺前行，克服万难，终于在得到黄山市社会科学界联合会资助内部出版之后，又得到安徽师范大学出版社鼎力支持，在我年逾古稀之际公开出版了。退于林下十一年（其中脑中风九年）来，我已无过多的喜悦与忧愁，但这部书以及同由安徽师范大学出版社出版的《王茂荫研究》，是我最为难忘、最为高兴的事了！

　　20世纪70年代中期，我曾在宣城叶家湾安徽劳动大学攻读政治经济学，那时就知道马克思在《资本论》中提到王茂荫。王茂荫是徽州人，我也是徽州人，因而比其他师友对这个与马克思神交的人更有特殊的感情。1976年10月，我大学毕业后就职于徽州地委宣传部，从事理论宣传与研究工作。从1978年下半年开始搜集资料研究王茂荫，至今已整整四十一年。当年曾立下志向：利用得天独厚的条件好好研究这个"《资本论》中提及的唯一的中国人"，有朝一日编著出版一部研究文辑。

　　在徽州寻访到王茂荫的玄孙王自燮、王自珍及王自力等，得以见到许多关于王茂荫的第一手资料，走访王氏歙县杞梓里祖居地和义成"天官第"故居，认识深谙经济思想史的安徽省社会科学院研究员孙树霖先生（已故），并得其指导，际会同道歙人鲍义来先生，我很快就有了研究成果。1981年第一期《江淮论坛》发表了我研究王茂荫的处女作《王茂荫的货币观点和他的遭遇——谈谈〈资本论〉中提及的唯一的中国人》。

这篇文章发表以后，通过走访和信访当年陪同王璜首次考察王茂荫义成"天官第"故居的"英子"（王任之）与"方言"（方士载），我基本了解了20世纪30年代郭沫若、吴晗、张明仁、王璜、朱曼华、谭彼岸等王茂荫研究者的状况，知道了这一段学术史。1982年，我与鲍义来先生一道去他的母校安徽师范大学图书馆查阅当年刊发郭沫若、张明仁、王璜、朱曼华研究王茂荫文章的《光明》半月刊等资料的情景，至今记忆犹新。

此后，我就开始一篇一篇地复印（有的是抄写）研究王茂荫的文章，日积月累，年终盘点。一年积累好办，多年坚持不易；一地收集不难，全国广泛收集，谈何容易。我从徽州地委宣传部先后调市委讲师团、黄山日报社、黄山市社科联任职，在新的工作单位继续坚持收集资料。一个人的学术视野总是有限的，我便委托全国各地新闻界、学术界和知识界的同道朋友，请他们帮助收集，几十年不间断。到2008年3月我退休时，已收集文章70余篇，近40万字。到2016年8、9月间，我开始选编《王茂荫研究文辑》时，文稿累积百余篇。

著名的历史学家、思想家侯外庐先生有本著作叫《韧的追求》。坦率地说，我编著《王茂荫研究文辑》，没有韧的追求，不可想象。2011年清明节前，我突患脑中风，住院治疗半年，落下左半身不遂的问题，生活不能自理，硬是凭着坚韧的毅力，不仅没有放下手中的笔，还学会了在平板电脑上"爬格子"，继续向既定的目标前行，我的大部分研究王茂荫的文稿，是在得病之后写成发表的。

按照《中华人民共和国著作权法的规定》，我必须向有关作者商授版权。出版社对这件事，把关之严，超乎想象。需要商授版权的作者，分布全国各地，80%的人只闻其名而素昧平生，有不少人已经作古，联系其本人或后人，都非常困难。从2018年8月中旬至2019年7月中旬，我给这些作者挂号或快递商授函，整整330天，先后收到24位作者回执，他们完全同意授予版权，但仍有一些作者实在联系不上，商授无果，原本准备入书的文章只好删除。做这件事，费时耗神，其烦其难，难以言状。

我国学术界关于王茂荫的研究，从1936年郭沫若、吴晗撰文倡议研究至2016年，整整八十年。这八十年间，1938至1957年以及"文革"这三十年间，学术界基本没有研究王茂荫的成果发表，有研究的时间不过五十年。大致说来，关于王茂荫的研究，八十年间分三个阶段：一是20世纪30年代中后期，郭沫若、吴晗、王璜、张明仁、朱曼华等人的研究；二是20世纪50年代初至"文革"前夕，谭彼岸、草芸、高鸿志等人关于介绍王茂荫的文章零星发表；三是20世纪70年代末，我国改革开放以后至今这一段。第三阶段之初，我发表《王茂荫的货币观点和他的遭遇——谈谈〈资本论〉中提及的唯一的中国人》，重启了王茂荫研究。

《王茂荫研究文辑》文稿经一再筛选，辑录文稿42篇，汇辑了中国学术界八十年间已公开发表的研究王茂荫的主要成果，这些文章涉及王茂荫的籍贯家世、生平履历、经济思想、政治思想、人才思想、军事思想、吏治思想与管理思想，还有王茂荫的社会交谊等诸多方面的内容。依据不同时期作品的内涵，文辑设置了"家世·生平""货币·币制""政治·人才""吏治·管理""交谊·其他"五个部分，各部分入选作品数量不等，大体按发表时间先后排序。

《王茂荫研究文辑》的出版，对于了解王茂荫研究的历史轨迹，无疑是有裨益的。世人对王茂荫，由几乎毫无所知到比较熟悉，再到远近驰名和名播天下，既有的研究无疑是有贡献的。随着新的研究资料不断发掘，新的研究成果将不断涌现，新的研究成果也将不断地为现实经济社会文化事业的发展，提供有力的支撑。

鉴于本书所收录的文章写作时间跨度较长，且每篇文章都具有相应的时代特征，为使读者了解每篇文章，将以每篇文章最初发表时的原貌呈现给读者，只对文章中确属错误的文字、标点和一些无歧义的异体字做修改，并对同一篇文章中的引文，注释格式等做适当的加工，使之大致统一，其他则一律依旧。

由于视野不及和学识浅陋，总有好的研究文章未能选入，这只能请有关作者和受众朋友鉴谅了。

陈平民

2019 年 8 月 15 日于徽州公馆寓所

目 录

家世·生平

货币·币制

政治·人才

吏治·管理

交谊·其他

家世·生平

《资本论》中的王茂荫

郭沫若

　　《资本论》首卷第一篇第三章标号为"83"的脚注，其（德文版）前半（截）原文是：

Der Finanzmandarin Wan-mao-in ließ sich beigehn, dem Sohn des Himmels ein Projekt zu unterbreiten, welches versteckt auf Verwandlung der chinesischen Reichsassignaten in konvertible Banknoten hinzielte. Im Bericht des Assignaten Komitees vom April 1854 erhält er gehörig den Kopf gewaschen. Ob er auch die obligate Tracht Bambushiebe erhielt, wird nicht gemeldet. "Das Komitee", lautet es am Schluß des Berichts, "hat sein Projekt aufmerksam erwogen und findet, daß alles in ihm auf den Vorteil der Kaufleute ausgeht und nichts für die Krone vorteilhaft ist."

(Arbeiten der Kaiserlich Russischen Gesandtschaft zu Peking über China. Aus dem Russischen von Dr. K. Abel und F. A. Mecklenburg. Berlin1858, Bd.I, S.47 ff.)

　　这在我的朋友陈启修先生所翻译的《资本论》第一卷第一分册（一九三零年，仅仅译了这一分册）中，是被译为：

中国的财政官万卯寅（原文是Wan-mao-in，我曾托友人到清史馆查此人的原名，现在还无结果，这里姑译为"万卯寅"，等将来查明时再改正罢。日译本译成"王猛殷"或"王孟尹"，那当然是因为日本不知道中国的罗马字拼音的缘故，却也未免差得太远了。——陈）暗暗地立了一个计划，想把大清帝国纸币变形为银行兑换券，打算把那个计划奏请皇帝裁可。他在一八五四年三月的帝国纸币委员会的报告当中，大大地碰了钉子。不过，他到底因此受了照例的笞刑没有，却还没有明白的消息。在那个报告的结末里面，这样说着："本委员会把他的计划详细研究过，才发现这个计划的一切都是以商人的利益为目的的，没有一点为着皇帝的利益的。（《俄国驻北京的大使馆关于中国的研究》①，阿泊尔博士并麦克伦埠从俄文翻译的译文，柏林，一八五八年，第一卷四七页以下。）

译者本是经济学专家，而且是来自北平的经济学的名教授，他的译书出版以来已经六年了，大约是已经重版了好几次，不知道这Wan-mao-in已经被他考查出来了没有。但这人，其实是用不着到清史馆去查问的。我近来重读到这儿，偶尔把《东华录》来考查了一下，不想出一下便把他查着了。1854年是咸丰四年，那年的三月初一是庚子，在初五日甲辰项下有下列的一条记载：

户部右侍郎王茂荫奏：钞法未善，酌拟章程四条。并以兵民怨恨，自请严议。得旨：王茂荫身任卿贰，顾专为商人指使。且有不便于国而利于商者，亦周虑而附于条款内，何漠不关心于国事，至于此乎？并自请严议，以谢天下。明系与祁寯藻等负气相争。读圣贤书，度量顾如是乎？且谓"废黜不敢怨悔"，设是时故激朕怒，将伊罢斥，伊反得身后指使，百计阻挠。看伊奏折，似欲钞之通行，细审伊心，实欲钞之不行。且有挟而求，必应照伊所奏。如是欺罔，将谓朕看不出耶？此折，着军机大臣详阅后，专交恭亲王载铨速复议以杜浮言。又奏：愚民误用伪钞，请饬下刑部，但有来手承认，即将收用之人省释，以免民累。批：此奏尚不为无见。

---

① 编者按：本书有多种译本，书名译法各不相同。收入本书时，一仍其旧。

接着在初八日丁未又有下列的一条：

谕内阁恭亲王奕䜣、亲王衔定郡王载铨奏：遵议王茂荫条陈钞法窒碍难行一折，著即照所奏均无庸议。宝钞之设，原以裕国便民。王茂荫由户部司员经朕渐擢侍郎，宜如何任劳任怨，筹计万全。乃于钞法初行之时，先不能和衷共济。只知以专利商贾之词，率行渎奏，竟置国事于不问。殊属不知大体！复自请严议，以谢天下，尤属胆大！设使朕将伊罢黜，转得身后指使，百计阻挠。如是欺罔，岂能逃朕洞鉴耶？王茂荫著传旨，严行申斥。

这王茂荫必然就是 Wan-mao-in 无疑。日本的译者河上肇博士译为"王猛殷"，高畠素之译为"王孟尹"，虽然是出于乱猜，但"王"字却被他们猜着。倒是慎重的惺农①的"万卯寅"却字字都对走了。同是乱猜，本来不能说是谁是谁非的。但"王"应"Wang"却成了"Wan"，这当是俄文发音中没有"ng"一音的缘故。原文本是俄国大使馆的报告，想到这层也就不能怪"差得太远"了。

由上二道谕旨不仅可以知道 Wan-mao-in 就是当时户部右侍郎王茂荫，所谓 Assignaten komitees 陈沿日译译为"帝国纸币委员会"的，是由那些人所构成，都很明白。而所谓"帝国纸币"——Reichsassignaten——其实就是"宝钞"，再充足而言之，是"官票宝钞"。咸丰初年，因为洪杨军兴，当时的财政异常吃紧，三年五月宝泉局（如今称造币厂）开始铸大钱，除一文制钱而外，有当千，当五百，当百，当五十，当十，当五的几种大钱。但不久便有盗铸大钱的犯人出现，使当时的朝廷竟不能不以发配新疆，给官兵为奴，或更以大辟的严刑为禁。这样造铸大钱以济制钱之穷，但仍然不敷用，不久又发行"官票宝钞"。"凡民间完纳地丁钱粮、关税、盐课及一切交官解部协拨等款，均准以官票宝钞五成为率。官票银一两抵制钱二千。宝钞二千抵银一两。与现行大钱制钱相辅而行。"（同年十一月二十四日谕。）

---

① 编者按：陈启修，改名豹隐，字惺农，笔名勺水、罗江。

这"官票宝钞"是一种不兑换纸币，是由政府强制使用的。这大约是近代意义的纸币之在中国的开始，但是毫无信用。一着手施行先由军事上和地方上的官吏，便叫起不便来。而且作伪比私铸大钱更要容易，弄得连误受伪票的小商人都无辜受累。这结果自然是免不得要"兵民怨恨"了。再看王茂荫"自请严议"，可以知道这种不兑换纸币的发行，本是出于他的建议①。王茂荫在咸丰三年三月还在御史职，但他对于国家财政很是关心，我疑（咸丰）三年五月铸大钱的办法都是出于他②，他是那年的十一月初二日升为户部右侍郎的，四年三月的第二谕中有"经朕涤擢侍郎"之语，这"涤擢"一定是对于他的某种建议的报酬。"官票宝钞"的施行在后，铸造大钱之事在前，从论功行赏的程序上说来，连大钱铸造的建议恐怕也是出于这位理财家的吧。

王茂荫建议了"官票宝钞"之制而行不通，由他自己来奏请，说"钞法未善"并"酌拟"了"章程四条"来改良。这四条章程一定是包含着《资本论》中所说的"ein Projekt, welches versteckt auf Verwandlung der chinesischen Reichsassignaten in konvertible Banknoten hinzielte"（陈译"暗暗地立了一个计划，想把大清帝国纸币变形为银行兑换券"，其实应译为"暗地里把官票宝钞转移向可兑现的钱庄钞票的一个建议"。）当时的中国没有银行，可兑现的 Banknoten（陈译"银行兑换券"）其实就是钱庄钞票。我揣想王茂荫的计划大约是教各地大钱庄以若干成的折扣来承受国家的"官票宝钞"，由他们的手再发给民间，随时可以兑现。那样便可以保证"官票宝钞"的信用，而国家也坐收一笔大利。由这样，把不兑现的"官票宝钞"便暗渡到兑现的钱庄钞票。我虽然并无财政上的知识，但在当时，我相信这一定是很好的办法，王茂荫的条陈大约是以这种办法为主的。但当时的皇帝、亲王们却反对他，说他"专为商人指使。且有不便于国而利于商者，亦周虑而附于条款内……漠不关心国事"；又说他"止知以专利商贾之词，率行渎奏，竟置国事于不问"。这便是《资本

---

① 编者按：王茂荫是清咸丰朝倡议发行钞币的第一人，但清政府发行的"户部官票"和"大清宝钞"，用的都不是王茂荫的原拟之法。

② 编者按：郭先生这里猜测错了，铸颁大钱的办法并非出自王茂荫。王茂荫是铸大钱反对派的中坚人物。

论》上所引的那一句了：

Das Komitee hat sein projekt aufmerksam erwogen und findet, dass alles in ihm auf den Vorteil der Kaufleute ausgeht und nichts für die Krone vorteilhaft ist. (陈译"本委员会把他的计划详细研究过，才发现这个计划的一切都是以商人的利益为目的的，没有一点为着皇帝的利益的。"）

王茂荫所酌拟的《章程四条》可惜在《东华续录》中没有详载，这层是有"到清史馆查"的价值的。我希望读了我这篇短文的人，尤其北平的朋友们，请顺便去查一下，并且请趁早查，如不趁早，恐怕要先被"不知道中国的罗马字拼音的"的"日人"搬到海外去了。王茂荫是做到卿贰之职的显宦。他的后人一定也是还在的，关于他籍贯和生平著作等等，能由他的后人从家乘中抄点出来给我们，我看也是很好的近代经济史的资料。

至于《资本论》那半段脚注，陈惺农的译文实在不大妥当，我看是应该译为：

中国的财政大员王茂荫上一条陈于天子，请将官票宝钞暗渡为可兑现的钱庄钞票。在一八五四年三月钞法核议会的奏呈中，王茂荫为此大受申斥。然其曾受法定的笞刑与否，则无明文。该奏议之结尾有云："本核议员等曾将其条陈详加审核，觉其中所言专利商贾，于朝廷毫无一利。"

马克思在这简单的几句话中，我看对于王茂荫是有充分的同情的。他担心这位大员的下体怕受了竹杖的敲打，其实这是过虑了的。王茂荫在严受申斥之后的第四天上被调为兵部右侍郎，这或者是有些微左迁的意思，但他并没有受笞刑，却是可以断言。

存心写出这篇短文已经有三四个月了。因为手中书籍缺乏，于所悬拟的问题不能周详，故踌躇着不敢写出。现在终于拉杂地把它写了出来，

《资本论》中的王茂荫

我也借此以刺激一下研究近世经济史的学徒们，希望他们有资料之便的，多多做点整理的工作。翻译真不是一件容易的事情，尤其像《资本论》这样伟大的著作，竟连半截注脚，都是须得费一番考证的工夫的。

一九三六年十月十九日

[原载《光明》第二卷第二号 1936年]

王茂荫的生平及其官票宝钞章程四条

王　璜

在上海看到《光明》上郭先生的文章，就想回歙县来搜集王茂荫先生的遗事。因为在歙县，提到王茂荫，是没有哪个不晓得的。郭先生虽知道陈启修译的万卯寅，河上肇译的王猛殷，高畠素之译的王孟尹，那是对王茂荫的错译，但是，关于王茂荫建议的官票宝钞的四条章程，以及王茂荫本身的事，知道的却很少。

后来在《光明》上，又看到了张明仁先生的文章。张先生虽然在《清史稿》中找着了王茂荫的小传，但是，那是十二万分的不详细，且也有许多不对的地方，例如王茂荫字椿年，号子怀，歙南杞梓里人，后迁义成，《清史稿》中或遗漏，或弄错。于是，我遂下了回歙县调查王茂荫的遗事的决心，匆匆地离开了上海，而回到了歙县。

回到歙县，就跑到"义成天官第"去访王茂荫的后裔，这天官第据说是王茂荫建的，王茂荫就死在这屋子里①。出来和我谈话的是王茂荫的重孙（曾孙）王桂鋆、王桂培两位老先生。在我和他们说明了来意后，他们即笑逐颜开地把王茂荫先生的奏折拿给我看，另外还给了我一本行状，是曾国藩作的②。

这行状比《清史稿》上说到的王茂荫是详细得多了。为着更详尽地

---

① 编者按：清同治四年农历六月廿二日即1865年8月13日，王茂荫在义成天官第病逝，这是不错的，但这房子并非在王茂荫之手建的，而是买的义成朱姓的旧房。

② 编者按：这行状最后署"曾国藩填讳"，但并非曾氏所作，作此行状的是当时在世的王茂荫的两个儿子即长子铭诏和次子铭慎，或是他们请人作的。

知道王茂荫，现在我把这行状择要录下：

府君讳茂荫，字椿年，号子怀，姓王氏，世居徽州府歙县之杞梓里。

高祖讳洪烈，乾隆壬申恩科武举人，以太高祖遴士公得痹疾，侍榻十余年，未与兵部试。曾祖以和公，少英敏，读书不仕，敦行乐善，乡里推重。祖敬庵公克承父志，尤笃于追远报本：修祖祠，置墓田，敦宗睦族，恤孤怜贫；于造桥，修路，兴水利，施医药诸善举，恒以身任其劳，孜孜不倦，三代均以府君贵，封赠如其官，高祖貤赠光禄大夫吏部右侍郎加二级，曾祖、祖均诰赠光禄大夫吏部右侍郎加二级，高祖妣方氏貤赠一品夫人，钦旌节孝曾祖妣氏洪均诰赠一品夫人，继祖妣氏吴诰封一品太夫人。

敬庵公生子四：府君居长，洪太夫人出，次茂兰出嗣伯祖，后次茂茹、茂蕙，均吴太夫人出。府君弱不好弄，髫龄入塾，晨入暮归，或起稍迟，同学有先入塾者，府君必哭泣自责，塾师以是深器之。舞勺后，从双溪吴柳山先生游。先生为乾隆丁酉科江南解首，故名宿也。门下多积学之士，府君相与观摩，益自刻励，挑灯攻读，必至三更方寝。昧爽即披衣起而默诵，溽暑严寒无少间，由是学业大进。时太仓钱伯瑜先生，主讲紫阳书院，见其文深相奖许，引为契友。岁辛卯，至京师值恩科，以监生应京兆试，中式举人，座师为户部右侍郎山阳李芝龄先生、吏部左侍郎长白宝文庄公大学士、德州卢文肃公，房师为京畿道监察御史安顺宋芸皋先生。明年，壬辰会试联捷成进士，座师为大学士吴县潘文恭公、刑部尚书开化戴简恪公、工部尚书长白穆鹤舫先生、吏部尚书宝应宋文定公，房师为翰林院编修楚雄池龠庭先生。引见后，授主事，签分户部广西司行走。五月到部，闰九月告假归省。先是，府君幼时为曾大母所钟爱，甫断乳，即抱同卧起。既而太母洪太夫人见背，益顾复劬劳，不离形影。迨稍长，就外傅，曾大母时思念不置，间月必召归一见。至是成名，为之一喜。恒戒府君曰"吾家虽寒素，粗足自给，愿汝善守身，不愿汝积多金也"。府君终身志之不敢忘，盖一生清节有自来矣！

癸巳四月，来京供职。丙申恩科会试，充收卷官。丁酉正月，乞假省亲，八月销假。庚子八月，随大司马裕文瑞公、少司农善公焘，赴盛京凤凰楼、清宁岩、永陵、启运殿查估工程，十月回京，作述怀诗四首，望云思亲，言之悱恻。

辛丑元旦，府君忽动心，遍告同人，欲乞假归。同人咸劝暂缓，府君不可，亟促装南旋。二月抵家，则曾大母已于正月初八日见背，抚棺长号，自恨归晚，哀恸不已。爰泣述曾大母苦节及一生事实，缀辑成文。入京销假后，乞大宗伯李芝龄先生作传，赠尚书戴文节公、编修蔡春帆先生并为绘《贞松慈竹图》，一时名流题咏，竟成巨册，于是有节孝录之刻。

甲辰，充会试收卷官。丙午六月，补授云南司主事。丁未八月，升补贵州司员外郎。戊申二月，奉旨记名以御史用，三月接大父病信，急乞假归。

甫抵里门，已闻凶耗，悲号辟踊，痛不欲生。庚戌八月，服阕。咸丰元年辛亥六月到部，七月补授江西司员外郎，八月补授陕西道监察御史，九月奏陈用人、理财各一折……

（略）十一月，钦命巡视中城。

癸丑正月，奏陈银票亏商，银号亏国，部议未尽，请饬另筹一折，云（略）十九日奉上谕："户部奏请派员会筹试行钞法一折，着派左都御史花沙纳、陕西道监察御史王茂荫会同户部堂官速议章程，奏明办理。"

（略）二月十七日，荷蒙恩赐召见……三月，署湖广道监察御史。四月，奉旨补授太常寺少卿。旋奉旨稽察右翼觉罗学。六月初一日，御门奉旨，补授太仆寺卿。初二日，谢恩，召见，开年齿及家中人口并京寓地方甚悉。又问："你是哪年上回家的？"奏："道光二十八年春间，接家信，知道父亲有病，告假归省，到籍即经丁艰。"问："在家几年，做过什么事？"奏："臣在家，因臣县自唐宋元明以来，孝贞节烈妇女载在县志，未经请旌者八千余名。道元二十三年汇详题请，奉旨予旌，而数年未行建祠立坊，臣会同邑绅造祠建坊。"等语。盖府君自通籍后携眷属至京师，仅一年余耳，其余月日皆孑身独处宣武门外之歙县会馆。文宗显皇帝已有所闻知，故垂询如此之详也。

九月，奉命与宋光禄晋、何观察桂珍、会议大学士贾、大司空翁、大中丞宋所奏城守事宜六条。十月，又奏请旌表殉难士民一折……十一月初二日，奉旨补授户部右侍郎兼管钱法堂事务，初三日谢恩，自陈才力不及，恳求辞职，奉旨不许。初四日召见，复碰头自陈，仍不许。上谕："汝在户部多年，各事熟悉。"初十日，奉旨派考国子监恩监生，同被命者宗室载鹤峰少司空、毓瑞青宫詹，十四日复命。廿一日，奏陈大钱利弊，极言当百当五百当千三种，折当太重、分量悬殊、种类过繁、市肆纷扰一折。十二月初二日召见，又面陈当百以上大钱之不能行。是年，京官普行捐输。奉旨："交部议叙。"岁暮，蒙颁赏野鸡、奶饼、鱼、哈密瓜诸贡品，嗣后，每居岁暮，颁赏如例。甲寅正月，复奏大钱私铸繁兴，亏国病民，恳请停止一折。

二月初八日，经筵侍班，赐座赐茶。三月初五日，奏陈钞法未尽，敬陈管见并沥陈下情一折……

十二日，奉旨调补兵部右侍郎。

七月，派专司马馆事务，闰七月廿九日奏事，召见，问衙门事务及家乡情形。十月，奉旨转补兵部左侍郎。

乙卯二月廿九日，奏请暂缓临幸御园一折。七月，奉派贡院搜检。十月，奉派复勘咸丰三年岁考前到试卷。

丙辰二月初十日，经筵侍班。是科会试及各省举人复试，均派贡院搜检。四月，奏天时人事危迫日深一折……三十日，派充进士朝考阅卷大臣。九月初四日，武会试，派充宿字围较射大臣。

丁巳二月，经筵侍班。十一月廿九日上谕："著加恩在紫禁城内骑马，钦此。"

戊午四月，派办理五城团防事宜。

是时，海氛不靖，府君愤激特甚，日夕筹思，屡陈封事，并上守备策四条。由是肝气上冲，心烦不寐，腰足作痛，精神疲倦。六月，团防撤局，始请病假。七月，奏请开缺调理，奉旨允准。十月，由歙县会馆移寓于广渠门内之玉清观时，不孝铭慎随侍在京。

己未，以本省借浙闱开科，府君命回南赴试。不孝铭慎以侍奉无人辞，不许。是岁十月，府君忽得恍惚之症，觉言语都不自由，问答时形乖舛，延医诊视，谓由思虑过度，心血亏损所致，投以参剂，始渐瘳，自是语言微患蹇滞。同年，锡子受观察延请，主讲潞河书院，遂移寓潞河，借以养疴。

辛酉七月，文宗显皇帝驻跸热河，龙驭上宾。府君惊闻遗诏，抚膺号哭，哀痛不能自已。每对人道及先帝特达之知遇、逾格之优容，辄潸然泪下。八月，今上登极。十一月，奉传知至军机处察看，府君沥陈病状，奉上谕："前任兵部侍郎王茂荫志虑忠纯，直言敢谏，特谕议政王军机大臣传至军机处察看。据该侍郎自称精神尚未复原，急切恐难任事，系属实情。若遽令销假，转非所以示体恤。王茂荫着安心调理，一俟病痊，即递折请安，听候简用。钦此。"府君具折谢恩。每以仰叨体恤，感激涕零。

壬戌三月，奏云……四月初十日，销假，递折请安，又陈封奏一件。十一日，奉上谕："都察院左副都御史著王茂荫署理。钦此。"五月廿九日，奉命偕兵部尚书爱清恪公，驰驿前赴山西，查办事件。七月初四日，抵山西省。十一日，奉旨补授工部右侍郎兼管钱法堂事务。八月十五日，奏查办山西事件完竣。十六日，启行赴陕西。九月十六日，抵坡底镇，值潼关吃紧，驿路不通，旋奉旨折回山西。

癸亥二月，奉旨调补吏部右侍郎。六月，在山西差次，接先继祖慈讣音，即日恳尚书爱公、巡抚英公奏明，奔回京师，在途昼夜哀号。是时，家乡不靖，不孝铭诏等奉先继祖慈避难江西，舟次樵舍而病不起。府君以道途阻塞，奏明回京，绕道赴丧。

甲子三月，奔抵吴城，瞻拜灵帏，号恸欲绝。未几，江右戒严，复挈家之安庆。七月，同邑柯比部钺卒于省寓，府君哭之恸，即觉困惫，旋复发热，作呃逆，如是十余日，几殆。服药月余，始复旧。

乙丑二月，由吴城扶柩回里，四月抵家，即经营卜葬事。时兵燹之后，里闾成墟，人民寥落，亲知族党多半流亡。府君以暮岁还乡，睹此情形，弥深悲愤。陡于六月中旬，旧恙复发，兼感暑热，延医服药，迄不见效，然犹能力疾起立。

廿一日，身体益惫，府君自知不起，即口授遗折，命不孝等敬谨缮写，犹以国恩未报、亲丧未葬为憾。廿二日午后，药饵不能下咽，延至申刻，竟尔弃养，呜呼痛哉！何天之不吊至于此极也！

府君识量宏远，寓浑厚于精明，处事以虚心，必求洞悉源委，办事实心，不肯稍事因循。自受圣朝恩遇之隆，于国计民生政事得失，知无不言，言无不尽。每上封事，一灯属草，宵分不寐。平居则与同志数人讨论古今，孜孜不倦。以时事方殷，人才为重，故于宏奖风流，尤注意焉。前后荐剡不下数十人。凡所敷陈，多蒙采纳；凡所推荐，多蒙录用。其所以承宠眷、荷褒嘉者，固有由也。办理部务，矢慎矢勤，不敢苟且迁就。公余手执一卷，披览不辍。自为司员时，见库帑支绌，思所以济国用，乃历考古来圜法利弊，悉心研究，积思十余年。及入谏垣，即上钞法十条，为权宜济用之计，而部议多格不行，其所行者非府君法也。

府君天性孝友，大父年七十时，屡禀请归养，大父不许，及戊申奔丧一恸几绝，时以不及侍汤药、侍饭含为憾，奉大父位于堂，晨夕奉餐上食如平时，居丧斋素，绝不茹荤。时适阳川伯祖姑归宁，祖姑素聪明识道理，为府君所敬重。见府君毁瘠过甚，委曲劝导，府君闻言益悲，号啕痛哭，祖姑亦惨然不能尽其语。

府君性恬淡，寡嗜欲，京宦三十载，恒独处会馆中，自奉俭约，粗衣粝食，处之晏如。平生笃于师谊。淳安王子香先生，幼时业师也，后其家零落，府君招其子来所，以慰劳勉励之甚挚，岁末必邮金资助之。戚党中之孤苦者，亦按时资给，岁以为常，亲友称贷，必竭力以副遇善举，欣然乐为。凡乡间葺祠宇，通道路，修堤造桥诸事，靡不量力倾助。

府君律己甚严，责人贵宽。人有过，未尝不正言规劝，然词意温婉，故人乐从之。士之来谒者，必引掖奖励，喻之于道。生平研究经史，期为有用之学。所著古文、时文、试帖共若干卷，待不孝等以慈，而课不孝等甚严，恒训不孝等以"孝悌"二字，是人家根本，失此二字，其家断不能昌。又曰："凡人坏品行损阴骘，都只在财利上，故做人须从取舍上起。富与贵是人之欲，章学者最宜亲切体认。此处得失利害关头，人心安能无动？惟当审之以义，安之以命。古云：'漏脯充饥，鸩酒止渴。'非不暂饱，死亦随之。当时时作此想，则自然不妄取，渴不饮盗泉水，热不息恶木阴，有志者须极力持守，方可望将来有成。"又曰："莫看眼前吃亏，能吃亏者是大便宜。此语一生守之，用不尽。"又曰："我之奏疏，词虽不文，然颇费苦心，于时事利弊实有切中要害处，存以垂示子孙，使知我居谏垣，蒙圣恩超擢，非自阿谀求荣中来。他日有入谏垣者，亦不必以利害之见存于心，能尽此心，自邀天监。"等语，不孝等谨志之弗忘，今言犹在耳，而声欬无闻。彼苍者天，胡夺我府君之速耶？

府君生于嘉庆三年三月十一日申时，卒于同治四年六月二十二日申时，享寿六十有八。聘洪夫人，国学生讳伯烞公女，配吴夫人，国学生讳大霞公女，继配吾母洪夫人，讳观政公女。子三：长不孝铭诏，邑增贡生，中书科中书，娶方村方廪贡生讳承诰公女；次不孝铭慎，己未科，挑取誊录国史馆议叙盐大使，娶浙江乌程闵，原任角斜场大使讳廷楷公女；三不孝铭镇，国学生，三十三岁卒，娶潭川汪辛卯科江南解元、原任来安县教谕讳立权公女，继娶邑城陈邑附生讳诗公女。女二：长适阳川洪道衔名本佳长子承基，次适西溪汪国学生名运镳次子优附生宗沂。孙四人：长经守，不孝铭镇出，聘方氏；次经宇，不孝铭诏出，聘方氏；三经峩、四经案均不孝铭慎出。孙女八：长字庠里吴道衔名锡维子邑庠生名祖植；次未字，均不孝铭诏出；三字郡城许候补知府名长怡子经生，不孝铭慎出；四字磻溪方县丞衔名增翰子；五字邑城江前署繁昌县训导讳东巨公孙国学生名兑子，均不孝铭诏出；六殇；七未字，均不孝铭镇出；八未字，不孝铭诏出。

不孝等苦次昏迷，事多垦漏，语无伦次，伏冀当代立言君子，锡之铭诔，以垂久远。不孝等世世子孙感且不朽。

慈命称哀。孤哀子王铭诏、王铭慎泣血稽颡谨述。赐同进士出身诰授光禄大夫、太子太保武英殿大学士、直隶总督一等毅勇侯、愚弟曾国藩顿首拜填讳。

看完上面的行状，我们可以知道了王茂荫的生平。同时，在诰授朝议大夫钦加四品衔内阁侍读记名道府前文渊阁检阅鲍康作的《王母洪夫人寿序》上，也曾说到王茂荫的家居生活：

先生受两朝特达之知，由甲科入农部，擢御史甫二载，即授侍郎。封事数十上，动关大计，言人之所不敢言。天下仰望其风采。康昔官中书时，每造先生宅，辄饫聆高论，见先生萧然一堂，别无长物。公余之暇，手一卷自娱，京官三十年，未尝携眷属。

至于他上的官票宝钞的章程四条，是在下面的两个奏折内。

奏为敬筹济用，以备采择，恭折具奏，仰祈圣监事：臣维用人理财，二者固分本末，然当务为急。今日之需才急矣，而理财亦正不容缓。粤西之军务未息，河工之待用尤殷，国家经费有常，岂能供额外之用？于是，部臣又有开捐例之议。夫捐例之弊，人皆知之，岂部臣独知之而为此议耶？不得已也。

臣观自汉以来，不得已而为经国之计者有二：一曰铸大钱，二曰行钞币。

二者之利同，而其难以经久亦略相似。然臣尝考铸大钱始汉元鼎迄明，兴者数矣，曾不三五年即废，钞币之法，昉于唐之飞钱。宋初因之。置便钱务，可考者，至道末，商人便钱一百七十余万贯。元禧末，增百二十三万贯，计其流行已三四十年。交子之法，自天圣至大观，行之七八十年。会子之法，始自绍兴，行之终宋之世。有元一代，皆以钞行。明沿用之，至宏正间始废，盖亦行百有余年。是钞又不能久中之尚可久者也。臣见往年议平银价，内外臣工多为铸大钱之说，因私拟为钞法，以为两利取重、两害取轻计。钞之利不啻十倍于大钱，而其弊则亦不过造伪不行而止。国初造钞，岁十余万，行之亦经十年之久。其行也，所以辅相夫不足。其止也，即以裁成夫有余。圣神妙用，百世可师，济用权宜，似莫逾于此。顾臣虽拟之，久而不敢上者，诚恐奉行不善，转为法累，苟可无需，自不必行。若为不得已之计，则刍荛之愚，似宜陈之，以备采择。用是不揣冒昧，敬将所拟钞法十条恭缮进呈，伏乞皇上圣鉴：

推钞之弊。钞之利自不待言，行钞之不能无弊，亦人所尽晓。然知有弊而不能实知弊之所在，知弊之所在而不能立法以破除之，则钞不行。

间尝深思切究，即古来行钞之弊而详推之，盖有十端：一则禁用银而多设科条，未便民而先扰民；二则谋擅利而屡更法令，未信民而先疑民；三则有司喜出而恶入，适以示轻；四则百姓以旧而换新，不免多费；五则纸质太轻而易坏；六则真伪易淆而难识；七造钞太多则壅滞，而物力必贵；八造钞太细则琐屑，而诈伪滋繁；九则官吏出纳，民人疑畏而难亲；十则制作草率，工料偷减而不一。诚能举此十弊去之，先求无累于民，而后求有益于国，方可以议立法。

拟钞之值。元以前未尝用银，故钞皆以钱贯计。今所贵在银而不在钱，则钞宜以银两计。过重则不便于分，过轻则不便于整，请定为两种：以十两者为一种，五十两者为一种。十两以下，则可以钱便之者也；十两以上至数十两，则皆可以十两者便之；百两以上至数千两，则皆可以五十两者便之。其平色，则以足色库平为准。既以便上库，亦以便流通。盖即仿现行库饷锭式，以免琐碎参差之弊。

酌钞之数。钞无定数，则出之不穷，视为大利，不知出愈多，值愈贱。明际，钞一贯至不值一钱，于是不得不思责民纳银以易钞，不得不思禁民用银以行钞，种种扰民，皆由此出。宋绍定五年，两界会子多至三亿二千九百余万，此所以不行也。宋孝宗曰："会子少则重，多则轻。此钞法之扼要也。"请仿国初之法，每岁先造钞十万两，计十两者五千张，五十两者一千张。试行一二年，计可流通，则每岁倍之；又得流通，则岁又倍之。极钞之数，以一千万两为限。盖国家岁出岁入，不过数千万两，以数实辅一虚，行之以渐，限之以制，用钞以辅银，而非舍银而从钞，庶无壅滞之弊。

精钞之制。自来钞多用纸，故有楮币之名，既易歊烂，尤易造伪。今拟仿古者用币之意，请由户部立一制钞局，先选织造处工人，以上等熟丝织如部照之式，分为两等，方尺有五寸者为一等，方尺有二寸者为一等。四围篆织花纹，花纹中横嵌"大清通行宝钞"六字满文于额，直嵌"大清宝钞，天下通行"八字汉文于两旁，按每岁应制钞张数造办。以方尺五者为库平足色纹银五十两，方尺二者为库平足色纹银十两。选能书吏，于钞中满汉合璧作双行书。每年拟定数字，每字一万号，编为一簿。钞之前，按簿上每张填某字某号，钞之后，书"某年月日，户部奏准，大清宝钞与银钱通行使用，伪造者斩，先捕者赏银若干两，仍给犯人财产，诬告者坐"，皆汉书。再请饬另铸大钞印一颗，于中间满汉文银数上钤以印，前某字某号上钞与簿钤骑缝印。钞质必原实如上等江绸。篆文必细致，演汉书必工楷一律，印文必完整，印油必鲜明。监造各官有草率不如式者，治以罪，禁民间不得私织如钞花样，有犯必惩。再请饬于制钞局，特派一二有心计之员，另处密室，于每钞上暗设标识几处，如何辨认，封藏以便后来检对。其标识按年更换，以杜窥测。一切均不得假手书吏，以防泄漏。如此则造伪甚难，辨识甚易，伪造之弊，庶几可杜。且绸质较足经久，亦不致遽虞斵烂矣。

行钞之法。立法必自京师始。如部中每岁制钞十万，请先以一万分颁五城御史，令传属内殷实之银号，当堂将钞酌为颁发，取具领状，由城移送银库。银号领钞，准与微利，每库平五十两者，止令缴市平五十两；库平十两者，止令缴市平十两。限于领钞后次月，随同库上收捐时将银缴库。银号领钞后，许加字号图记、花字于钞之背面，听各处行用，并准兑与捐生作捐项，与银各半上兑。余钞九万，酌分各直省、大都会及东南两河，交各督抚，饬省会州县发交钱粮银号。银号领钞，亦如京城，准与微利，库平止缴市平，将银于次月缴纳各州县库。领钞之银号，亦准加字号图记于钞之背面，听各处行，并许为办解银粮，与银各半解司。其有无钱粮银号之州县，或交官盐店与典铺。凡京城之银号，自多捐生兑换。外省州县之银号，有专为办解钱粮者，盐店、典铺亦皆与官吏较亲。倘书吏再有需索之弊，许该生银号等指名呈究。该管官即严行惩办，庶几民情无所疑畏矣。

筹钞之通。京城发银号之钞，许捐生兑作捐项，则钞仍归于部库。库上每月应放款项，除零星散数不可给钞外，如数在数十百两以上者，部库均可酌量以钞搭放。凡领钞者，如兵饷马乾不便分析，即可向银号兑银散给。钞上有银号图记，如他银号未晓，即向原加图记银号兑换，自属甚便。该银号收钞仍可为兑与捐生之用。外省发银号之钞，许其解充地丁，则钞仍归于藩库。该省每年应拨放款项，该藩司酌量以银与钞各半发给。领钞者均令就各州县钱粮银号兑换。该银号得钞，仍可为办解钱粮之用。在各该银号以银易钞，既听各处行用，且可为捐生上兑捐输，办解钱粮，并无苦累。如或故意勒掯，不肯兑换，或兑换扣减，不肯如数，许民人指控，治之以罪。凡民畏与官吏交，而不畏与银号交。如此而疑畏之弊益除矣。

广钞之利。钞法行之自上，原不强民。然利轻赍与行远，无成色与重轻，较之金银，于民为便。内而顺天府、五城，外而督抚州县，令出示晓谕，使民咸知此意，听民人等向银号兑换行用，并听为随处上纳钱粮、兑换银钱之用。再请饬，发钞专在省会州县；而收钞，则凡天下州县，必令于城内立一收钞银号，无论本地异乡民人，有持钞至者，或作交钱粮，或兑换银钱，均即如数兑交。各州县兑收钞后，均可为办解钱粮之用。如行钞数年，而州县有并无钞解充地丁者，是该州县办理不善，使钞不得通于该处。该督抚查明，即行参处。京外各行钞银号，均饬于招牌上加"钞"字。有持钞至者，均投兑换，毋许抑勒。各州县解藩库者，均令于钞正面之旁注明某年月日、某州县恭解。至民间辗转流通，均许背面记明年月、收自何人，或加图记花字。遇有伪钞，不罪用钞之人，惟究钞所由来，逐层追溯，得造伪之人而止。如此，而民无用钞之苦矣。

换钞之法。部库令一人专司钞之出入。每收钞时，必详审钞之正反面，不必待其昏烂。但钞之背面图记花字注写略已将满者，即付送制钞局。各省收钞遇有似此者，即做解项解部，部库亦即付送制钞局，使民间无换钞需索之虑。各省解部者，亦令于钞正面之旁注某年月日、某省解。钞局于原制钞薄上对明年月字号，注明某年月日销，将钞截角，另贮一库。遇有伪钞，便可对明。如系已销之号，而尚有未销之钞，则取当年制钞标识簿覆对，前后两钞，何者真伪，立可辨认。按伪钞背面各图记追究由来，则造伪无不破矣。

严钞之防。制钞行钞各法，非不力思防弊，然恐法久而弊仍生。再请法行之后，不得另有更张，致民观听惶惑以坏法；造钞之制，不得渐减工料，致失本来制度以坏法；民人有伪造者，即照钞文治罪，不得轻纵以坏法。如是而坏法之弊庶几可杜。宋臣韩祥有言："坏楮币者，止缘变更。救楮币者，莫如收减。增添料质，宽假工程，务极精致，使人不能为伪者，上也。禁捕之法，厚为之劝，厉为之防，使人不能为伪者，次也。"是言得行钞法之精意矣。

行钞之人。自来法之弊生，非生于法，实生于人。顾生弊之人，商民为轻，官吏为重。商民之弊，官吏可以治也；官吏之弊，商民不得而违之也。今于商民交易，虽力为设法不经官吏之手，然官吏果欲牟利，从而需索、扣减，亦复何难？商民兑换，一有扣减即不敢用，将使虚名徒悬，而利不通于上下。论者因以为钞不可行，似非钞之不行也。保甲、社仓，良法具在，苟非良吏，亦终不行，是岂法之过与？州县得人，则商民奉法；督抚得人，则官吏奉法。是在圣明洞鉴之中，又不独钞为然矣。唯是明臣邱濬谓："钞不可行，以用之者无权也。"故行钞尤贵称提有法。称提之法，则在经国大臣相时之轻重而收发操纵之，庶几可以经久。

以上所拟十条，第就管见所及，举其大纲，请旨饬部院大臣详悉妥议。如可施行，再令部臣详定节目。臣为急筹济用起见，是否有当，伏乞圣鉴训示。谨奏。

奏为钞法未尽，敬陈管见，并沥下情，恭折奏祈圣鉴事：

窃维今日度支告匮，需饷方殷，不得不资行钞。然钞法贵于行之以渐，持之以信。伏读上谕，有"行之日久，中外俱可流通"之旨。仰见圣明洞鉴，固知发之不宜太骤也。

今自上年议行钞法以来，初用银票，虽未畅行，亦未滋累。至腊月行钱钞，至今已发百数十万。于是兵丁之领钞者，难于易钱市物；商贾之用钞者，难于易银置货。费力周折，为累颇多。臣察知其情，凤夜焦急，刻思有以补救之。惟臣既在户部，凡有所见，必取决于总理祁、尚书文乃所商多未取决，而设想更已无方，有不得不上陈于圣主之前者。

伏维自来钞法无传，然唐、宋之飞钱、交子、会子，循名而思其义，则似皆有实以运之。独无废银钱不用，而专用钞。上下通以此行，为能以虚运，然闻后亦少变。至明，专以虚责民而以实归上，则送不行。历代之明效如此，故臣元年所上，皆以实运虚之法。今时势所迫，前法不行，议者遂专于收上设法，意诚善矣。然京城放多而收少，军营有放而无收，直省州县有收而无放，非有商人运于其间皆不行，非与商人以可运之方、能运之利，亦仍不行。谨就现行法中，酌拟四条，以通商情而期转运，敬为皇上陈之。

拟令钱钞可取钱也。查市行钱票，与钞无异，而商民便用者，以可取钱也。宝钞准交官项，本自贵重，而人总以无可取钱，用多不便。若于准交官项之外，又准取钱，自必更见宝贵。愿发钞已百余万，而欲筹钱以供取，似为大难。然以臣计之，户局向来月解部钱六万余串；自铸当十、当五十大钱，月约解十一万串；今加铸十余万串，当百以上大钱，月可得二十余万串。若部中仍前月提十一万，则三个月后可积三十万；即较前月多提五万串，六个月后亦可积三十余万串。若出示许民半年以后以钞取钱，似属无难。现在民情望此若望云霓，故崇实、伍辅祥皆奏及之。或谓倘三十万尽而不能给，将若何？臣谓此有二道：一则有钱可取，人即不争取。彼钱店开票，何尝尽见取钱？如四官钱店现在开票放饷之数，可谓明证，似无庸虑。一则有钱许取，人亦安心候取。倘钱将尽而钞纷来，竟不能给，不妨示期停止，令半年后再取，人亦乐从。经过一次发钱，人知钞不终虚，自不急取。此法每年虽似多费数十万之钱，而实可多行百余万之钞。如得准行，臣知不待发钱之日人心始安，即当出示之日而人心已安矣。此筹安人心之最要也。

拟令银票并可取银也。现行银票、钱钞，均属天下通行。而行远，要以银票为宜。欲求行远，必赖通商，必使有银可取。人疑无此如许现银以待取，而不知各省之钱粮关税，皆现银也。今既准以银票交官矣，此抵交之银不归之商人乎？既可准其抵交，何妨准其先取！自上计之，二者初无所殊；而自商视之，则二者大有所异。盖抵交迟而兑取速，抵交滞而兑取灵。凡州县征收钱粮，必有银号数家将钱统易为银，将银统熔为锭，以便解省。今使商人持钞至倾熔之银号，准其兑取现银，则商人之用钞便，而得钞不待倾销即可解省，于银号亦便。在各州县收钞于商与收钞于民，初无所异而零收之与整兑，亦有较见为便者。今若于准交之外，再加准兑取一层，则钞益贵重。处处可取银，即处处能行用而不必取银。御史章嗣衡、河督杨以增所奏之意，盖亦如此。诚知各州县银号之未必即照兑也，即照兑而不免需索扣减也。然许以兑取，则能取而贵之，即不能遽取而亦贵之。方今时势多阻，未必尽行，未必尽不行。得一处行，则一处之银路通；数处行，则数处之银路通。现在商人会票之局全收，惟此可以济银路之穷。京城之中，凡商人之来者皆货物，而往者皆银。使银票得随处兑银，则京城之银可以少出，而各路之银亦可得来，此又通筹全局之所宜加意也。

拟令各项店铺用钞可以易银也。各店铺日卖价物，惯用市票，何独惮于用钞？以市票能易银以置货，宝钞不能易银，即不能置货。此虽强令行用，将来货物日尽，宝钞往存，市肆必至成空。不独商人自虑，即国家亦不能不代为虑。

查银钱周转，如环无端。而其人厥分三种：凡以银易钱者，官民也；以钱易银者，各项店铺也；而以银易钱，又以钱易银，则钱店实为之枢纽焉。各店铺日收市票，均赴钱市买银，而钱店则以银买之。今请令钱市，凡以票卖银者，必准搭钞，则各店铺用钞亦可易银，而不惮于用钞矣。各店铺不惮用钞，则以银易钱之人无非用之于各店铺，凡令钱店开票者亦可准令搭钞矣。各钱店开票亦可搭钞，则以银买各店铺之票而亦不惮于用钞矣。凡此三层关节为之流通，使银钱处处扶钞而行，此各行在为周转之法。虽似强民，而初非病民，似不至有大害。惟法行之后，银价恐益增昂。然京城银之来路，专在外省解项，部中放项。今解项、放项日形其少，即不行此法，银亦日贵。此则须俟殄平逆匪，方有转机，又不徒关行钞也。

拟令典铺出入均准搭钞也。查现在典铺取赎者，用钞不敢不收；而当物者给钞，率多不要。典铺之钞有入无出，将来资本罄而钞仅存，不能周转，必至歇业。典铺尽歇，贫人盖无变动之方。应请令嗣后出入均许按成搭钞，此一行自为周转之法。

以上所拟四条，前二条是以实运法，而不必另筹钞本；后二条是以虚运法，而不至甚为民累。虚实并行，商民交转，庶几流通罔津。

抑臣更有请者，现行官票宝钞，虽非臣原拟之法，而言钞实由臣始。今兵丁之领钞而难行使者多怨臣，商民之因钞而致受累者多恨臣，凡论钞之弊而视为患害者，莫不归咎于臣；凡论钞之利而迫欲畅行者，又莫不责望于臣。而臣蒙恩擢任户部，业经数月，一无筹措，上负天恩，下辜人望，夙夜愧悚，实切难安。相应请旨，将臣交部严加议处，以谢天下，而慰人心，庶几浮言稍息。臣虽废黜，不敢怨悔。

谨陈管见，附沥下情，恭折具奏，伏祈圣鉴训示。谨奏。咸丰四年三月初五日上。

由这两个奏折看来，这帝国纸币，实在就在宝钞，这种不兑换纸币的发行，实出于他的建议。郭先生疑三月五日铸大钱的办法，是出于他，是给他猜着了①。

王茂荫曾在奏折内说过这样的话：

……臣更有请者，现行官票宝钞，虽非臣原拟之法，而言钞实由臣始。今兵丁之领钞而难行使者多怨臣，商民之因钞而致受累者多恨臣，凡论钞之弊而视为患害者，莫不归咎于臣；凡论钞之利而迫欲畅行者，又莫不责望于臣。而臣蒙恩擢任户部，业经数月，一无筹措，上负天恩，下辜人望，夙夜愧悚，实切难安。相应请旨，将臣交部严加议处，以谢天下，而慰人心，庶几浮言稍息。臣虽废黜，不敢怨悔……

在这奏折内，他是因官票宝钞之制行不通，而自议处的。这以后，在三月十七日，王茂荫被召见，皇帝曾和其做如下之谈话②：

问："官银票可以行否？"

① 编者按：作者王璜这里所说有二误。其一，所谓"帝国纸币"，并非单指"大清宝钞"一样，应当还包括"户部官票"，"大清宝钞"发行在后，"户部官票"发行在前，二者都是不兑换的纸币，合称官票宝钞。其二，郭沫若猜测铸大钱的办法是出于王茂荫，不是"猜着了"，而是猜错了。对于铸大钱，王茂荫自始至终都是反对的。

② 编者按：据王铭诏、王铭慎所作《子怀府君行状》记载，王璜所摘录的这番谈话，并非发生在咸丰四年三月初五日上《再议钞法折》之后的"三月十七日"，而是在上《再议钞法折》之前的同年二月十七日。当时，咸丰皇帝召见过王茂荫，君臣有这番问奏。

奏："现拟章程有收有放，似当可行。"

问："现进票样，较你前奏小些。"

奏："臣之初意，不独京城银号各商，欲令一总局，以期上下流通，并欲令各省都会银号均立总局，以期往来流通。现在时势所阻，臣之意已不能行，各条章程皆系户部所定，不过收放之间，稍有参酌。"

问："现在钱店纷纷关闭，可是为要行官票？"

奏："此事似与官票无干，部库放项，多搭官俸，此项多属常捐，于钱店本无所碍。"（见行状）

这样看来，王拟的钱法，似又与钱店无碍。换句话说，钱店的关闭，并不为的要行官票，且各条章程又系户部所定，不过收放之间稍有参酌。这真叫我们怀疑：王的奏折内的章程，难道开始不是他拟的吗？照这问奏看来，似乎这办法是他参照户部已拟的改拟的了①。

但是，不管怎样，王茂荫的计划是很好的。开始他是想在京城都会银号设立总局，以期往来流通（这里与郭先生所揣想的大约是教各地大钱庄以若干成的折扣，来承受国家的"官票宝钞"，由他们的手再发给民间，随时可以兑现。那样便可保证官票宝钞的信用，而国家也坐收一笔大利的方法类似），而后来因时势所阻碍难施行。

经之，我们可以知道《资本论》中的 Wan-mao-in 既不是万卯寅，也不是王孟尹，而是王茂荫了。

我由上海回歙县，动身写这篇文章的时候，得到王英子、方言、詹阜民诸兄的帮助不少。他们或供给我材料，或替我照相，是文章成后，在此向他们致谢。

［原载《光明》第二卷第九号 1937 年］

---

① 编者按：这是作者王璜当时看错《子怀府君行状》中的文字才产生的错误揣测。

鸦片战争时期的王茂荫

草　芸

我们知道，第一次鸦片战争期间，抵抗派的首领是林则徐。但翻翻几本常见的近代史，在第二次鸦片战争期间，似乎除了人民对帝国主义的自发的坚决抵抗外，清廷官吏中已经没有什么真正主战的人了。

其实，当时的兵部左侍郎、在《资本论》中被当作理财家提及的安徽歙县人王茂荫，就是一个极力主张抵抗的人。

当英法联军打到天津时（1858），他曾连上几个奏折，要清政府"密筹防备"。他说："夷情叵测……其狡计尝出我之所不及料，其逞奸尝出我之所不及防。"他提醒清政府："粤东省城距虎门，层层皆有炮台，在在皆有防守，而一旦乃为所乘者，不备故也。"因此，建议"严守备以固人心"。更重要的是他有一种发动群众共御外侮的思想。他建议"广保举以求才能"，不要"按名位为委任"以"至于误事"。他主张把侵略者"如何包藏祸心，如何毒害生灵，如何狂妄无理……恺切宣示，使百姓闻之，人人奋怒"。他说："民争效命，诸夷兵纵极多不过数万，安能攻我百万众之城哉。"

他始终没有妥协求和的思想，认为打胜了，固然好；即使打败了，也可以退出城外，在农村继续打击侵略者。所以，他对广东人民"数十村庄，乡民奋臂一呼……纠合千百之众，斩木为兵，揭竿为旌……数百逆夷登岸，而乡勇数十名亦敢挺身迎敌"的英勇斗争精神，表示非常敬佩。相反的，他对投降派的所谓"主抚论"和"无法论"，就极力反对；

他主张发行林则徐采辑、魏源编写的《海国图志》，作为士兵的学习材料，作为亲王大臣的参考材料，让大家知道帝国主义者虽然穷凶极恶，但也不是无法打败的。

他认为对付帝国主义的侵略，必须从上到下，同仇敌忾。否则，"若使其心中有侥幸苟安之一途，则其气节懈驰，而不可用"。此外，对于如何战守、如何选将练兵、如何发动群众等，他也提出了许多具体建议。

万分可恼的是腐败昏庸的清政府根本不理会王茂荫的主张，他们本着"宁赠外邦，不与家奴"的反动路线，对太平天国革命残酷镇压，对外国侵略者则一再屈辱投降。这年（1858）六月，中英、中法《天津条约》先后订立；七月，极力主张抵抗外侮的王茂荫便告病回家。

毫无疑问，林则徐、王茂荫对待帝国主义侵略的坚强态度，永远值得中国人民和全世界进步人士称颂。

[《安徽日报》第四版原载 1962 年 12 月 7 日]

马克思提到过的王茂荫

鲍义来

据统计，马克思《资本论》中一共提到六百八十多个人物，其中只有一个中国人，他就是安徽歙县人王茂荫。当《资本论》初由外文翻译成中文时，不少人把他的名字错译成"王猛殷""王孟尹""万卯寅"等；1930年郭沫若流亡日本，为了弄清《资本论》中的这个中国人，他第一个考证了王茂荫的历史，并向国内经济学界、史学界发起了重视研究王茂荫的倡议，从此王茂荫才逐渐为大家所知。

一

安徽歙县南乡杞梓里，群山环抱，绿水回绕，是徽杭陆路交通要冲，出外经商的很多，经济繁荣，商业发达。清嘉庆三年（1798），王茂荫出生在这个村镇里。

小时候，王茂荫读书非常用功。有时候，王茂荫比他的同学迟到了，常流泪自责，因此深得先生的器重。十几岁以后，王茂荫在本县双溪吴柳山先生处求学。吴先生是当时很有名望的学者，门下集有许多有识弟子。王茂荫向老师虚心求学，与同学相互切磋，夜晚挑灯攻读，凌晨披衣默诵，严寒酷暑，从不间断，学业进展很快。当时在歙县主讲紫阳书院的太仓钱伯瑜先生，见他很有文才，也深为钦佩，并引为挚友。

1831年，王茂荫以监生应试考中举人，第二年又联捷考中进士，三十四岁的王茂荫在科第上这样的早达，为时人所羡慕。

二

在仕途上，王茂荫却是晚达的。成进士后，任户部主事，这是一个闲官，有较多时间回家省亲，从而为他熟悉社会、了解民情提供了条件，也使他对徽商的发展和要求有更多的体会。王茂荫曾用十年的时间，深入考察了古今各种币制的利弊，这些都对他以后的政治主张和经济思想的形成产生了一定的影响。

咸丰元年（1851），王茂荫已是五十三岁的人了。这年6月，他结束三年的守孝回到户部；7月补授江西户部司员外郎；8月补授陕西道监察御史；9月给咸丰先后奏陈理财、用人二折，初显了政治锋芒。咸丰审批了这两个奏折后，虽无实施结果，但王茂荫却因此引起了朝廷的注意。

1853年正月，王茂荫针对清政府的银荒铜紧情况，又一次提出币制改革建议。此时的清政府因急于摆脱财政危机，故对王茂荫建议怦然心动，特派左都御史花沙纳和王茂荫会同户部尽快搞出了一个钞法章程。咸丰皇帝还就币制改革诸问题召见了王茂荫，王一一做了回答，咸丰颇为满意，遂擢升他为太仆寺卿；并于次日再次召见，问了他的年纪、家口、京寓地方以及家乡情况，对他颇为嘉奖。因为王茂荫出身户部，在这三年中又不断地对当时财政情况提出意见，因此这年11月任王茂荫为户部右侍郎兼管钱法堂事务。

三

清代全国通用的货币是银子和制钱，由于鸦片的输入和对外赔款，白银大量外流；又由于太平天国起义后，云南和北京的交通被阻断，铸钱的原料成了问题。王茂荫主张试行钞法，发行一定数量的宝钞（纸币），交银号流通；各地方都设收钞处，持钞人可随时兑换银钱。因为王茂荫特别注意了通货的膨胀发生的可能，从而以审慎态度，"定制"发行纸币，按理流通是不成问题的；但后来的"行钞章程"却是依照花沙纳和户部堂官的主张拟定的，与王茂荫的原意并不相同。王因官职比花沙纳小，无法与之抗争。当清廷任命他为户部右侍郎兼管钱法堂事务时，他自陈才力不及，恳求辞职。咸丰皇帝召见了他，说："惟当勉图报，以副委任，毋得畏难辞让"，没有准许。

王茂荫任职后，为新币制的推行进行了极为艰难的斗争。这不仅有铸大钱反对派的反对，就是行钞派内部也和他多有分歧。包括咸丰皇帝在内，他们主张发行官票（也称银票或银钞），只是拿这种纸币当作银子给人，却不想兑现，企图以此摆脱经济危机。因此，官票大量投放市场，越发越滥，造成纸币贬值，不能流通。针对这一情况，王茂荫提出补救措施，向清廷建议：除了不再增发官票外，还要允许官票可以兑现，以挽回它的信用。特别提出官票交银号流通时，应给商人以适当的利益，为此和清政府发生了矛盾，无怪乎咸丰皇帝对王茂荫要严加申斥，说他是受商人指使，有损清廷利益，解除了他在户部的任职，调他任兵部右侍郎。

不久，王茂荫以病去职，一直到同治皇帝登台才又重用，先任他为都察院左副都御史，随后又补授工部右侍郎兼管钱法堂事务，第二年又调任吏部右侍郎。

王茂荫不仅主张改革币制，还主张改革科举以求人才。他认为治理国家，"在用人理财二端，而用人尤重"。他自己虽然出身于科举，但却不满这种制度。他说："臣窃见今日之聪明材力，悉专致于摹墨卷作小楷，而深惜其无用也。"为此，王茂荫大声疾呼，"百年之计，莫如树人"，要实行对科举内容的改革，提出了科举必考的内容：第一是史学，这是一个未来官吏必需的学识；第二是军事学；第三是实用科学；第四是天文学；第五是地理学，务期通过改革科举内容以选拔有真才实学的人。同时，王茂荫还主张，只要有一技之长，都不应予以埋没，"或博通古今，才识非常；或专门名家，精通一艺；或膂力过人，胆勇足备"，只要调查属实，无论士民，都要重用。王茂荫认为，"天下之大，安得无才"，关键是要"留心访察"。除此，王茂荫还指出，"以有将才之人而交于无才之用，上既不知所以用，而下又不乐为用，则有用亦归于无用矣"。怎么办呢？王茂荫提出，要破除论资排辈，"不论名位，但问其能，再试其胆"，按才能提拔取用。

对于当时推行的捐功买官制度，王茂荫极为反对，他曾经给朝廷上了《驳部议捐纳军功举人生员片》，指出这种做法"无益于目前，而徒贻讥于后世"；"见者或多窃笑，谈者罔不鄙夷"。他有一位舅兄，因为有些家底，想用钱捐官，来走他的门路，被王茂荫顶了回去。

<h2 style="text-align:center">四</h2>

币制改革失败，是对王茂荫仕途施展抱负的一大打击，但他并没有因此消沉，而仍然对社会各种弊端大胆抨击，诸如朝政之得失、人才之贤否、军事之利害，都知无不言。就是对皇帝的过失，王茂荫也敢直言面谏。一次咸丰从热河回京，想迁居圆明园，事关劳民伤财，王茂荫当即上疏，指出国计艰虞，民生涂炭，皇上应当忧勤惕厉，宵旰勤劳。尽管知道这样做会违忤皇帝意旨，从而成见愈深，但他并没有为此而改变自己的态度。

王茂荫在京为官三十年，住在徽州会馆①，粗衣淡饭，节俭自奉，也没有携带妻子进京侍奉过自己。晚年，他的家由杞梓里迁居滨临新安江的义成（今属雄村镇），只是买了朱家的一幢旧房。王茂荫常说："我以书籍传子孙，甚过良田百万；我以德名留后人，胜过黄金万镒。自己不要什么，两袖清风足矣。"王茂荫留下著作《王侍郎奏议》十一卷，他生前就告诫儿子："我之奏疏，词虽不文，然颇费苦心，于时事利弊实有切中要害处。存以垂示子孙，使知我居谏垣，蒙圣恩超擢，非自阿谀求荣中来。他日有入谏垣者，亦不必以利害之见存于心。"如今歙县博物馆珍藏有王茂荫的一枚印章，印文便是"直言敢谏之家"，这一警策之言便是

---

① 编者按：应为歙县会馆。

他们的家训。凡此种种，都可见王茂荫的清廉公正。王茂荫不失为那个时代封建官吏中的有识之士，尤其是他的货币观点，在中国近代史上是有着一定地位的。

［原载《人物》杂志1982年第5期］

王茂荫其人其事

赵 蕙 蓉

　　王茂荫（1798—1865），安徽歙县人，字椿年，号子怀，道光壬辰（1832）进士，历仕道光、咸丰、同治三朝。在近代史上是以建议发行纸币而出名的人物，他的政治生涯主要是在北京度过的。

　　这个人在中国人的记忆中似乎没有什么印象，但在马克思的《资本论》第一卷中却被特别提及，是《资本论》中提到的唯一的中国人。一百多年前，马克思从在北京的俄国使节传到欧洲的材料中，了解到王茂荫的改革财政方案，以及他因此遭受皇帝（咸丰）申斥的事。在《资本论》的一个附注中写道："清朝户部右侍郎王茂荫向天子上了一个奏折，主张暗将官票宝钞改为可兑现的钞票。在1854年4月的大臣审议报告中，他受到严厉申斥。他是否因此受到笞刑，不得而知。"①从这段文字中可以看出，马克思对王茂荫的货币政策颇感兴趣，也很关注王的命运。事实是，王茂荫并没有挨"板子"，但却受到了一帮无能大臣的指责。最后，成了清政府通货膨胀政策的替罪羊。他在受申斥后的第四天，就被调离户部，此后，他先后在兵部、工部、吏部任职，一直很不得志，未几，即病逝于故里。

　　现将王茂荫事略作一简单介绍。

---

　　① 马克思:《资本论》,第一卷,第146页,人民出版社1975年版。

一、从译本中被"发现"的一段插曲

马克思在《资本论》中提到了王茂荫，但并没有被中译者立即对上号。这里不妨先说一下王茂荫被"发现"的经过，以资谈助。

早在三十年代前后，《资本论》的一些章节被陆续译介到中国。1930年，陈豹隐所译《资本论》第一卷第一分册问世，王茂荫被陈先生音译为"王蒙尹"[①]，日译本则译成"王猛殷"或"王孟尹"。

此后，侯外庐和王思华两先生合译的第一卷上册，于1932年9月出版。在该译本中，才肯定了"马克思说的是清户部右侍郎王茂荫，而非他人"[②]。

侯老还详尽地叙述了这一"发现"的过程："初译时，我对清的这个官僚一无所知。回国后，在重译过程中，王思华请来研究财政史的崔敬白先生，我和崔先生一起查阅有关材料，终于在《清史稿》的列传中发现，马克思说的是清户部右侍郎王茂荫，而非他人"[③]。

关于这一细节的查考，在该译文出版前夕，即1932年8月，侯、王两位先生在《世界日报》曾发表专文提及。这一"发现"，引起了社会各界，尤其是学术界的重视。就连当时在日本的郭沫若也注意到了[④]。

郭沫若在1936年的一篇文章中，叙述了他以《东华续录》查证王茂荫的经过："……这人，其实是用不着到清史馆去查问的。我近来重读到这儿，偶尔把《东华续录》来考查一下，不想出一下便被我把他查着了。1854年是咸丰四年，那年的三月初一是庚子，在初五日甲辰项下有下列的一条记载：'户部右侍郎王……奏钞法未善，酌拟章程四条。'初八日

---

① 编者按：陈先生当时的音译并不是"王蒙尹"，而是"万卯寅"。

② 侯外庐：《〈资本论〉译读始末》，引自《学习与研究》1981年试刊第一期。

③ 侯外庐：《〈资本论〉译读始末》，引自《学习与研究》1981年试刊第一期。

④ 编者按：作者这里称当时在日本的郭沫若也注意到侯、王的这一"发现"，不知有何根据。据编者所考，当年流亡日本时的郭沫若，前后写过两篇关于王茂荫的文章，倡议国人收集有关资料研究王茂荫，当时他并不知道侯外庐、王思华已经有这一"发现"。

丁未又有下列一条：'谕内阁……传旨严行申斥……'"①

这样，经过一番"周折"，清户部右侍郎王茂荫终于确凿无误地出现在中国读者面前。

二、"孑然一身 清俭朴约"

王茂荫的远祖住在浙江婺源，到其祖父一代时，才搬到歙南的杞梓里（在歙县与浙江交界处）②。王幼时很好学。据记：他"髫龄入塾，晨入暮归，或起稍迟，同学有先入塾者，府君必哭泣自责"③。律己是很严的，为人也很忠厚。但他后来官居时能大胆直谏，却又是乡人们没有料到的。他经常对人家说："凡人坏品行，损阴隲④都只在财利上，故做人须从取舍上起……有志者须极力持守，方可望将来有成。"⑤他死后，只遗下一个普通的住宅。他的后裔在当地无任何田产，仅靠变卖书籍为生。

三十年代，王茂荫随《资本论》的译介而引起各界人士的兴趣。有些人还专程到安徽，在王的故梓进行调查。有个叫王璜的，写了一篇《王茂荫后裔访问记》，对王茂荫的住宅这样描写："王茂荫的家是在一条小弄堂里，门口有两个石鼓，在外面看来，简直不相信是个官家的住宅，因为门面并不威严。"

王茂荫居京做官数十年，除在开缺后移寓于广渠门玉清观外，其他

---

① 郭沫若：《〈资本论〉中的王茂荫》，引自《光明》第二卷第二号1936年。编者按：1930年，北大经济学教授陈启修（豹隐）1930年翻译《资本论》将其中的Wan-mao-in姑译为"万卯寅"，同时托朋友到清史馆去查原名这件事，郭沫若是知道的，所云"其实是用不着到清史馆去查问"，正是指此事，至于以后侯、王氏的"发现"，身在国外的郭沫若无从知道。

② 编者按：王茂荫远祖曾由歙县迁婺源，后人又回迁徽州府城北，继而迁歙南杞梓里，迁杞梓里的不是王茂荫祖父，而是王茂荫的十五世祖王胜英。"婺源"置县是在唐开元二十八年即740年。王氏先人由歙县迁婺源，明洪武五年即1372年又从婺源回迁徽州，彼时之婺源，都属古徽州，但从未隶属浙江，划归江西是以后的事。

③ 王铭诏、王铭慎：《王茂荫行状》。编者按：应称《子怀府君行状》，全名为《皇清诰授光禄大夫吏部右侍郎加二级谕赐祭葬显考子怀府君行状》。

④ 编者按："隲"字为"骘"字之误。

⑤ 王铭诏、王铭慎：《王茂荫行状》。编者按：应称《子怀府君行状》，全名为《皇清诰授光禄大夫吏部右侍郎加二级谕赐祭葬显考子怀府君行状》。

时间一直住在城内宣武门外歙县会馆。他"携眷属至京师仅一年余耳，其余月日，皆孑身独处"①。更没有置田兴宅。儿子铭慎"自幼在里，虽一再北上省视，府君（按：指王茂荫）辄令下帷读书，概不准预外事"②。这种恬淡、寡欲的生活，是在朝大臣中少有的。

在众多的晚清名人传略中，对王茂荫的评述都比较一致，认为他为官清正。《王公神道碑铭》的作者方宗诚，称王茂荫"居官数十年，未尝挈妻子侍奉，家未尝增一瓦一陇，粗衣粝食晏如也"，似乎并非过誉之词。

"做官不为发财"，"两袖清风足矣"。在贪贿成风的清末官场中，王茂荫"粗衣粝食，处之晏如"，可算难能可贵。

三、以"直言敢谏"而闻于世

"海内称大臣清直者，必曰王公。"③这是时人对王的评价，也是王茂荫的一大特点。

王茂荫为人刚正不阿。平时专治经史，关切时弊。他任御史三年，"忧时最切"，时有针砭国事的奏章上达朝廷。王死后，留下了一部《王侍郎奏议》，收录了他的全部奏折。其中除了有关货币改革的建议占了一定比例外，还有不少分析民情、国策颇有建树的见地，更有"犯颜直谏"的条陈。前两类因"言虽切实，而不获见诸设施"，被束之高阁，置之不理。后者则因"积忤上意"，受到申斥。

咸丰皇帝一生耽于安乐，大部分时间携带嫔妃住在京郊圆明园。对皇上长期"园居"不问朝政，廷臣们谁也不敢劝阻。王茂荫却多次"犯颜谏阻"，直言不讳。其中以咸丰五年《请暂缓临幸御园折》最为人称赞。但这个奏折大大惹恼了咸丰，直到数年以后，他被调离户部，直接

---

① 王铭诏、王铭慎：《王茂荫行状》，第14页。编者按：应称《子怀府君行状》，全名为《皇清诰授光禄大夫吏部右侍郎加二级谕赐祭葬显考子怀府君行状》。

② 王铭诏、王铭慎：《王茂荫行状》，第14页。编者按：应称《子怀府君行状》，全名为《皇清诰授光禄大夫吏部右侍郎加二级谕赐祭葬显考子怀府君行状》。

③ 缪荃孙纂录：《续碑传集》卷十一。

原因是货币改革方案，但追本溯源，这个条陈是王茂荫"积忤上意"的源头①。

王在此折中，指责咸丰游园是大失民心之举。他说："今日公私之困亦至极矣，此时惟闻圣躬忧勤节俭，尚可慰饥军。"②咸丰见了奏折，怒不可遏。原来，他正准备避开京城耳目，悄悄去园，而不识趣的王茂荫竟将他"未成之事"，大胆"揭穿"。于是，咸丰恼羞成怒，一气之下，亲笔批道："道路传闻，率行入奏，殊非进言之道。王茂荫身任大员，不当以无据之词登诸奏牍，着交部议处，原折掷还！"③

王茂荫虽然受此训斥，但并未为之气折，就在上递此折的次年（咸丰六年），对因咸丰拒谏而造成"臣下众口缄言"的局面，再次进言。他指出："前之言者见多，而今之言者则见少，盖臣下敬畏大威，非诱之使言，即多有不敢言者……臣等有难言之隐，盖慑于圣怒而见斥者。"④这时，咸丰因太平军已席卷南中国，面对"时事危急"，不得不敛容止怒，装出一副从善如流的样子，赞许王茂荫"持论切当，与朕心相符合"，并且表示，"当此时势多艰，力图补救，朕惟省躬克己，于用人行政之间，慎益加慎"⑤。

又如，面对列强环视，国家门户洞开的险恶形势，王茂荫并没有侈谈"祖宗之法"，抱残守缺，而是提倡学习。当时魏源著成《海国图志》一书，此书是魏受林则徐之托，在林主编的《四洲志》基础上，编订成书的。针对世界情况进行了搜集和研究，探讨了中国在鸦片战争中失败的原因，提倡研究和了解西方的情况，以便有效地抵抗西方资本主义国家的侵略。王茂荫认真研读《海国图志》，大受启发，认为此书对振奋民心有不可估量的作用。于是，他一方面在亲友中大力推荐，并要求朝廷

---

① 编者按：王茂荫被调离户部，并非在上《请暂缓临幸御园折》"惹恼咸丰"的"数年之后"，而是在此之前的咸丰四年三月。王茂荫因上《再议钞法折》遭申斥，被调离户部后，仍坚持直言敢谏，又于咸丰五年五月上疏劝谏咸丰暂缓临幸圆明园，这在当时是震动朝野的举动，说明因此深深得罪对他有知遇之恩的咸丰，"积忤上意"，这是事实，但不能说这是他被调离户部的"源头"。

② 《王侍郎奏议》，卷八，第17页。

③ 《王侍郎奏议》，卷八，第17页。

④ 《王侍郎奏议》，卷八，第30页。

⑤ 《王侍郎奏议》，卷八，第30页。

广为刊印，规定亲王大臣之家都得备有一部，命令八旗子弟等都要认真阅读，以使举国上下"人怀抵御之术，而日兴奋励之思"；"以是知夷难御，而非竟无法之可御"[1]。

在距今一百多年前，能摆脱因循守旧、迂腐虚骄心理的束缚，面向世界，乐于学习，以求振兴中华，这种思想是很难得的。

四、被申斥的理财官

1832—1846年，王茂荫任道光朝户部司员等职务，当时清政府的财政困难已日益严重。面对这一局势，王茂荫从缓和封建朝廷的财政危机这一目的出发，"历考古来圜法利弊，悉心研究，积思十余年"。他于1851年9月，在任监察御史时，向政府提出了《条议钞法折》，这是他的第一个货币改革方案。

在这个方案中，他建议发钞（即纸币），即由政府发行一种由银号出资替政府负兑现责任的钞币。王茂荫也知道行钞"不能无弊"，"难以持久"，它只能是在财政极端困难时采取的一种不得已的措施。他认为要使钞币能行得通，必须注意防弊，要"先求无累于民，而后求有益于国"。他所说的"防弊""无累于民"，实质上就是防止通货膨胀。

王的发钞政策，十分谨慎，既不多发，又可兑现。它并不能满足清廷急于解决财政困难的愿望。但因王能列举以往推钞之十弊，并逐条分析，进行杜绝，他解决了咸丰鉴于前代发钞之弊而产生的疑虑，于是在咸丰三年（1853），被擢升为户部右侍郎兼管钱法堂事，成为清政府财政和货币事务的主管官员之一。

但是，由于王茂荫的方案是要防止通货膨胀，这无疑是束缚朝廷的手脚，政府当然是不肯采纳的。此后，不兑现的纸币、铸大钱等通货膨胀措施都实行了，这同王茂荫的主张是不一致的。他一再上书提出异议，并于1854年上《再议钞法折》，阐述了他关于货币改革的第二个方案。针对"钞无从取钱"，不能兑现的矛盾，为制止已经发生的通货膨胀，提出

①《王侍郎奏议》，卷九，第21页。

了四条建议：（一）拟令钱钞可取钱；（二）拟令银票并可取银；（三）拟令各项店铺用钞可以易银；（四）拟令典铺出入均准搭钞。准许持钱票的人向国家取钱，准许持银票的人向国家取银。这实际上就是要把不兑现的纸币改变为可兑现的纸币。为了保证兑现，他建议在户局每月解部的钱中扣下十万余串，用以作所发钱钞的准备金。

另外，他认为纸币的流通，"非有商人运于其间皆不行，非与商人以可运之方，能运之利，亦仍不行。"①

这些都表明，王茂荫已模糊地认识到准备金可以大大少于纸币的发行额，也反映了商业资本在当时社会中已有不可忽视的力量和作用。

由于从一开始，清廷发行了官票宝钞与王的原意不符，王茂荫知道第二方案也绝不会被刚愎自用的咸丰采纳，而在当时宝钞已形同废纸的情况下，他又是逃脱不了"发起人"的"罪责"的，所以，在提完四条建议后，王茂荫感慨地自请处分。他说："现行官票宝钞，虽非臣原拟之法，而言钞实由臣始……凡论钞之弊而视为患害者，莫不归咎于臣；凡论钞之利而迫欲畅行者，又莫不责望于臣。"②他请求咸丰"将臣交吏部严加议处，以谢天下，而慰人心"③。愤懑之情，溢于言表。

果然，王茂荫这番言词，大大触怒了咸丰皇帝，他的一片忠诚被斥责为"只知以专利商贾之词，率行渎奏，竟置国事于不问"④。其实王不过是想借商人的力量和作用来缓和政府的财政危机。他主张让银号为国家承担兑现责任，无异是对银号的一笔课税，说他"专利商贾"实在有点冤枉。

一些王公大臣不责怪自己没按王茂荫所建议的方案行事，反而把出尔反尔的罪名加到王的头上，说王茂荫是"以倡议行钞之人，为此阻塞钞路之言"。众口交谤，是王意料之中的，接着，又遭到调职的处分。

1854年4月9日（农历三月十二日），王茂荫在受到严厉申斥后，被

---

① 《王侍郎奏议》，卷六，第21—22页。
② 《王侍郎奏议》，卷六，第25页。
③ 《王侍郎奏议》，卷六，第25页。
④ 《东华续录》，咸丰二十六年，第6页。编者按：此注中，咸丰二十六年有误。"咸丰"疑为光绪。

调离户部，任兵部左侍郎①。但他对银票、宝钞继续贬值的局面，仍然十分关注。直到1857年9月，他还特意上疏，建议"酌量变通钱法"，他认为，只有"变通钱法"，才能使夷人无收买之利，而民间有"流通之资"。但因他早已不在其位，这些建议犹如石沉大海，杳无音讯。

五、引疾以退，郁郁而终

王茂荫遭此打击，心情十分郁闷。虽然，在他周围不乏知己，他们同情王的遭际，称许王"非如世之矫激以沽名者，行钞铸钱诸大政，无不精思熟虑，卓卓可见"②。但更多的是趋炎附势、见风使舵的小人，他们在王被调离户部后，时有讥刺，说王行事草率，"不在改制之始即应筹及"，对他被咸丰申斥，更认为是"咎由自取"，因为王茂荫"乃倡议之人，众怨攸归，其情自迫……自请严议以谢天下，语尤失当"③。

迫于当时的形势与自己的境遇，王茂荫于咸丰八年（1858）七月初四日，不得不引疾以退。在《请开缺调理折中》，王茂荫叙述了自己心力交瘁的痛苦心情："臣质本屡微，性尤褊急，当事故之纷集，每过虑之独深，往往昼夜彷徨，不能自已，形神交瘁，亦不自知，遇事自觉迷糊，精神倍形恍惚……若怀恋栈之私，必致误公之咎……叩乞赏准开缺调

---

① 编者按：应为兵部右侍郎，转为兵部左侍郎，是随后不久的事。

②《王侍郎奏议》吴大廷序，卷一，第2页。

③ 鲍康：《大钱图录》，第65—66页。编者按：本节标题用"郁郁而终"一词概括王茂荫遭申斥后的晚景，有失妥当。真实的历史是王茂荫生性寡欲恬淡，中进士后在户部任微官闲职十余年，他没有半句怨言。咸丰帝对王氏可谓有知遇之恩，王氏被超擢时，他没有大喜过望，因行钞事遭申斥，他也没有精神不振、忧伤悲哀。官场有险恶，幸灾乐祸与落井下石者，世所不乏。王茂荫以清正廉洁、直言敢谏而震动朝野，正人君子赞誉他，趋炎附势的人讥诮他，这都非常正常。作者这里的引语是鲍康所言，这位鲍康并非趋炎附势、见风使舵的小人。鲍康乃清代著名的钱币学家和金石家，《大钱图录》是他的主要著作。他比王茂荫小十三岁，晚十六年离世，歙县岩寺人，是王茂荫的同乡，他们交谊甚笃。他在晚清的官场上，也是有过遭际的，他对王茂荫甚为钦佩，曾为王茂荫夫人作过《恭祝诰封一品夫人王母洪夫人寿序》，内中说王茂荫在任期间，"封事数十上，动关大计，言人之所不敢言，天下仰望其风采"，"先生清风亮节，海内所欣"。鲍康对清廷当时发行钞币和大钱的情况了如指掌，在《大钱图录》中，也多有论列。他在《大钱图录》中说这几句话表面上似乎是抱怨王茂荫，其实是指切时弊，发泄对清廷的不满，实质无异于替朝野敬佩的同乡王茂荫打抱不平。

理。"①字里行间又夹杂着一丝淡淡的哀怨。

在王茂荫闲散期间，与吴大廷过从甚密，吴对王相知颇深，曾询问过王茂荫："你一生仕途，几次擢升，不可说不得志，但为什么所提建议，都未被采纳？"这可触到了王的痛处，但他并不计较，率直地回答道："请临幸御园一疏，积忤上意……"说着，说着，王茂荫不禁悲伤起来，"因称辜负天恩，遂俯案泣涕，不能自已"。吴大廷为王的一片至诚所感动，说王："恳款悱恻，犹如疾痛切身，非真忠君爱国，足以资天地而泣鬼神，其能若此乎？"②一对挚友，唯有相对唏嘘而已。

咸丰死后，慈禧与奕䜣（议政王）主持朝政，为了安定局面，他们陆续起用了一批先朝老臣，也想到了这个"志虑忠纯，直言敢谏"的王茂荫，要他"一俟病痊，即听候简用"③。

同治元年（1862）四月，王茂荫被任命署理都察院左侍郎御史，三个月后，又补授工部右侍郎兼管钱法堂事务，次年，又调补吏部右侍郎。新朝廷对王茂荫不可不算器重，怎奈他长期积虑成疾，身心俱惫，终于同治四年（1865）六月在籍病故。

为慰藉后人，清廷决定对王茂荫生前"任内一切处分悉予开复"。

王茂荫可以算得晚清官员中清正、精干的一员。当然，王茂荫没有想到，他的货币改革方案竟会引起伟大导师马克思的注意，他的名声事迹被彪炳于《资本论》中。

[原载《北京史苑》（第一辑），北京出版社1983年12月第1版]

---

① 《王侍郎奏议》，卷九，第25页。

② 《王侍郎奏议》吴大廷序，卷一，第2页。

③ 李慈铭：《越缦堂日记》，第433页。

王茂荫与第二次鸦片战争

王　珍

　　林则徐禁鸦片，震动中外，其结果是充军伊犁。这是腐败昏庸的清政府推行反动投降路线带来的悲剧。故尔后十余年，"投降派"统治朝政，"主抚论"泛滥朝野。第二次鸦片战争开始后，对帝国主义的侵略，朝臣多不主张抵抗。当时担任兵部左侍郎的王茂荫，是朝廷内部难得的少数主战者之一。

　　1858年英法联军打到天津时，王茂荫曾向咸丰皇帝连上五个奏折，历陈抵御方略，指出逆夷并不可怕，完全可以打败。这五个奏折的主要内容是：

　　咸丰八年三月初八日奏请密筹防备。认为虎门层层皆有炮台，处处皆有防守，一旦为乱所乘，亦难抵御，天津距京才二百里，朝发夕至，无险可扼，故更应严加防守。

　　同年四月十六日条陈夷警事宜折，献"守备四策"。重点有二，一是"严守备，以固人心"，发动群众，共御外侮；二是"广保举，以求才能"，指出按名位委任势必误事，建议诏令廷臣各举所知，破格录用。

　　同年四月二十五日奏论对夷水战不如陆战。认为逆夷恃其船坚炮利，然仅可施于海，登陆则不足畏，离船则不能照应，我军队伍分散，则枪炮伤亡必少。另调外师焚其船，断其归路，然后内外夹攻，四面夹击，步队在前随伏、随起、随进，战胜之后追亡逐北，则以马队追击，不难一鼓擒之。

奏请刊发《海国图志》。该书是知州魏源受林则徐嘱托，根据《四州志》等译稿整理而成，叙述世界各国的历史和地理，主张学习西方的科学技术，"师夷长技以制夷"。王茂荫要求重为刊印，作为学习材料，使知夷人并非无法可御。

可惜，清朝廷推行的是"对内镇压太平天国，对外委曲求和"的投降路线，根本不理睬王茂荫的建议，而是一再丧权辱国，继《南京条约》之后，一八五八年六月又签订了卖国的中英、中法《天津条约》。处此形势，王茂荫不得已于七月初四日奏请开缺（辞官），随即获准。

虽然王茂荫的建议没有得到采纳，也没能扭转当时的局势，但是他这种主张坚决抵御帝国主义侵略的精神是值得肯定的。

[原载《徽州报》1983 年 8 月 20 日]

王茂荫为什么会受申斥

翟屯建

马克思的《资本论》第一卷第一四六页注八三有这样一段话：

清朝户部右侍郎王茂荫向天子上了一个奏折，主张暗将官票宝钞改为可兑现的钞票。在一八五四年四月的大臣审议报告中，他受到严厉申斥。他是否因此受到笞刑，不得而知。审议报告最后说："臣等详阅所奏……所论专利商而不便于国。"

这是马克思在《资本论》中提到的唯一的中国人，说的是咸丰四年（1854）三月初五，户部右侍郎兼管钱法堂事务大臣王茂荫向咸丰皇帝上疏，反对铸造低值大钱，坚持官票宝钞应斟量兑现，受到申斥一事①。

王茂荫为什么会受申斥，历来史学家、经济学家都认为王茂荫的奏折为了商人利益，触犯了封建统治阶级，才遭到申斥处分。有的则认为王茂荫的币值主张并不是为了商人利益，其受申斥是因为咸丰皇帝早在前一年（1853）十一月王茂荫上《论行大钱折》时就对他不满，这次是咸丰借机发作。

我认为上述两种观点都值得商榷。

---

① 编者按：王茂荫当时是反对铸大钱即反对铸造低值铸币的，但这次上奏《再议钞法折》，并未言及反对铸造低值铸币事，而且是对清廷因滥发不兑现的"户部官票"和"大清宝钞"而造成的通货膨胀，提出补救措施，即马克思一语道破的"主张暗将官票宝钞改为可兑现的钞票"。因此，"反对铸造低值大钱"一句在此应删去。

　　王茂荫于咸丰元年（1851）奏请实行钞法，未被采纳。咸丰二年（1852）封建财政愈形窘迫。福建巡抚王懿德及左都御史沙花纳①又先后奏请行钞，咸丰皇帝才谕沙花纳及陕西道监察御史王茂荫会同户部议定钞法。但是在议定钞法过程中，王茂荫的兑现主张被否定。其后清廷为了进一步挽救财政危机，又铸当百、当千大钱，以一切可能有的方式膨胀通货。王茂荫坚决反对这一切，一再上书指陈其弊。虽然这时实行的币制已不是王茂荫原来的主张，但王茂荫身为户部右侍郎兼管钱法，奏行钞法又由王茂荫始，反对现行币制的人责难王茂荫，主张现行币制的人对王茂荫也不满。为了封建国家利益，为了自己的前途名声，王茂荫不能不站出来申明自己的主张。咸丰四年（1854）三月初五日的《再议钞法折》，便是在这种情况下提出来的。在此折中，王茂荫除了申明自己的主张，对官票宝钞提出一些补救办法外，还请旨将他交部严加议处，以谢天下而慰人心。咸丰看后极为恼火，于三月初八日谕恭亲王奕䜣、定郡王载铨：王茂荫"只知以专利商贾之词……殊属不知大体。复自请严议，以谢天下，尤属胆大。"传旨严行申斥。

　　咸丰皇帝对此折如此不快，严旨切责，原因并不在王茂荫"只知以专利商贾之词"。因为王茂荫早在咸丰三年（1853）就曾屡次上疏指出"银票亏商"，极力反对不兑现和行大钱政策。咸丰当时虽然没有采用他的建议，但也并没有因此加以责备，反而一再提拔。可见咸丰皇帝对王茂荫的那一套行钞主张还是欣赏的，只不过是由于当时的政治、军事形势和统治阶级财政严重匮乏的眼前利益不便实行罢了。因此，认为咸丰皇帝早就对他不满意，是不符合历史事实的。

　　王茂荫的行钞主张，旨在防止钞币的滥发和贬值，以维护金融与商业的正常活动，是合乎钞币发行规律的，但他填补不了封建国家严重的财政漏洞。只有官票（一种不兑换的债券）和大钱方能满足统治阶级的掠夺欲望。然而违背经济规律的措施，必然会失败。官票宝钞发行的结果，钞币贬值，钱庄关闭，商店歇业，朝野一片怨言。作为这一政策的

　　① 编者按：不是"沙花纳"，应为花沙纳。据《清史列传》四一花沙纳传记载，花氏疏请行钞是在咸丰二年九月，他疏请行钞时的官职并非"左都御史"，而是"署镶红旗蒙古都统"。

批准者——咸丰皇帝对此自然不会痛快。王茂荫不识时务，继续上疏反对清政府的既定政策，又直叙朝廷讳言的官票宝钞恶果。即便如此，咸丰也仅以"不知大体"斥之。"自请严议"的牢骚之言才是咸丰不能容忍的真正原因。在中国封建专制国家，任何官吏的升、迁、擢、降都应由皇帝决定，王茂荫自己要求"议处"不能说不是对皇帝尊严的触犯，无怪乎咸丰皇帝说他"尤属胆大"，这才交部申斥。

其实"申斥"也只是咸丰皇帝为了维护自己尊严所采取的表面措施，并不足以证明咸丰对王茂荫行钞主张的不满，更不是"借机发作"。王茂荫受申斥后的第四天（十二日），就降旨补调兵部右侍郎。上谕斥责王茂荫"只知以专利商贾之词"，乃是咸丰为了维护自己尊严的口实而已。

[原载《光明日报》1983年12月4日]

王茂荫为什么会受申斥

王茂荫的一份手稿

王　珍

先高祖王茂荫，字椿年，号子怀，歙县雄村乡义成村人，生于嘉庆三年（1798）三月，卒于同治四年（1865）六月，享年六十八岁。他曾任户部右侍郎，兼管钱法堂事务，擅于理财，尝建议推行钞法。他的财政、金融思想，在我国近代经济思想史上占有极其重要的位置。

自马克思在《资本论》中提及，1936年郭沫若撰文介绍并倡议经史界研究后，五十年来，已有近两百篇文章介绍他的生平、业绩和研究，评介其币制改革思想，散见于全国各地的报纸杂志。

《歙邑利弊各事宜》，是1848年（道光二十八年）王茂荫丁父忧回家守制时写的一份手稿，未曾问世，现按原式抄录于后，供参考。

歙邑利弊各事宜
子怀手稿

请保富民。邑尚多殷实，近二十年来，日就颓坏，不及前十分之一，其仅有存者，愿有以保全之。缘富户为地方元气，贫穷可籍以谋生，饥荒可劝以捐助，设被书吏讼棍更行陷害，并此失之，则邑民更不堪苦矣。

请恤商民。邑民十室九商，商必外出，家中惟存老弱。地方棍徒往往借端生事，肆为欺凌。或诱其年久分拆之，不肖亲房，将伊田产盗卖，虚填契价，勒令取赎，否则强行管业；或诱其族邻以无据之账，挟同逼索，以便分肥。种种裁害，难以枚举。商民仗身谋生，多属帮伙，非能殷富，外出既无能与较；暂归念将复出，自顾身家，亦不敢与较。隐忍含泪不知凡几，愿有以护恤之。

请拿讼棍。地方人士自好者多，非公不至，颇知敦尚品诸（德），间有不肖之徒，平素结交吏役，勾串往来，遇富室有事，多方播弄，或搭台放火，或包揽把持，或招摇撞骗，或卖弄刀笔，情状甚多，愿访拿而严办之。

请拿土棍。棍徒扰害乡里，设局诱赌，窝贼肆窃，遇事生风，借端讹诈，甚至强奸妇女，拦索财物，恃其凶横，无所不至。良儒莫敢谁何，保约不敢举报，极为地方之害。牧马者先去害母，愿勤访而严拿之。

请革颓风。乡民聚族而居，此村与彼村之人，偶一二有嫌隙，自所难免。乃或因某甲一人之事连及一村，遇有彼村负贩肩挑者过，或强留其人，或强留其担，勒令将某甲招来，为伊泄恨；招之不来，则勒令取赎。此风出不多年，极为大害，将来恐酿巨案，愿先出示严禁。如有告发到案，必尽法痛惩，以革其弊。

请严捕各乡盗贼也。乡多聚族而居，外盗少而土贼多，本不难于缉捕，唯窝贼者，多系凶徒、土棍，小民不敢撄其锋。间或有捆贼送县者，吏役或以诬良恐吓而索诈之；有殴贼致毙者，吏役或反为招致尸亲控告而索诈之，以至贼风日甚。此种机谋，类多出于讼棍串通之所为。官或不察，遂为所卖。倘能出示晓谕，并令捕役告知各乡里，有能捆贼送究者，必嘉奖；有能协同捕役拿贼者，必加赏；即有误殴贼匪致毙者，勿论，则贼必敛戢矣。

请严禁残害厝坟也。歙邑卜葬为难，棺多浮厝于野，环以砖，覆以瓦，面开一门，以木为之。近日匪徒或揭其瓦，或窃其门至别处卖钱，甚至有刨土坟以取物者。此等皆附近无赖小人，并非盗贼，图差地保容易查问。应请出示责成图保，遇有此种无赖，即行报明拿究。谁无祖先，忍被残害暴露？此害能除，泽及枯骨，而子孙无不感戴矣。

请严禁尾滩拦索也。由水路初入歙境，地名尾滩，其滩高峻，船最难上。至此正极吃力，两岸无赖之徒，使穷民妇女以小舟拦截于前，肆行强索。每船数百数千，相所载之轻重，必饱其欲乃去。在岸者坐而分肥。倘船户客商不给，稍有争论，则在岸无赖群虐，其祸匪轻，行旅病之。此害宜除。

请照例以办命案也。近时幕友专讲救生不救死，往往避重就轻，改案就例，以致杀人不抵，凶狠之徒，遂有止可打死人，不可人打死之说。民轻犯法，命案愈多。居官者名为不肯杀人，其实无数命案皆由此杀之也。惟愿于情真罪确者，照例正办，使凶徒知杀人者必死，则不敢轻打杀人。所以止辟实为造福之道。罪所应得，并非故入，岂得谓之残暴？

请用猛以警顽梗也。旱南乡素有强悍之名，其实甚畏官长，并不敢如何。凡为重案下乡，乡民聚观，人山人海，官有所举动，则群然而哗哄，哄声雷动，似乎可骇，其实是看者多，真顽梗者不过一二。平时须养一二力士（约可敌十数人者），下乡时带去，遇有鼓噪，将为首者立时拿下。此威一行，从此到处无事矣。

以上十条，抚字之宜。

粮房户房征收册籍与板串宜清查也。地丁正款五万数千两，此外浮粮约有数万，而地方官不得其利，尽被书吏侵吞。宜将征收册吊入内署，按册上各户正则印用板串。必得切实可靠者一二人专司其事，庶板串不致私出，而利可归于上，得此关键，则此缺自宽然有余。

税书宜饬按年造办推收进册也。民间买卖，税书必多方勒索，始姑将粮则推收，不遂其欲则不行，又不按年造册，以致板串与粮则不符，民间借口不肯完纳，此风西北乡为盛。应出示严禁税书勒索延搁之弊。如有此情，即令民人指控。

粮差包甲、使弗（费）之弊宜除也。邑西北乡、水南乡春秋两季，粮差进图，或合一甲之欠户，共凑钱若干给之，保其无事，谓之包甲。或各欠户按所欠粮数酌半给之，保其无事，谓之使弗（费）。小民之出钱不少，而国家之课额常虚，亏课病民，实为大弊，应痛除之。

欠粮宜先惩稍多之户也。东南乡地方辽阔，离城遥远，山僻村庄欠粮者多。前些（此）地方官平时鞭长莫及，置之不问，及至催解紧急则自行下乡，雷厉风行。各村地保、税书早已闻风逃避，既无从拿花户，遂至逢人辄拿，往往拿者多系零星小户，而欠之多者转得逍遥事外，民益不服。应请下乡时，到处先将地保、税书安顿，使不逃避，然而（后）将欠户单上，查其欠之最多户之稍大者，令其带领差役专拿此数人，伊必赶来上纳，由是以及其次，闻者知必将及己，自皆上纳，课渐清完，而民无可怨。

板串之费宜减也。从前未立板串时，每收粮附一张，止索大钱四文。自立板串，每张要大钱贰千文，每户较前加至十倍。壹钱以下者虽减半，然较前亦多五倍。通计每年板串钱有万余串，取民脂膏，以饱吏胥，在官并不能得。此事起自马明府秀儒，此公在任颇有政声，而此一事实为弊政，民间忍恨至今。能将此户裁减，以复其旧，则登时可以颂声遍野，而纳粮者亦必输将恐后矣。

税契之费宜减也。定例税契每两三分，近则收至库纹六分五厘，另外又索契尾，每张三四钱不等。费愈重，而民间之契愈隐而不税。若能出示晓谕，大减其费，则民知好官不能常得，积年之契必纷涌投税，与其费重而税者少，不若税轻而税者多。此一事似可名利双收。

以上六条，催科之宜。

［原载《歙县志坛》1984年第2期］

关于王茂荫受申斥的原因

刘孔伏　潘良炽

王茂荫是清朝咸丰时代的户部右侍郎。据清制，"管理钱法侍郎，满洲一人，汉一人，掌宝泉局鼓铸之政令。"①这宝泉局，是钱法堂所属的造币厂，隶于户部右侍郎。身为户部右侍郎，兼管钱法堂事务的王茂荫，曾针对当时的财政情况多次提出改革币制的意见，结果却受到咸丰皇帝申斥。王茂荫受申斥一事，在马克思的《资本论》中曾提道："清朝户部右侍郎王茂荫向天子上了一个奏折，主张暗将官票宝钞改为可兑现的钞票。在一八五四年三月的大臣审议报告中，他受到严厉申斥。"②由于王茂荫是《资本论》中唯一提到的中国人，他又在咸丰时代的币制改革中占有重要的地位，故此事曾引起不少史学家和经济学家的重视。关于王茂荫受申斥的原因，历来说法不一。

有人认为，王茂荫于咸丰三年（1853）十一月上的一个《论行大钱折》，反对清政府铸造和颁行大钱，引起咸丰皇帝不满。咸丰四年他之所以受申斥，是咸丰皇帝的借机发作。

有人认为，王茂荫生长在徽商聚居的圈子里，受商人的影响很深。他的奏折代表着商人的利益，触犯了封建统治阶级，因此受到严厉申斥。

最近又有人认为，王茂荫在咸丰四年三月初五日的奏折中，有"自请严议"的牢骚之言，这才是咸丰皇帝不能容忍的真正原因。因为自己

①《光绪会典》卷二十四。
②马克思《资本论》第一卷第一百四十六页注八十三。

要求"议处"涉及官吏的升、迁、擢、降,触犯了皇帝的尊严,因而咸丰皇帝传旨严行申斥①。

据我们考察,上述第一种说法是不能成立的。王茂荫《论行大钱折》的主要宗旨是反对政府铸行大钱,要求实行钞法。如果王茂荫的这个奏折引起咸丰皇帝的不满,咸丰皇帝完全可以降旨立行处分,何必隐忍不发,而要到第二年才来个借机发作呢?操文武官员黜陟生杀大权的贵天子,居然有这样离奇的举动,实在不太可能。况且,王茂荫反对大钱的主张,并不是咸丰三年才有的。早在咸丰元年,王茂荫即上了《条议钞法折》,其中说道:"从历史上观察,补救财政困难的办法有二,一曰铸大钱,一曰行钞币。二者之利同,而其难以经久,亦略相似。比较两者的得失,则计钞之利,不啻十倍于大钱。"②这明白地表述了支持行钞币反对铸大钱的主张。咸丰皇帝如果因为王茂荫反对铸大钱而不满,那就应该从咸丰元年发端了。而历史事实是:王茂荫于咸丰元年补授户部江西司员外郎,八月官江西道监察御史,咸丰三年四月为太常寺少卿,六月任太仆寺卿,十一月官户部右侍郎③。从咸丰元年到三年,王茂荫在官途上不断地受到擢升。这就说明,咸丰皇帝不满王茂荫反对铸大钱说只是一种臆想,而不是历史的真实。王茂荫在咸丰三年十一月上《论行大钱折》之后,于"十二月初二日召见,又面陈当百以上大钱之不能行","甲辰(咸丰四年)正月复奏大钱私铸繁兴,亏国病民,恳请停止一折。"④如果《论行大钱折》果真引起咸丰皇帝不满,那么在十二月初二日召见之时,咸丰皇帝的不满之意定会流于形色,王茂荫岂能毫无觉察?即使王茂荫对咸丰皇帝的不满毫无觉察,直陈大钱之不能行,结果只能是碰钉子。王茂荫再木讷,也不会仅隔一月之后又上书恳请停行大钱。这样一而再,再而三地直言冒犯天颜,也实在不太可能。

---

① 参阅翟屯建《王茂荫为什么会受申斥》,《光明日报》1983年12月4日。

② 《王侍郎奏议》卷一。

③ 《清史稿》卷四百二十二《王茂荫传》;方宗诚《柏堂集后编》卷十一。

④ 《王茂荫行状》,见《沫若文集》卷十一。

王茂荫确是安徽歙县人①，也确曾为商人说话。咸丰四年三月上谕中也确有"只知以专利商贾之词，率行渎奏，竟置国事于不问，殊属不知大体"②等语。但为商人说话却并不是王茂荫受申斥的真正原因。因为王茂荫为商人说话，并不始于咸丰四年。在咸丰元年《条议钞法折》中，王茂荫即提出："丝钞织成后即交各银号官盐店典铺，给以微利，每库平五十两者止令缴市平五十两，库平十两者止令缴市平十两。"③对商人来说，这虽是微利，但多少总可以得到一点利益。这可算得上是王茂荫为商人说话了。咸丰三年五月，官票（即银钞或称银票）正式颁行之后，损害到钱庄、典商的利益，王茂荫上《条奏部议银票银号难行折》，指出银票之行是亏商病国，绝对难行。在此折中，他指出因银票之使用，商有三亏，而"由前二亏，亏固难免，由后一亏，亏更无期。于此而谓于商无亏，恐未可信。"④这是公开地为商人鸣冤叫屈。从咸丰元年到三年，王茂荫提出的财政建议，大都在为商人利益说话。如果咸丰皇帝以"只知以专利商贾之词"为由申斥王茂荫，则王茂荫早就该受到申斥了；如果咸丰皇帝对王茂荫"只知以专利商贾之词"不满，则王茂荫也做不到专管钱法堂的户部右侍郎。显然，王茂荫为商人利益说话并不是他受到申斥的真正原因。

王茂荫之所以受申斥，触犯了皇帝的尊严是毫无疑问的。是因为"自请严议"的牢骚之言涉及官吏的升、迁、擢、降而触犯皇帝，还是因为其他的原因而触犯皇帝，这却是我们要深查细究的问题。其实，关于王茂荫受申斥的原因，咸丰四年三月初五日的上谕中就已经说得很清楚了：

王茂荫身任卿贰，顾专为商人指使。且有不便于国而利于商者，亦周虑而附于条款内，何漠不关心国事，至如此乎？并自请严议，以谢天

---

① 《清史稿·王茂荫传》；《王茂荫行状》。

② 《咸丰东华录》卷二十六。

③ 《王侍郎奏议》卷一。

④ 《王侍郎奏议》卷三。

下。明系与祁寯藻等负气相争。读圣贤书，度量顾如是乎？且谓"废黜不敢怨悔"，设是时故激朕怒，将伊罢斥，伊反得身后指使，百计阻挠。看伊奏折，似欲钞之通行，细审伊心，实欲钞之不行。且有挟而求，必应照伊所奏。如是欺罔，将谓朕看不出耶？

三天之后，咸丰皇帝又有一谕，内容亦大同小异：

王茂荫由户部司员经朕洊擢侍郎，宜如何任劳任怨，筹计万全。乃于钞法初行之时，先不能和衷共济。只知以专利商贾之词，率行渎奏，竟置国事于不问。殊属不知大体！复自请严议，以谢天下，尤属胆大！设使朕将伊罢黜，转得身后指使，百计阻挠。如是欺罔，岂能逃朕洞鉴耶？王茂荫著传旨，严行申斥。①

细读这两道上谕，参以王茂荫参与币制改革的史实，我们不难明了他受到申斥的原因。

咸丰以前，清王朝通用的货币是白银和制钱。鸦片战争以后，清政府在对外贸易中的出超地位完全丧失，白银大量外流，国库银根日渐紧张，银价日高。制钱是铜铸的，铜的最大产地是在云南。太平天国起义以后，阻遏了铜的运输线，铸钱的原料发生了问题。又因为战争的关系，清政府的财政收入不断减少。政治的动荡引起了财政危机。为了解决这个危机，清政府的官员们纷纷出谋献策。有的主张推行钞法，有的主张铸造大钱。王茂荫就是主张钞法的代表人物之一。

王茂荫的主要意见是发行以银为本位的丝织宝钞，交给银号使用流通，并给商人以微利。持钞者可用以缴纳赋税，并可以随时向银号兑换银钱。

继王茂荫之后，又先后有福建巡抚王懿德和左都御史花沙纳奏请行钞法。清政府正苦于无法解决财政困难，见三人接连上疏，便指派花沙

----

①《咸丰东华录》卷二十六。

纳和王茂荫会同户部堂官妥议钞法，拟定简明章程，并绘钞式具奏。从"（咸丰）三年二月会议行钞章程"①始，到"咸丰三年五月戊申始制银钞"②，"不必袭用钞名，即称为票"③的官票正式颁行了。

颁行官票的办法主要有两点。第一是向各州县提取库存谷价银两，给以银票，作将来买补之用；第二是向各地钱庄、典商提取生息本银之十分之三，发以同等价值的官票，此票不能纳税，更不能兑现，只能由捐纳封典职衔贡监之人，向商人买票报捐。这种办法，和王茂荫的意见大相径庭。他立刻上书请议自己的钞法条陈，并指出官票之不能行："今银票之发，惟以抵存本，而收惟以报常捐，上下均隘其途，安得而流通乎？"④实际情况果如王茂荫所言，银票非但不能流通，反而引起市面混乱，商铺歇业。"民间于钞法不知其利，而喧传其害，竟畏之如虎。十余日来钱铺已关闭三十余处。昨日内外城一昼夜间陡然关闭者又不下二百余处之多。即素日资本富厚，最著名之钱铺亦皆关闭，粮店亦间有关闭者。街市扰攘，人人惊危。"⑤

官票颁行不久，清政府又发行钱票（即宝钞），与已行的银票相辅通行，目的是"以济银钱之不足，务使天下通行，以期便民裕国。"然而使用办法却是："凡民间完纳地丁钱粮关税盐课及一切交官解部协拨等款，均准以官票宝钞五成为率……其余仍交纳实银，以资周转。"⑥政府把官票宝钞当作银钱发出，却不让持有者兑换银钱。收官项时只肯收一半票钞，另一半收现银。宝钞的施行办法，又非王茂荫初衷，结果是"兵丁之领钞者难于易钱市物，商贾之用钞者难于易银置货，费力周折，为累颇多。"⑦

王茂荫虽是钞法的提议者之一，然现行的钞法却不是他的主张，他

---

①《清史列传·花沙纳传》。
②《清史稿·本纪》卷二十。
③《清史列传·花沙纳传》。
④《王侍郎奏议》卷三。
⑤《道咸奏稿》，罗尔纲先生所藏钞本。
⑥《咸丰东华录》卷二十四。
⑦《王侍郎奏议》卷六。

的办法被户部堂官搁置不议。这一点他在《再议钞法折》中说得很清楚："臣既在户部，凡有所见，必取决于总理祁寯藻，尚书文庆，乃所商多未取决，而设想更已无方。"他与总理、尚书的关系搞得很紧张，到后来连自己的办法都不便在户部提出了，"不得不上陈于圣主之前"①。这即是上谕中"明系与祁寯藻等负气相争"一语之来由。为了通商情，期运转，加快官票宝钞的流通，王茂荫提出了四条办法：第一是钱钞可以取钱；第二是银票可以取银；第三是店铺可以用钞易银；第四是典铺出入均准搭钞。四条办法的核心，就是钱票可以兑现。政府颁行钱票的目的是要集中现银，兑现却需要政府拿出本钱来，这自然是窒碍难行的。咸丰皇帝斥王茂荫"实欲钞之不行"，实在冤枉。王茂荫反对的是现行的钞法，而不是钞法本身。"现行官票宝钞，虽非臣原拟之法，而言钞实由臣始。今兵丁之领钞而难行使者多怨臣，商民之因钞而致受累者多恨臣。凡论钞之弊而视为患害者莫不归咎于臣，凡论钞之利而迫欲畅行者莫不责望于臣。"②王茂荫是钞法的提议者，结果现行钞法却不是他的办法。钞法扰民乱市，王茂荫身受怨恨咎责，成了一只替罪羊。为了澄清事实，辨明冤屈。王茂荫提出了四条补救办法，并向咸丰皇帝要求："臣蒙恩擢任户部，业经数月，一无筹措，上负天恩，下辜人望，夙夜愧悚，实切难安。相应请旨，将臣交部严加议处，以谢天下，而慰人心，庶几浮言稍息。臣虽废黜，不敢怨悔。"③这无疑是向咸丰皇帝提出了最后通牒：要么接受四条办法，要么"将臣交部严加议处"。此种用意，咸丰皇帝看得十分清楚："且有挟而求，必应照伊所奏。如是欺罔，将谓朕看不出耶？"王茂荫反对铸大钱，咸丰皇帝没有申斥他；王茂荫人为商人说话，咸丰皇帝也没有申斥他。王茂荫受申斥的真正原因是他"有挟而求""欺罔"君上。这种超出地位、名分的僭越行为，是万乘天子所绝对不能容忍的。所以王茂荫奏折一上，咸丰皇帝立即震怒，连发两道上谕，严行申斥，随后即调其作兵部右侍郎，王茂荫的钞法最终没有实行。

①《王侍郎奏议》卷六。
②《王侍郎奏议》卷六。
③《王侍郎奏议》卷六。

现行钞法的情形也不妙："搭放皆称不便，民情疑阻……民间得钞，积为无用……故钞行而中外兵民病之。"最后的结局是"钞遂不能行矣"①。

[原载黑龙江大学《求是学刊》1984年第5期]

①《清史稿·食货志》五。

马克思将王茂荫写进《资本论》的来龙去脉
（节录）

曹天生

马克思是如何知道王茂荫并将他写进《资本论》的呢？要了解其来龙去脉，就必须从俄国的传教士巴拉第和叶夫拉姆皮说起。

巴拉第（1817—1878）是俄国19世纪的汉学家，其俗名为彼·伊·卡法罗夫。巴拉第作为俄罗斯驻北京布道团的神职人员，是清朝时期俄国驻中国布道团的第13班的修士大司祭。沙俄驻北京布道团的修士大司祭，清朝文献译作"达喇嘛"，也有译作"阿里西满得力"的，其源出希腊语，意为"一院之长"，故修士大司祭又有称"掌院修士"的。在东正教会的教阶制中，大司祭是位居主教之后的高级修士，北京布道团的团长，均由修士大司祭担任。俄国最高宗教事务会议授予大司祭对全团实行家长制统治的权力。北京的修士大司祭属伊尔库茨客主教区，在外交和教务上主要的职责是：及时传递俄国枢密院以及外交部亚洲司、东西伯利亚总督府与清朝理藩院之间的来往公文；经常向沙皇政府呈送有关中国内政与外交的情报；编写述职报告，包括布道事业的进度及神职人员、随班学生的表现等项目；主持团内总务会议和其他的重大宗教活动等。

布道团在北京的驻地为俄罗斯馆。俄罗斯馆的设立，最早可追溯到清康熙年间……自康熙十四年（1715）第一班进驻北京，至咸丰八年（1858）《中俄天津条约》改订班期，俄国布道团共有13班，以后又缩短了班期。自嘉庆二十四年（1819）俄外交部亚洲司成立后，为适应日益扩大的对华事务和出于显而易见的政治目的的需要，沙皇政府迫切希望北京布道团更快地造就大批"中国通"。以俄罗斯馆为驻地的北京布道团，实为俄国政府的官方代表。他兼有宗教、外交与经济职能，同时又是一个从事"汉学研究"的机构，组织开展对中国的民族研究、经典研究、辞书编纂、图籍收藏和社会调查等活动，并进而造就出为沙皇时代服务的"中国通"。这些人虽然客观上对中俄文化的传播也做了一些工作，但更多的是在中国假布道、学习汉语等之名，越来越频繁为俄国政府搜集情报、收买汉人当内奸等，干了不可告人的勾当。

巴拉第于道光二十九年（1849）来华，咸丰八年（1858）换班返俄，在北京共住 10 年。他所在的第 13 班布道团，是"汉学"人才辈出的一班。在巴拉第任职期间，他组织手下人员写作、翻译，并由他负责编辑和出版了《帝俄驻北京布道团人员论著集刊》①这样一套书。笔者曾委托在俄罗斯普希金语言学院进修的北京外国语大学博士研究生何英玉在俄罗斯国家图书馆查找并复印。该书共 4 卷，由彼得堡军校部印刷厂印刷。4 卷共由 29 篇论文和资料组成……编译那篇《内阁关于纸中的奏折》的是巴拉第手下的修士司祭叶夫拉姆皮。

叶夫拉姆皮，生于 1822 年，俗名叶里塞·伊凡诺夫，出身彼得堡神学院，入僧籍后取法号"叶夫拉姆皮"。清道光二十九年（1849）加入以巴拉第为首的俄国驻北京布道团第 13 班来华，任修士司祭，到清咸丰八年（1858）换班返俄，共住北京 10 年。叶夫拉姆皮居留俄罗斯馆期间，翻译过《列子》，并编写了太平军在"天京"的报道。此外，还曾撰述《中国人关于安南的纪事》一文，载于《东方文汇》1877 年第 1 辑。《内阁关于纸币的奏折》也是出于他之手。俄文版《帝俄驻北京布道团人员论著集刊》第三卷中《内阁关于纸币的奏折》部分就注明了是由修士司祭叶夫拉姆皮译自中文的……该文主要就是介绍《王侍郎奏议》中的王茂荫于咸丰四年（1854）三月初五日所上奏的《再议钞法折》一文，但行文方式是夹叙夹议，即翻译一段，然后简要地评论几句……该文亦译出了咸丰帝于是年三月初八日的上谕："王茂荫由户部司员，经朕洊擢侍

---

① 编者按：本书有多种译本，书名译法各不相同。收入本书时，一仍其旧。

郎，宜如何任劳任怨，筹计万全。乃于钞法初行之时，先不能和衷共济。只知以专利商贾之词，率行渎奏，竟置国事于不问。殊属不知大体。复自请严议，以谢天下，尤属胆大！设使朕将伊罢黜，转得身后指使，百计阻挠。如是欺罔，岂能逃朕洞鉴耶？"如此看来，巴拉第只是该文的编辑者而不是实际写作者。

《帝俄驻北京布道团人员论著集刊》俄文版发表后，两个叫卡尔·阿伯尔①和F.阿·梅克伦堡②的两个德国人根据俄文翻译成德文，德文书名为《帝俄驻北京公使馆关于中国的著述》，马克思就是根据1858年柏林德文版第1卷第54页而了解到王茂荫及其货币观点，从而将其写进《资本论》的。

综上所述，王茂荫被马克思写进《资本论》的经过是：俄国驻北京布道团第13班的修士大司祭巴拉第利用其特殊身份和地位，从清廷中搜集到王茂荫的有关奏折，然后交其下属人员叶夫拉姆皮译成俄文，并由巴拉第编入《帝俄驻北京布道团人员论著集刊》第三卷，该卷于1857年出版，1858年德国人卡尔·阿伯尔和F.阿·梅克伦堡将《帝俄驻北京布道团人员论著集刊》前三卷选译，并重新起了个书名出版了德文版《帝俄驻北京公使馆关于中国的著述》，马克思就是根据该书德文版了解到王茂荫及其货币观点的，也就有了那个标号为83的注释，从而使王茂荫成为马克思在《资本论》中唯一提到的中国人。

[原载《中华读书报·每周瞭望》2000年8月2日]

---

① 编者按：人名译法各不相同。收入本书时，一仍其旧。
② 编者按：人名译法各不相同。收入本书时，一仍其旧。

王茂荫传略

王经一

一

　　王茂荫，乳名茂萱，榜名茂荫，字椿年，号子怀，初字树之，号蕙甫（《诗》曰："硕人之蕙。"）。从王茂荫的名字号等可见其父期许，本人襟怀志向及抱负追求。清嘉庆三年（1798）农历三月十一日，王茂荫生于歙县杞梓里的一个徽商世家，系杞梓里王氏世系第十五世，晚年移居新安江边义成。同治四年（1865）农历六月廿二日卒于义成家中，终年六十八岁，墓葬县南岑山渡狮形山下。

　　王茂荫祖父槐康，乾隆乙亥十月初二生，曾在北京通州开设森盛茶庄，经营茶商业务，由于长年奔波，商海拼搏，过度操劳，以致积劳成疾，乾隆乙巳五月十八日卒于病，享年只有三十一岁，墓葬歙南三阳中岭脚瓦窑垄。王茂荫父亲王应矩，字芳仪，号敬庵，是一位学者，曾获"清授登仕佐郎"之称，为继承父业，不得不弃儒从商。

　　王茂荫生母洪氏，乾隆四十年（1775）二月初十申时生，歙南三阳坑人。王茂荫六岁即嘉庆八年（1803），其生母洪氏不幸病逝，赖祖母方氏及外婆姑母等抚养成人。王茂荫二姑母（生于乾隆四十七年十月初七），即王茂荫的父亲王应矩的小妹妹（长王茂荫十五岁），未嫁在家时，天天抱着幼侄玩耍，姑侄情深，牙牙学语的王茂荫昵称之"小姑"。王茂荫的二姑后嫁的乃是三阳坑巨商之家。王茂荫的二姑父洪梅庵诰封资政大夫。二姑母仅生一女。二姑母视亲侄儿王茂荫如同己出，分外心疼，关爱有加。二姑母见嫂嫂不幸去世，其哥王应矩又远在北京通州经营森盛茶庄，母亲年老体弱，精力有限，便义无反顾地把不谙世事的王茂荫接来家中抚养，精心培养教育。王茂荫少时，曾在三阳坑二姑母家生活多年。"姑侄有深情，姑抚侄如儿，侄视姑如母"。王茂荫五十多年后，在其姑母去世时，是这样评说他与二姑母的这种血浓于水的亲情的。

杞梓里到三阳坑有二十里山路，是一条"盘旋曲折几多弯"的山间小道。这山道是明清时期徽州著名的昌徽官道最险峻的路段之一，是歙南旱路通往江浙的必经咽喉。年少的王茂荫在这条蜿蜒的山道上不知往复过多少次。他时而在马前，时而在马后，时而跟着商人，时而随着仆人。在这条山道最险峻的名叫中岭头的地方，有一口清泉，过往路人行此，不知就里的都要停马歇脚，饮水解渴。年幼的王茂荫听说过往商人，在此停马饮泉解渴的，常遭山上涌下的一伙强盗打劫，便把此泉命名曰"盗泉"，并在三阳坑杞梓里两地粘贴红绿告示，告诫过往行人，"渴不饮盗泉之水"，以此谨防强盗杀人越货，一时被乡人称为善童。在一个陡峭的山道旁，有一棵茂盛的漆树，王茂荫又听说有许多过往商人，大热天都禁不住要到树下歇脚纳凉，以致染上漆疮，皮肤痛痒难熬，耽误行程，就做了一块木牌，上面写着"热不息恶木之荫"，立在树旁，以警示过往行人。徽人经商的艰辛，给年少的王茂荫留下了深深的印象，以致几十年后，年近花甲的王茂荫还花巨资修缮这条山道，改善路况，以利行人驴马来往，足见他对这条山道有着别样的情愫，这也与他视姑如母的情怀是分不开的。"渴不饮盗泉之水，热不息恶木之荫"竟成了他日后做官行事的圭臬，成了他一生的真实写照。

王茂荫在亲人的资助呵护下，"髫龄入私塾，晨入暮归"，学业极为用功，先从淳安王子香先生课馆，后往双溪（歙南岔口）梯云书屋从吴柳山先生读经史。时太仓钱伯瑜先生主讲歙城紫阳书院，王茂荫见其文才深为敬佩，并引为契友。王茂荫二十四岁入县庠，二十七岁科试一等第四名补廪膳生，三十岁酌增例廪生，生捐训导。王茂荫意图宦海，无奈在科举考场连连落第。道光十年（1830），仕途无望的王茂荫北上，进入北京通州的森盛茶庄，打算弃儒经商。适逢翌年即道光十一年（1831）万寿恩科，时年三十四岁的王茂荫决定应京兆试，因原名已捐分发例，宜本省乡试，特更榜名茂荫，捐监生，应顺天乡试，不意中第二百二十八名举人。道光十二年，王茂荫在壬辰会试中（联捷）第一百七十二名进士，殿试第三甲四十名，钦点主事签封户部广西司，在京任部曹十多年。

道光二十八年（1848）二月，王茂荫擢升记名御史。三月，父殁，回家丁艰。王茂荫每以家乡为念，曾有《歙邑利弊各事宜》十六条出示当道，以警凶顽，革陋习，振颓风。太平天国兴起，清廷为了应付局势，除了在各地招募新军，不得不考虑在地方建立武装力量。咸丰三年（1853）当太平军攻下南京时，咸丰帝慌忙发诏书，号令各直省迅速筹办团练协办。时徽州知府达秀，在郡城设守险、守望两局（后并为义练局，旋又改称团练局），由郡中绅士主持，招募乡民，收集乡兵，充当练勇。练勇经常举办"花会"，那是一种聚众赌博的集会，从三十六门中猜定一门押下注钱，猜中者可得注钱的三十倍。团练所需经费，就靠从"花会"中抽取头钱充当。当时，徽州团练头目以维护地方安宁，所需经费不足为名，巧立花会名义大肆向商人百姓征收苛捐杂税，搜刮银钱达数十万两之多。搞得民不堪言，怨声载道。更有甚者，有团练头目，借机中饱私囊，将大量资金据为己有，有的竟趁时局不稳之机，将银两瓜分外逃。王茂荫为此上书《论徽州练局积弊折》，要求派员清查追缴，及时遏制了地方恶势力的为非作歹，保护了乡民的利益。

太平天国农民起义对王茂荫的家乡影响是很大的。当时战火蔓延各乡。战乱时间之长，攻防争夺之激烈，烧杀掳掠之残酷，在歙县历史上，可以说是史无前例的；王茂荫在家乡杞梓里的住房也在这次战乱中毁于兵燹。此时的王茂荫有了迁居他乡的念头。

然而，这次举家迁居，并不像王茂荫预料的那样理想。一家人，历尽艰辛，跋山涉水，路途迢迢迁往江西吴城，安顿下来，却发现生活环境并不适应家人。继母水土不服，不久即病故在吴城；妻子洪氏（歙南三阳中村人）不懂吴城语言，与外界沟通困难，加上乱兵骚扰不断，诸多意想不到的事情，又使王茂荫产生悔意。其间，王茂荫的同僚柯钺（歙县水竹坑人）在给王茂荫的姑表弟洪亮采的信中有这么一段话："十九日，王少宰（王茂荫）过皖，复本……少宰维舟三日，即赴吴城。当吴城不能安居，拟挈家来皖。其前窜江西之贼，有经我军击败，克复新城，不意，杭湖两处逆贼由宁国昌化两路入徽，十三、十七官军连败，贼遂趋龙湾、五城，以犯婺源……倘今阑入腹地，则势必成燎原之势……"继母的去世，家人的孤寂，又迫使王茂荫第二次迁居。故土难离，乡音难改，所以，王茂荫只好回到家乡歙县，在交通便利的新安江边重新寻找住处。原先选址雄村，拟购买曹府都堂公的梳妆厅，因女主人认为曹家是有名望的世家，卖了房子，怕影响家族的旺气，招来不必要的责难，坚决不同意而作罢。后听说雄村邻村义成有一幢也是大户人家的房子要卖，经看定、磋商，购得义成朱姓旧房，略事修葺遂定居下来。他在同治四年（1865）二月，从江西吴城扶继母灵柩回徽州，路途坎坷，尽是崇山峻岭，年近古稀的王茂荫，为尽孝道，遵从古制，弃马拒轿，徒步扶柩而行，饥餐渴饮行走近两个月，由于旅途劳累，风雨热寒伤身，加上年老体弱，途中即感染有病，到义成新居后，病情渐重，同年六月即病故，终年六十八岁。

王茂荫病重时，让亲人刻了一方"直言敢谏之家"之印以相传，希望子孙能继承这一家风，此印现仍藏于歙县博物馆。他更没有因显贵而大肆敛财。这从他传世的名片可见一斑。王茂荫的名片，没有写上任何职务与头衔，就像王茂荫一样简朴，只不过在一张很一般的红纸上加盖"王茂荫"三字而已。

二

王茂荫任京官历时三十余年。王茂荫在京的三十余年间，正值鸦片充斥市场，白银源源外流，外侮日亟，民怨四起，库帑日形绌竭。王茂荫为了缓解国库空虚、货币危机，历考古代圜法（币制）利弊，于咸丰元年（1851）八月，上振兴人才疏，又拟钞法十条进呈，向咸丰皇帝提出了他的改革币制、缓和危机的主张：有限制地发行可兑换的钞币，并做到"先求无累于民，而后求有益于国"。他还具体地提出了三条切实可行的"防弊措施"，得到了咸丰皇帝的赞同。因而，他于咸丰三年（1853）十一月被擢为户部右侍郎兼管钱法堂事务，成为清廷主管财政货币的要员之一。这是王茂荫仕途上的鼎盛时期，也是他作为杰出的理财家，其事业发展的巅峰。然而，他的货币改革方案所强调的防止通货膨胀，与清政府搜刮民财的方针有着根本的相悖。故王茂荫的钞法最后未被采纳。其时，户部为解救部库空虚，议开捐纳举人生员例，茂荫上疏力争，以为"筹饷之法，不徒在开源而在于善用，委诸盗贼之手，靡诸老弱之兵，销诸不屑之员弁，虽日言推广捐输，何济？"然其言未被采纳。

咸丰二年（1852），太平军自长沙趋岳州，沿江形势危急，茂荫疏请扼防宿松、黄梅、彭泽，以阻止太平军。武昌即陷，又疏请急收人心，筹储积，励训练，广求贤，并先后荐举多人。其中就有胡澍、柯钺、缪德芬等。战乱期间，物价飞涨。缪德芬启程赴京，在途经上海写给家中的信中说道："初三日自泰州起程，初六日抵七濠口，当即搭附轮船，每人银六两，初七日酉时刻即达沪上，一路托庇顺平……（轮船）已觅得，上下五人共银百两，定于明日开行，计到京总在二十左右，颇较陆路为迅速。"缪德芬到京后，王茂荫收到其表弟洪亮采托缪德芬顺带的谋职信。王茂荫在给洪亮采表弟的信中谈道："此地（北京）为国家定鼎之所，自然要比外间靠得住。然自咸丰年以来，各事之艰难已极，街市生意萧索，明火执仗之案习以为常。尊意欲挈眷来京到部当差，风鹤之惊虽然可省，而旅用之费，未免有加。大约只身带一家人，来此当差，除所进不计外，每年净五百金；若连家眷齐来，则恐需千金或八百金矣；南边若无事，则北方断下不去，是否？望吾弟自裁之。缪兄人极好，奈兄居忧，不能外出……"从以上信件叙述中，可见上海、北京当时的情况已非太平，物价已非常人能承受得了的了。

咸丰三年（1853）正月初八，王茂荫疏请另筹推行银票办法，极论

"银票亏商，银号亏国，经国谋猷，下同商贾，体至褒而利实至微。初时亏不能见，及亏折已甚，虽重治其罪，亦复无补。"所言皆验。正月十九日，户部议行钞法，上谕茂荫与左都御史花沙纳会同户部堂官集议。茂荫据理力陈咸丰元年《条议钞法折》中所奏行钞限额兑现各主张，又未见诸行。咸丰三年二月十日（1853 年 3 月 19 日）太平军攻破南京，清廷大量的军费开支，更使国库入不敷出，财政压力更是雪上加霜。五月，清廷发行"户部官票"，接着又发行"大清宝钞"，这些均为不能兑现的纸币，与王茂荫的主张完全背道而驰。结果，当时的京城内，民怨沸腾，一时抢掳盗偷四起，场面混乱，难以收拾。十一月初二日王茂荫补户部右侍郎兼管钱法堂事务。其时，户部铸当五、当十、当五十大钱，五大臣又请增铸当百、当五百、当千三种。当千者，以每文用铜二两为率，余递减（清初，一文铜钱用铜 0.12 两，铸一千文铜钱需 120 两）。王茂荫以当百、当五百、当千三种大钱，"折当太重，废罢必速；钱法过繁，市肆必扰"。王茂荫上疏力陈增铸之弊。十二月初二日，咸丰帝召见时，又面陈当百以上低值大钱不可行。而五大臣仍持原议。"令行，未及两月，果如茂荫言，群情疑惧，私铸繁兴，其后大钱终废。"

咸丰四年（1854）初，集议钞法，王茂荫所奏行钞主张既废，朝廷为解救部库几如悬磬之急，发行不兑现官票制作既恶，发行又滥，"以钞买物者，或坚执不收，或倍昂其价，或竟以货尽为词"（鲍康《大钱图录》）。甚至持钞完粮交税，亦遭拒绝。商贾视钞为畏途，职官兵丁得钞无处使用。争端四起，讼牍滋多，朝野骚然。盖行钞之议，始于茂荫，而其时又身居户部，管钱法堂。众怨攸归，其情自迫。三月初五日，在王茂荫的宦途中是一个阴霾满天的日子。这天，王茂荫三星未落便起床，再一次理顺思路，夹着辛苦一夜精心写就的奏本，匆匆上朝。面圣之时，他顾不得咸丰满面乌云，奏上了《再议钞法折》，坚持钞法兑现之原意，主张将不兑现的官票宝钞改为可兑现的钞票，以此刹住继续增发不兑现纸币的势头，制止通货膨胀，挽回纸币信用。务在"通商情，利转运"。条陈四点：令钱钞（宝钞）可取钱；银票（官票）可取银；店铺可以钞兑银；典铺出入可搭钞。疏上，初八日乃被斥为专利商贾，不关心国事。

随即降旨，着恭亲王奕䜣、定郡王载铨审议。三天后，亲王、大臣们又在审议报告中加了许多莫须有的内容，将王茂荫横加贬责。咸丰皇帝当即下令对王茂荫"严行申斥"。在币制改革上，王茂荫从此被剥夺了发言权。这件事被当时帝俄驻京使节写进了《帝俄驻北京公使馆关于中国的著述》一书；1858年，该书又被德国人卡·阿伯尔和弗·阿·梅克伦堡译成德文版发行，为正在撰写《资本论》的马克思所关注。在《资本论》第一卷第一编第三章的一个附注中，马克思这样写道："清朝户部右侍郎王茂荫向天子上了一个奏折，主张暗将官票宝钞改为兑现的钞票。在1854年4月的大臣审议报告中，他受到严厉申斥。"在马克思的另一部著作《1857—1858年经济学手稿》中曾这样论述："如果纸币以金银命名，这就说明它应该能换成它所代表的金银数量，不管它在法律上是否可兑现。一旦纸币不再这样，它就会贬值。""只要纸币以某种金属本位命名，纸币的兑现就成为经济规律……"可见，马克思对王茂荫的货币观点是持肯定态度的。

咸丰四年三月即咸丰皇帝对王茂荫"严行申斥"的四天后，王茂荫受贬，被调往兵部任右侍郎。不久，再次被降职为兵部左侍郎。从此，王茂荫身陷逆境，郁郁寡欢。

三

咸丰八年（1858）四月，王茂荫派办五城团防，上守备四策。六月，团防撤局。此前，王茂荫家乡杞梓里的房子，北京通州的森盛茶庄先后毁于兵燹，"子怀先生、仲芬兄、燮夫兄，春间均须南下，怀翁意在侨居"（这是这年正月在京的绩溪胡澍写给家乡友人信中所言）。更令王茂荫肝肠寸断的是，六月底，忽地接到三阳坑亲如父的七十七岁的姑丈大人病危的消息。咸丰八年七月，王茂荫对宦途已心灰意冷，一心想着能侥幸见上有抚育之恩的姑丈大人一面，便向咸丰皇帝托病请假开例。王茂荫轻车简从，匆匆赶往家乡，再一次踏上小时候常走的前往三阳坑的那条崎岖的山路①。然而，等他赶到群山环绕的三阳坑，他的姑丈大人早已于七月初六酉时离世。王茂荫不顾路途劳累，毅然挥笔写道："忆昔年，居近仁乡，常瞻道范，名至亲，实逾骨肉。慨自备员后，会少遂至离多。南北攸分，不时曾入梦。其服来生违，遽成死别。阴阳相隔，何处可招魂。值今日，身羁帝里，卒奉讣音，伤知己，痛彻肝肠。"②这次，王茂荫在姑母家住了两年。咸丰九年（1859）十一月廿三日，王茂荫七十八岁的姑母也年老告终。这一年多，王茂荫一直侍候在姑母身边，像亲儿一样，端茶送饭，煎药送汤，问寒问暖，极尽人间孝道，直至送终，"慈云望黯"（这是王茂荫在他姑母去世后写的四字挽词）。咸丰十年七月，王茂荫告别了姑母家，临行前，他写道："处尔两年但，谢贤子孙何以为情。夫妻原偕老，夫先妻而倡，妻后夫而随，渺渺精灵，同声一哭。"期间，王茂荫还出资修缮了家乡杞梓里村东通往三阳坑的山间官道（即昌徽古道），修建了杞梓里村西水口高台护岸。他还为祖祠写了一副教育子孙后代的对联："一脉本同源，强毋凌弱，众毋暴寡，富毋欺贫，贵毋忘贱，但人人痛痒相关，急难相扶，即是敬宗尊祖；四民虽异业，学必登名，农必积粟，工必作巧，商必盈资，苟日日佚游不事，匪癖不由，便为孝子贤孙。"这次，王茂荫告别家乡，扶母挈妻带儿，举家迁往江西吴城定居。王茂荫就这样最后一次离开他的家乡，再也没有回来过了③。

　　咸丰十一年（1861）同治帝即位，嘉称茂荫"志虑忠纯，直言敢谏"，命病痊听候简用。这年八月，王茂荫受到同治皇帝的召见。

　　同治元年（1862）四月，茂荫起署左副都御史，偕兵部尚书清恪查办山西事件，七月补工部右侍郎兼管工部钱法堂事务；同治二年（1863），被调任吏部右侍郎，这一年，他已是六十六岁的老人了。

　　同治二年（1863）六月，继母病故，王茂荫从山西差使转京告假赴

---

　　①编者按：当时王茂荫是否奔丧回里待考。

　　②编者按：这是王茂荫悼念二姑丈的挽联，准确的文字应为：忆昔年，居近仁乡，常瞻道范。名至亲，实逾骨肉。慨自备员后，会少遂至离多。南北攸分，不时曾入梦；值今日，身羁帝里，卒奉讣音，伤彻肝肠。悔从起服来，生违遽成死别，阴阳相隔，何处可招魂。

　　③编者按：所云举家迁江西吴城再也没有回来，显然不确。

丧，途中几经辗转，于同治四年（1865）始由江西吴城扶柩回歙，四月到家，身染疾病，"子怀少宰闻已旋里，想起居康健深为悬系"（缪德芬这年六月初十日给友人信中语）。六月二十三日①卒于家。有《王茂荫奏议》10卷及《皖省褒忠录》行世。《清史稿》有王茂荫传。

王茂荫一生清节，居京官三十余年，不携眷属随任，恒独处京师歙县会馆中，自奉俭约，粗衣粝食，处之晏如，以两袖清风，直言敢谏闻名。歙人鲍康官京师，"每造先生宅，辄饫聆高论；见先生萧然一堂，别无长物。公余之晦，手一卷自娱。京官三十余年，未尝携眷属。"②王茂荫平日在家常语其后人曰："吾以书籍传子孙，胜过良田百亩；吾以德名留后人，胜过黄金万镒。"王茂荫对于治学，重考辨，态度谨严，有徽人戴震、程瑶田崇尚考据之风。对于货币研究，重旁稽博采，烁通古今，积思深虑，穷索幽微，以循名而责实，以虚伪为不齿。王茂荫自汉以迄于明之铸大钱，行钞币，无不悉心涉猎，而于唐之飞钱，宋之交子、会子，以及元、明行钞之利弊，探究尤详。其学，涉及财政、金融、贸易、流通各个领域，而以"先求无累于民，而后求有益于国"奉为理财圭臬。虽清廷行钞之法非茂荫之法，而茂荫的货币学说及其行钞的主张，则为马克思所关注。

王茂荫不仅是一位出色的理财家，有着进步的货币观点，而且他的人才思想也为后人所称道。

"百年之计，莫如树人。"王茂荫很重视人才在国家管理中的作用。他在给皇帝的奏折中写道："制国之道，在用人理财二端，而用人尤重。用非其人，财不可得，顾用人必贵得人。"③"为巨室必使工师，治玉必使玉人。"说明只有任用内行的人才能把事情办好。同样，军队打仗也要选用贤将良才，他说："军旅大事，安得不任能者？军中得一能人，则必

---

① 编者按：应为六月二十二日。王铭诏、王铭慎作《子怀府君行状》言其父茂荫公"（同治四年六月）二十二日午后，药饵不能下咽，延至申刻，竟尔弃养！"

② 编者按：这里所引鲍康之语，原文应为："康昔官中书时，每造先生宅，辄跃聆高论，见先生萧然一室，别无长物，公余之暇，手一卷自娱。京宦三十年，未尝携眷属。闻夫人仅一至京邸，不数月即归。"

③ 编者按："制国之道"，误。应为"治平之道"。

即足济事；而任一不能者，则必以误事。"所以，他常说："治国之道，用人尤重。"

王茂荫针对当时众大臣所言"贤能者难得"的说法，认为，人才是有的："天下之大，安能无才？亦在地方有司之留心察访耳。""天地生才，不在上，则在下。""但按名位为委任，势必至于误事。"

他主张"广保举，以求真才"，不仅要选在职的，也要选在野的，因为"已登仕版，则才具终有表见之时；若伏在野，或不工制义，或力难应举，则虽有怀奇负异之士，恐终淹没。"于是，王茂荫希望各省州县"留心察访，或博通古今，才识非常；或专门名家，精通一艺；或膂力过人，胆勇足备者。"必须"不论名位，但问其能，再试其胆，有能杀贼敢向前者，即用以带兵。""如有才兼文武，胆识出众之士，自应随时采访……据实保奏。"王茂荫据此就先后保荐过十多人。针对当时的跑官要官的"奔竞之风"，王茂荫在同治元年上奏了《条陈时务折》，主张"奔竞之风，宜杜其渐"。当时通商衙门的行走司员皆由各衙门"一概优保"，而无考核制度，他遂担心"恐有流弊"，"恐奔竞之风日开其渐，不可不防也"。

王茂荫还极力反对清朝的捐输买官弊政。他认为，用捐输买官的办法替朝廷筹钱，是"甘冒千古之不韪而不辞，其用心固亦良苦；而考之未详，虑之未深，将来无益度之，而徒伤国体，恐诸大臣之终将悔之而已无及也。"他经常告诫子侄："日后子孙非有安邦定国之才，不必出仕。可读书应试，博取小功名而已。"

一百多年前王茂荫关于人才的这些论述，今天读来，仍是如此清新，仍是如此振聋发聩。生活在今天的千千万万的人们啊，难道不能从中得到一些有益的借鉴与启示吗？

[原载《黄山日报·徽苑》2003年7月14日、7月28日、8月11日]

《资本论》提及的中国人"王茂荫"

朱典淼

歙县，旧称徽州府，这是一处人杰地灵之地，它文化底蕴丰厚，曾诞生过一系列杰出人物，如教育家陶行知、经学家吴承仕、国画家黄宾虹、篆刻家巴慰祖、戏剧家汪道昆、音乐家张曙、文学评论家叶以群等。清末，还出现一位理财家王茂荫，他是马克思在《资本论》中唯一写入的一位中国人，其货币改制思路，颇为马克思欣赏。本文，将较全面地介绍王茂荫的有关事迹，以飨读者。

马克思在《资本论》中的一条注释

《资本论》是马克思的一部光辉巨著，这部巨著耗费了马克思多年的心血。为了深入阐明自己的观点，马克思批阅了各国大量的资料，他把许多可以佐证自己看法的材料，作为旁注，注释在正文的下方。据说，《资本论》所提及的世界各国人物达680位之多。而王茂荫则是《资本论》中提及的唯一中国人。

打开《资本论》中文版第146到147页，可以看到一条标号为83的注释，王茂荫的名字便赫然出现在该条注释中。

该注释全文如下：

清朝户部右侍郎王茂荫向天子上了一个奏折，主张暗将官票宝钞改为可兑现的钞票。在1854年4月的大臣审议报告中，他受到申斥。他是否因此受到笞刑，不得而知。审议报告最后说："臣等详阅所奏……所论专利商而不便于国。"（《帝俄驻北京公使馆关于中国的著述》卡尔·阿伯尔博士和弗·阿·梅克伦堡译自俄文，1858年柏林版第一卷第54页）

马克思注释中引用的材料来源于帝俄驻北京公使馆。注释中王茂荫的名字是德文的音译"Wan-mao-in"。

马克思在谈论货币流通时，为什么附上王茂荫货币改制的奏议呢？

首先，咸丰当政时期，正值第二次鸦片战争结束，中国割地赔款，白银外流。加之，太平天国起义，战事延绵，耗费大量军款，国库空虚，财政吃紧。为了摆脱这一困境，大臣们纷纷提出良策。此时，王茂荫正在户部任职，他看到当时币制混乱，流通不畅，遂上奏咸丰，统一币制，发行纸币，以复苏经济。因为以纸币代替金属币是经济发展的必然要求。王茂荫这一理财思想，深为马克思所首肯。

马克思关注王茂荫，与其本人在19世纪40年代以后，对东方问题，尤其是中国问题密切关注分不开。那时，西方资本主义用机器大工业，摧毁了欧洲的封建主义，纷纷将势力伸向东方。1840年，大英帝国发动了鸦片战争，用坚兵利炮打开了封闭的中国大门。从此，中国逐渐沦入半殖民地半封建社会，世界格局发生重大变化，自然引起马克思的高度关注。于是，他在《资本论》中收入了王茂荫的这条重要奏折。正是马克思深邃的目光、严谨的治学态度，使王茂荫这位中国理财家，终未被历史的尘埃所掩盖。

起初，人们对王茂荫不太知晓

清咸丰朝，王茂荫公开反对"铸大钱"，并且第一个提出推行纸币的主张。他的这些主张，是经过深思熟虑的，也较为切实可行。但是，昏庸的当政者并没有采纳这些建议。由于王茂荫直言进谏，激怒了皇上，使得他户部侍郎仅任数月，便被调离了户部。彼时，王茂荫的币制改革以及他刚正清廉的为官形象，在社会上有较大的影响。他去世不久，在张之洞编纂的《劝学篇》中，特地提到王茂荫，认为他"正言谠论于庙堂之上，有以至之"。但随着时光的流逝，历史的演进，王茂荫逐渐淡出人们的视线，不少人对他已知之甚少。

20世纪20—30年代，马克思的《资本论》引起了东方学者的重视，开始由日本、中国的学者移译《资本论》。我国第一位翻译《资本论》的学者陈启修，在1930年出版的《资本论》第一卷第一分册中，将德文的"Wan-mao-in"译为"万卯寅"，并告诉读者："我曾托友人到清史馆查此人的原名，现在还无结果，这里姑译为'万卯寅'。"而日译本《资本论》则将"王茂荫"译作"王猛殷"或"王孟尹"。他们不了解王茂荫其人其事。

关于王茂荫名字德语的正确翻译，是由史学家侯外庐、郭沫若、吴晗先后查清并确定的。

1927年，著名思想史学家侯外庐赴法留学，依据德文版《资本论》，开始了第一卷的翻译工作，费时两年多，译完第一卷前二十章。1930年春回国，继续与王思华合作完成了第一卷的翻译。1932年由国际学社出版。这是《资本论》第一卷首个完整的中译本。他谈道："我的清史知识不够，初译时对这个官员一无所知。"后来，他和王思华一起请教中国财政史专家崔敬白，经查对史料，正是名列《清史稿》列传的户部右侍郎王茂荫。

1936年六七月间东渡日本的郭沫若也注意到了"Wan-mao-in"的翻译问题，他偶尔翻阅《东华录》，一下子查到了王茂荫。但身处海外，资料不足，他对王茂荫的详细情况，一时难以弄清。便于1936年12月《光明》二卷二号上发表了《〈资本论〉中的王茂荫》一文，希望有关学者做点研究，搞清王茂荫的有关史料。此后，史学家吴晗发表了《王茂荫与咸丰时代的币制改革》，则是对郭沫若呼吁的回应。经数位学者的考订，确定"Wan-mao-in"即为户部右侍郎王茂荫①。

一个勤勉廉正的京官

通过科考入仕改变身份，这是徽商子弟普遍选择的发展道路。王茂荫也选择了这种途径，但一开始仕途并不顺畅，几次考试均告落榜，直到三十多岁。道光十一年（1831），王茂荫一边随父经商，一面做应考准备。他以监生资格参加了顺天乡试，在这次乡试中，取了进士。次年（1832），又参加京师进士会试，赢得三甲第四十名，从此步入仕途。

北京宣武门外大街，有一座歙县会馆，由京师的歙籍官员、在京的徽商捐资修建。在京任职的王茂荫一直以歙县会馆为下榻之处，一住就住了三十余年，直至返回故里。王茂荫时为京官，且官至二品，竟然未在京都购一块地，建一处房，其生活之节俭，在封建官僚中，是极为罕见的。他身居歙县会馆，虽萧然一室，别无长物，粗茶淡饭，仍手持一卷，以读书为娱，其情怀非常人所能做到。咸丰皇帝听说王茂荫自入仕起一直孑身独处歙县会馆，所奉极俭，颇有好感。召见时，特别详细询问其家中概况及京寓生活。为表彰其清廉，咸丰曾赐他"紫禁城骑马"。而王茂荫依然如故，他既不骑马，也不坐轿，仍旧步行上朝。

诸多事实表明，王茂荫是一个对自己操守要求极严之人，他不仅自身一直这样做，还反复叮嘱下一代务必注重操守。在给小女婿汪仲伊的信中强调："青年以守身为大，愿益善自调护为幸。"所谓"守身"，是指对崇高人生目标的追求与坚持。一个人如果失去崇高的人生目标，便会

① 编者按：当时考证王茂荫家世生平和著述最为成功者应首推王璜。王璜（1915—1972），又名信发，安徽无为人，文学评论家王淑明的堂侄，著名诗人田间的同乡同窗，是一位生长于乱世而有家国情怀的爱国知识分子。他在20世纪30年代因徽州友人推荐，在《徽声日报》和《徽州日报》任过副刊编辑。正是他看到郭沫若发表在《光明》上的《〈资本论〉中的王茂荫》一文，积极响应郭氏的呼请，为解决郭氏和广大读者所"悬疑的""不能周详"的问题，"匆匆地"离开上海，"赶回歙县"，是首位到王茂荫的义成"天官第"故居两次做实地考察的人，他访问王茂荫的后人，写了文章在《光明》上发表，才圆满地考证出马克思《资本论》中提及的中国理财官Wan-mao-in就是在咸丰朝任过户部右侍郎的歙县人王茂荫。在王茂荫研究史乃至《资本论》研究史上，他都是有功之士，他的贡献是客观存在，是不可抹杀的。

误入歧途。

王茂荫入仕后，一直恪尽职守，勤勉而为。他敢于直面强权，多次谏劝咸丰的不当之举，以致触犯龙颜，甚至获罪，仍不罢休。

咸丰五年（1855），上奏《请暂缓临幸御园折》。按清代惯例，皇帝只在三四月入住圆明园，过了盛夏，到木兰秋狩，然后回京。但此时之咸丰，倦于朝政，一心追求淫逸生活，新春刚过，即住入圆明园，立冬之后，还不愿回宫，热河秋狩，也不打算举行了。面对咸丰朝政荒弃，王茂荫忧心似焚，他上折委婉劝阻。

如果说《请暂缓临幸御园折》措辞较为温和，那么咸丰六年（1856），王茂荫上奏《时事危迫请修省折》，则火力颇旺，矛头直指咸丰。奏折中环视清朝面临的危迫局面，要求咸丰加强自我修省，实现自我约束。然而，此时之咸丰已失去对国事的求治之心，对王茂荫的忠心良言，十分恼火，大加斥责。虽触犯龙颜，好在尚未危及性命。

王茂荫心胸坦荡，不愿攀附，敢于直言，充分体现了士林儒家的凛然正气。前人对王茂荫奏疏中蕴藏之积极思想十分肯定，指出："前后奏疏不下十数万言，初无惊奇可喜之论，得至事后核校之——如烛照龟灼，寸量而铢计。"（《盱眙吴棠序》）。足见，王茂荫是一位颇有思想深度的官员，他对朝政得失之评判，应该是入木三分的。

故里的风云变化

王茂荫生于清嘉庆三年（1798），歙县旱南杞梓里的一个山村中，后来取字椿年，还有一别号叫子怀。

"山深不偏远，地少士商多。"这是对徽州一带地理环境与人文状况的真实写照。王茂荫出生在一个徽商的家庭中，其祖父王槐康"少英悟，读书多所通解"，本是读书的种子，却因生计所迫，十多岁便随族人北上经商。乾隆四十五年（1780），在北通州的潞河，创立森盛茶庄，从此独自经营茶叶。王槐康31岁便在潞河病逝，其子王应矩继承父业，将茶庄生意做得十分红火。此时，森盛已成为潞河地区一家有名的店铺。

王茂荫在家为长子，生母早故，由继母抚养。继母也育有三子。茂荫视继母为亲娘，对三个弟弟亦十分友爱。他曾对自己的孩子说："祖母（指继母）在堂，叔辈自然孝顺。但汝等须代我尽孝，以免我罪，才算得我的儿子。"王茂荫的祖母，亦是一位颇有见识的徽州女子，一直以儒学温良敦厚的思想教育下一代。王茂荫中进士后，返乡看望七十五岁的老祖母，老人谆谆告诫孙子："吾始望汝辈读书识义理，念不及此。今天相我家，汝宜恪恭尽职，毋躁进，毋营财贿。吾愿汝毋忝先人，不愿汝跻显位，致多金也。"①对老祖母这一番富有警戒的忠告，王茂荫一直铭记在心，始终以"恪恭尽职，毋躁进，毋营财贿"作为人生的座右铭。

徽州人十分重视对子弟的文化教育。王茂荫幼年时便在附近的乡村私塾，接受启蒙教育。13岁时，求学于江南乡试中的"解首"双溪吴柳山先生。"解首"即为"解元"之首，是对乡试第一名举人的称呼。柳山先生为乡间饱学之士，经其亲炙，培育了不少有学识的人才。在吴先生的指引下，王茂荫学业大进，养成终生好读之习惯，直到入仕，虽公务繁忙，"仍公余手持一卷，披览不辍"。

太平天国起义爆发，起义军从靠近浙江之歙东攻入徽州，途经杞梓里，一把大火，将王茂荫祖上所建之王家大屋焚烧殆尽。其后，继母在战乱中病故。王茂荫为继母奔丧时，决定选址另建居所。不久，在新安江畔的义成村迁入了新居。义成村离县城不远，与雄村隔江相望。赵焰在《行走新安江》一书中，写到了探访义成的情景："我们费了好大劲才找到王茂荫的故居。王茂荫的故居躲在一条窄窄的老巷子里，没有标志，就像藏在书中一段不引人注目的文字。这幢屋子本身也很普通，没有雕梁画栋，甚至连精美的木雕都没有，并且已经相当破败了。""现在王家房屋正厅已经倒塌，剩下的只是一左一右两个旁厅，同样破败不堪，似乎一声咳嗽就会让这样的老房子倒塌似的。"然而，屋内尚存有过去的遗物，晚清重臣李鸿章题写的"敦仁堂"匾额仍高悬于厅堂之上，以证实昔日的辉煌。

---

① 编者按：王茂荫祖母这段话原话是："吾始望汝辈读书识义理，念初不及此，今幸天相余家。汝宜恪恭尽职，毋躁进，毋营财贿。吾与家人守吾家风，不愿汝跻显位，致多金也。"

彼时，王茂荫处理完迁居事宜，心力异常憔悴，抵抗不住病魔的袭击，带着壮志难酬的遗恨，病逝于义成新居。

后人对王茂荫币制改革思想的关注

王茂荫生活于晚清时代，他针对当时社会现实提出的币制改革的建议，在当时应该是"发先人之先声"的。张成权在《王茂荫与咸丰币制改革》一书中写道："每个人只能解决他那个时代所能够提出的问题，完成他那个时代所能够提出的任务。谁要是能够从理论上较好地回答和解决他那个时代所能够提出的问题，就可以承认他是一个出色的理论家。从王茂荫对他那个时代所提出的货币问题的回答和解决我们可以看到，他正是一位这样的出色理论家。"

那么，王茂荫在咸丰币制改革中，到底有哪些值得今人深思的主张呢？首先，他竭力反对"铸大钱"，因为发行大面值之金属币，会导致通货膨胀，物价飞涨，民不聊生。其次，王茂荫在咸丰币制改革中，是第一个提出发行纸币的人。他力主纸币流通，因为纸币代替金属币是经济发展的必然要求，有利于物畅其流，促进贸易发展，带来市场繁荣。所以，王茂荫"行钞币"的主张，深为马克思所肯定。

王茂荫币制改革思想，还有一个重要的内容，那就是对理财人才的重视。他在咸丰元年（1851）上奏的《振兴人才以济实用折》中强调："治平之道，在用人理财二端，而用人尤重。用非其人，财不可得理也。"在王茂荫心目中，国家当时面临的最突出的问题有两个：一个是理财，一个是用人。两者相比，用人则更为紧迫。若无理财之人，理财之事又由谁来承当呢？

王茂荫主张理财，当然是为了解决清王朝巨大的财政危机。然而，他对艰难的民生也十分关注。希望通过币制改革能减轻一些百姓的痛苦，王茂荫竭力反对以币制改革为名，剥夺老百姓的生存权利。他在奏折中明确表示："先求无累于民，而后求有益于国，方可以议立法，对于只利于国，即使有利于皇权，而累了百姓之事，是万万不可实施的。"这就是史学家所称的，王茂荫币制改革中浓厚的民本思想。

王茂荫在币制改革中，还提出"信为国之宝"的宝贵看法。货币是流通的凭证，必须以信誉作保证。由此，王茂荫强调："钞法贵行之以渐，持之以信。"他曾将币制通告中出现过的弊端归纳为十条，而在这十条弊端中，每一条都涉及信用问题。足见，如果货币失信，市场就会产生严重混乱。主张"持之以信，守而不改"。将"信用"作为货币流通的前提和保证，是极为正确的。

由于《资本论》引用了王茂荫币制改革的奏折，越发引起人们对其币制改革思想的关注。回顾起来，从20世纪30年代开始至今，曾出现过三次研究高潮。

研究王茂荫的第一个高潮，出现于20世纪30年代。这是由《资本论》译入我国引发的，重点放在王茂荫及其事变的钩稽上，也涉及对其货币主张的评论。其中较有影响的文章有：郭沫若的《〈资本论〉中的王茂荫》、王璜的《王茂荫后裔访问记》、吴晗的《王茂荫与咸丰时代的新币制》等①。

研究王茂荫的第二个高潮，出现于20世纪五六十年代。那时，学术界再度关注王茂荫，发表了不少相关论文，还在王茂荫到底代表哪个社会阶层利益的问题上，展开争鸣。巫宝三发表《略说王茂荫的货币理论》，支持吴晗的代表商人利益说。叶世昌发表的《王茂荫代表商人利益吗？》，则对商人代表说加以反驳。随后，"文革"爆发，论争在"文化大革命"冲击下，很快消寂。值得注意的是这一时期，有一部经济思想史出版，那就是赵靖、易梦虹主编的《中国近代经济思想史》。该书为大学经济类教材，书中特设专节介绍王茂荫的货币思想，这标志王茂荫在中国近代经济思想史上的重要地位已经确立。

20世纪70年代末，"文革"结束，迎来了改革开放的春天，促成了

---

① 编者按：当时较有影响的文章并不止这几篇，按发表时间顺序，还有张明仁撰写的《我所知道的〈资本论〉中的王茂荫》，王璜到王茂荫义成故居实地考察后所写的《王茂荫的生平及其官票宝钞章程四条》，朱曼华撰写的《王茂荫宅内读书记》和郭沫若撰写的《再谈官票宝钞》等。王璜的《王茂荫的生平及其官票宝钞章程四条》与张明仁的《我所知道的〈资本论〉中的王茂荫》二文，后被郭沫若作为附录收入《郭沫若全集》第三卷历史篇。

学术研究的繁荣。此时，王茂荫及其货币改制思想又一次引起人们的研究兴趣，对王茂荫的奏议及相关资料，进行了全面的挖掘和整理，出版了《王侍郎奏议》点校本。叶世昌的《中国经济思想简史》、胡寄窗的《中国经济思想史》等专著，先后出版，这些论著均有专章、专节，对王茂荫的经济思想加以较详尽之评述。黄山书社出版的《安徽掌故》、团结出版社出版的《安徽人物大辞典》，都辟有专门词条，介绍理财大家王茂荫①。王茂荫的货币主张显然属于已经过去的时代，但货币既是经济现象，亦为一种文化现象。王茂荫的货币主张，所蕴含的货币文化，扎根于中国悠久的文化之中。马克思之所以在写《资本论》时，引证王茂荫的货币观点，正是其中闪烁着真理的光辉。在大力发展经济的今天，重温历史，了解一百多年前一位志士仁人币制改革的声音，对我们来说，仍然是颇有教益的。

今天，当我们来到歙县博物馆参观，一定会见到一枚"直言敢谏之家"的印章，这是王茂荫之遗物，也是他正直人格的真实写照②。

著名学者季羡林的弟子、复旦大学教授钱文忠在《人文桃花源》一书中，专门论述王茂荫，他强调："王茂荫自有其不可抹杀的历史地位"，"我以为'理财家'的头衔，王茂荫应该是当之无愧的。"翻阅近代史，王茂荫的卓越存在，当可视为皖籍人士的佼佼者。对于这位前贤，我们决不应忘却他。

[原载芜湖《大江晚报》B7版2011年11月19日]

---

① 编者按：王茂荫研究的第三次高潮，是以编者刊发于安徽省社科院主办的《江淮论坛》1981年第一期上的《王茂荫的货币观点和他的遭遇——谈谈〈资本论〉中提及的唯一的中国人》一文揭开序幕的，从此"《资本论》提及的唯一的中国人"成为王茂荫的代名词。当时，上海的《文摘周报》和安徽的《文摘周刊》均摘编了此文，中国人民大学《报刊资料复印》复印转载了此文。该文曾获安徽省首届社会科学优秀成果二等奖。介绍王茂荫研究学术史不可从此绕过。

② 编者按："直言敢谏之家"是王茂荫弥留之际的遗训，王茂荫去世后，其长子王铭诏遵从父亲遗训，选了一方青田冻石，请名手镌刻，印章满雕云龙纹，置于灵堂之右，以垂示子孙，永以为训。据王茂荫玄孙王自珍生前撰文介绍，王茂荫曾孙王桂鋆(采南)曾将此印章转让给雅好古董的歙县水南同乡曹益丞。"文革"期间，曹将此印章上交歙县雄村公社。1979年，雄村公社将印章转交歙县博物馆。将这方印章称为"王茂荫之遗物"是不准确的。

货币·币制

再谈官票宝钞

郭沫若

　　集体的方法用到研究上来也是怎样有效，关于王茂荫的探索，是一个很好的证明。

　　假使那个问题搁在我自己的肚里，要等到我自己有工夫去找书，并回国跑到歙县的义成"天官第"去访问，那不知道要到什么时候才能弄得水落石出。说不定就等到我成了什么地方的泥土，恐怕都是办不到的。好了，现在得到张明仁和王璜两位先生的努力，在短时期内便把他的生平籍贯和那推行钞票的四条办法都弄清爽了，真是愉快的一件事情。

　　不错，我从前的猜测，有些的确是错了。我疑铸大钱的办法也出于王茂荫，那便是猜错了的一项。看王茂荫的前后奏折，他在初倒是反对铸大钱的人。更经我最近的探讨，知道清代的当五、当十的大钱，在道光八年就有了，是新疆省①阿克苏地方开始铸造的。咸丰的当十大钱，始铸于三年五月辛未。其当十以上的大钱则是从福建开始。当时的福建总督是王懿德，于咸丰三年七月奏请于福建宝福局添设两炉，试铸当十、当二十、当五十、当百大钱，其原设炉座，仍按卯铸制钱，与大钱相辅而行。他的奏折邀了准许。接着在同年八月庚子，中央也就开始铸当五十大钱。第二年的二月甲午又开始铸当百、当五百、当千大钱。这些在《东华录》和《大清会典》上都是有明文的。据此看来，可见当十以上的大钱铸造的建议应该是出于王懿德。

---

① 编者按：今新疆维吾尔自治区。

这王懿德，就为铸钱的事情，在福建还激起过一次民变。林遹仙著的《苦海新谈》里面有记铁钱事一则，谈及此事。据说，王懿德在福建铸造了大钱之后，不久又铸造铁钱，因此便弄得铜钱绝迹，市面混乱，商民愤激，聚众烧毁督署，王懿德仅以身免。由驻防将军东和出来调停，当场晓谕，禁止铁钱，群众才散去了。

当二十的大钱除福建曾铸行外，江苏有当二十、当三十的大钱，见鲍康著的《大钱图录》各一品；浙江于当二十、当三十的之外，更有当四十的大钱，我是见过拓本的。但江浙两省的这些逸品，似乎只是"样钱"（当时由地方拟铸，具呈中央的钱样），并没有见诸实行。当时的中央所铸只有当五、当十、当五十、当百、当五百、当千的六种，后两种是用紫铜，这些的实物我都目验过，在字样、大小、品质上有种种的不同。

还有，当时的中央造钱厂是有两个总机关的，一个是户部的宝泉局，另一个是工部的宝源局。当五钱只有宝源局铸的一种；宝泉局的，新旧藏家都说没有看见过，我也没有看见过，大约该局是没有铸造这项钱式的。我现在把六种大钱的拓本各取一种揭在这儿，以供读者的参考。只"当五"一种是宝源局铸的，其他都是宝泉局。何以知道有宝泉宝源的区别呢？请看各钱幂的两个满文，左边的一个是"宝"字，右边的便是"源"字或"泉"字。

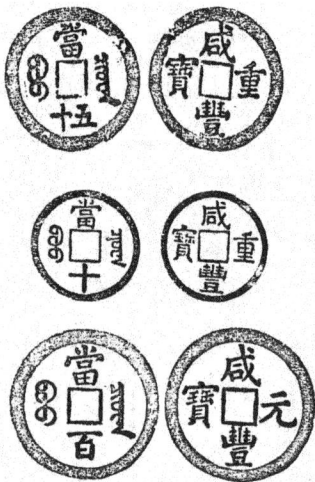

大钱铸造的建议虽然不是出于王茂荫，但钞票的建议是出于他，那是被我猜着了的。他最初的建议便是那咸丰元年九月所奏的理财的一折，在那儿他规拟了十条，主要点是含在二至五的四条里面。据那些条款看来，他所主张的是银本位的单一制，只定五十两与十两的两种银票，而以大小铜货为辅币。银票初行时只发十万两，十两者五千张，五十两者一千张；推行一二年后再递加。十万两的发行额未免太少，而十两五十两的单位又未免太高，他这种只能算是纸上的规抚。但第五条的行钞之法，谓由官家将钞票颁发银界，"银号领钞，准与微利，每库平五十两者止令缴市平五十两，库平十两者止令缴市平十两"，这便是我拙想的"教各地大钱庄以若干成的折扣来承受国家的官票，由他们的手再发给民间，随时可以兑现"的办法。构想是相当周到的，虽然那折扣未免太菲薄了一点。但这办法只在他这初奏里面，并不在那问题的四条章程里面，我的猜想只算得到一半。

王茂荫的建议受到了采纳，而方法却多是遭了拒绝的。钞法核议的结果，起初仅发银票，后来又增发钱钞，便成为了铜本位与银本位的复合制。所谓"宝钞"是以铜货为本位，所谓"官票"是以银两为本位的。票式、票质，都和王茂荫所拟的不同。

《大钱图录》里面也有"宝钞"和"官票"的图样，并各附有说明。"宝钞"的说明是：

> 大清宝钞，余收有贰千文、壹千文、壹千伍百文、伍佰文凡四种，用厚白纸——俗呼"双抄纸"，花文字划悉用蓝色。钱数亦有刻成者。中钤"大清宝钞之印"，骑缝处钤宝钞花文圆戳，文各异；兼刷以墨丝。其年月下有墨戳长方小押，则钞局填写字号时，各私记。某字若干号，以墨笔随时填写。编字用千字文。某年，亦以蓝色木戳钤之。肆年至柒年者，纸角率有宝钞总局，及官号各钱铺图记。外省解部者，有各省布政使印，及"准商民交纳地丁关税盐课一切正杂钱粮"小戳。

"官票"的说明是：

户部官票，余所收有伍两、叁两、壹两凡三种。用高丽笺，花文、字画亦蓝色。银数用墨戳钤印，字独大。中钤"户部官票永远通行"小方印。骑缝处钤"户部官票所关防"长方朱印。某字若干号，填以墨笔。编字亦用千字文，悉与"宝钞"同。年月日亦以墨笔书之。边钤"每两比库平少陆分"小戳。纸角有墨戳小押。颁发外省者，骑缝处加钤户部紫水印，外省解部者，有督抚关防市政使印，并各府州县印。有一纸，面背钤至八九印者。

这说明和我所见的实物对照起来是很正确的。只是我所见的宝钞有"拾千文"，官票有"拾两"，为鲍康所未见。钞票背面有无数私家的钤记，是在流通的途中由商家或银号所留下的记录，与王茂荫所原拟的方法相符。《大钱图录》的著者鲍康是王茂荫的同乡而且是同时人，王瓘先生的文中所说的作《王母洪夫人寿序》的那位"诰授朝议大夫钦加四品衔内阁侍读记名道府前文渊阁检阅"的鲍康，便是这个人了。这个人在初是不赞成发行钞票的，因而在他所著的《大钱图录》中对于王时有非议。例如他说：

子怀为敝邑先达，忧时最切，然公事不敢阿。（原著第六十四页注）

又说：

顷闻子怀少农有筹商运发钞本之奏，请以半年为期，俾积成大钱以供换取，盖有本之钞易行，无本之钞难行，不待烦言而解者。此议在立制之始即应筹及，今已数月之久，都下钞纸过多，部库复如悬磬，筹款实属不易。而目前市肆情形又几于不可终日。商贾皆视钞法为畏途，职官兵丁所得者大半皆钞，孰不亟于行使？争端纷起，讼牍滋多。以国家一千之宝钞，不过抵民间五百之私票，尚复成何事体乎！子怀乃倡议之人，众怨攸归，其情自迫。惟未见原奏，闻所陈琐屑，偏重利商——谓州县收钞于商与收钞于民无异，准商人持票赴各州县倾镕钱粮之银号取

银——且自请严议以谢天下，语尤失当。朱批训饬，宜矣——旋调任兵部。（原著六十五至六十六页）

这所讥议①的便是包含有四条章程的在"咸丰四年三月初五日"王茂荫所上的奏札了。发行钞票须有相当的基本金，这在王茂荫"立制之始"其实是早已"筹及"了的。上述元年一折的第五条便是他所想到的权宜的办法。不幸他的办法没有被采用，结果只成为强迫使用的军用票，制作既恶，发行又滥，票上虽然明说可以完粮纳税，然而事实上在《大钱图录》里面便有下列一语：

去年（咸丰三年）官票之不行，即由敝乡茶商持向崇文门纳税，不收，因而各商疑惧。（原五十五页注）

官家自己便不信用，你叫那票子怎样能够发生充分的效力呢？因此便闹得来"以钞买物者或坚执不收，或倍昂其价，或竟以货尽为词"，钞票竟博得了"吵票"的绰号（《大钱图录》六十四页）。行不好久便弊端百生，弄得来朝野骚然，但这罪过是不能怪王茂荫的。不过王是首倡的人，他的奏议并未公布于民间，连那以深通钱法自命的他的贵同乡鲍先生都"未见原奏"，便要谈他的闲话，他在当时所受的责难，我们是可以想象得到的。他要发点牢骚，也是情有可原了。

钞票的漫然的发行既然弄成了僵局，当然要想些方法来救济。救济的方法，我看还是以王茂荫所想的为不错。他所拟的四条章程，一句话归总，其实就是在求其兑现而已。他希望钱钞可以取钱，银票可以取银，有了这两条，他那后二条关于流通上的拟议都要算是蛇足。只要票可兑现，那在流通上还会有什么问题呢？说到这儿，究竟马克思的见解是犀利，他把他的四条章程——译文我相信他是见过——只概括成了一句，便是：

---

① 编者按：这里与其所说是"讥议"，不如说是对时弊的指切。

……ein Projekt zu unterbreiten, welches versteekt auf Verwandlung der chinesischen Reichsassignaten in konvertible Banknoten hinzielte.

正确地译出来时，是"……献一条陈，暗将官票宝钞改变为可兑现的钞票"。原语的 Banknoten 系泛指现代的一般的银行钞票，我前次把它译成了"钱庄钞票"，其实也是错误了的。

[原载《光明》第三卷第一号 1937 年]

王茂荫与咸丰时代的币制改革

吴 晗

在五年前，有几个朋友用几种不同文字的底本译《资本论》。他们在译到第一篇第三章注八十三提及中国的史事这一段以后，写信问我书中 Wan-mao-in 的原名是什么。他们因这一译名，有人还原为王猛殷，又有人还原为王孟尹，甚至有人译为万卯寅，要我想法查出他原来的名字，我答应了。因为《资本论》所说的 Wan-mao-in 是中国的财政大臣，猜想必是户部的堂官，1854 年是咸丰四年，就查《清史稿·部院大臣年表》，果然一翻就着。在表七上户部汉右侍郎咸丰三年格说："何桂清，十一月癸卯迁，王茂荫户部右侍郎。"在咸丰四年格："王茂荫三月辛亥迁，翁心存户部右侍郎。"时代恰好相合，Wan-mao-in 和王茂荫音也全对，他的前任是何桂清，后任是翁心存。再查《清史稿·王茂荫传》，传中也说到他曾提议施行钞法，为皇帝所申斥，和《资本论》的脚注完全符合。

最近一两年，从头读《东华录》和《清史稿》两书，又不时地看到有关王茂荫的史料。同时也因为清华图书馆的便利，读到王茂荫的《王侍郎奏议》和其他有关的一些史料，对于王茂荫的事迹和思想，算是比几年前清楚多了。

几天前，在《光明》二卷二号中有一篇郭沫若先生的《〈资本论〉中的王茂荫》，读了很感兴趣。可惜郭先生因为手头用书的缺乏，也不能把王茂荫的事迹说清楚。郭先生希望国内能有人对这问题下一点功夫。王茂荫对我是熟人，在读了郭先生的文章以后，更觉得有必要把有关王茂荫的史料整理一下。同时也感觉到，一些对于自己很平常的史料，因为环境的关系，对于别人，却正是求之不得的东西。郭先生假如是在本国，也在北平的时候，他一定能看到我所见到的史料，王茂荫所酌议的"章程四条"，在《东华录》没有详载，在《清史稿》本传也没有详载，可是在他的《奏议》中却是录有全文的。郭先生说："王茂荫所酌拟的《章程四条》可惜在《东华续录》中没有详载，这层是有'到清史馆查'的价值的。我希望读了我这篇短文的人，尤其北平的朋友们，请顺便去查一下，并且请趁早查，如不趁早，恐怕要先'不知道中国的罗马字拼音的''日人'搬到海外去了。"因为材料都在手头，写此短文，回答郭先生的建议。文中引用材料大部分都依本来面目，不加删节，为的是一般手头书籍缺乏的读者的方便。

一

《资本论》第一卷第三章注八十三前半的原文是：

Der Finanzmandarin Wan-mao-in ließ sich beigehen, dem Sohn des Him-
mels ein Projekt zu unterbreiten, welches versteckt auf Verwandlung der chine-
sischen Reichsassignaten in konvertible Banknoten hinzielte. Im Bericht des As-
signaten Komitees vom April 1854 erhält er gehörig den Kopf gewaschen. Ob er
auch die obligate Tracht Bambushiebe erhielt, wird nicht gemeldet. "Das Komi-
tee", lautet es am Schluß des Berichts, "hat sein Projekt aufmerksam erwogen
und findet, daß alles in ihm auf den Vorteil der Kaufleute ausgeht und nichts für
die Krone vorteilhaft ist."

(Arbeiten der Kaiserlich Russischen Gesandtschaft zu Peking über China.
Aus dem Russischen von Dr. K. Abel und F. A. Mecklenburg. Berlin1858, Bd. I,
S. 47 ff.)

郭沫若先生译作：

中国的财政大员王茂荫上一条陈于天子，请将官票宝钞暗渡为可兑现的钱庄钞票。在一八五四年三月钞法核议会的奏呈中，王茂荫为此大受申斥。然其曾受法定的笞刑与否，则无明文。该奏议之结尾有云："本核议员等曾将其条陈详加审核，觉其中所言专利商贾，于朝廷毫无一利。"

原文中的 Reichsassignaten 日本高畠素之译本第一卷页九六译作帝国纸币，陈启修译本作大清帝国纸币，郭译作官票宝钞，都是错的。前两个当时根本无此名词，郭译错了一半，对了一半。因为官票和宝钞是两种东西，Reichsassignaten 指宝钞而言，并非官票。原文中的 Assignaten Komitees 高畠素之和陈启修都译作帝国纸币委员会，郭译作钞法核议会，也都是错的，因为在有清一代，并没有这样名称的机构。清制管理钱币的机关名钱法堂，钱法堂有两个，一由户部右侍郎兼管，一由工部右侍郎兼管。所属的造币厂有宝泉、宝源二局，宝泉属户部，宝源属工部。《光绪会典》卷二十四"户部钱法堂"条记：

管理钱法侍郎，满洲一人，汉一人，掌宝泉局鼓铸之政令。凡铜铅进于局，验而收焉。缺者补之，铜不足色者抵以耗。凡铸钱月定其卯，验而解部。附铸亦如之。考其式法，给其工料，越岁则奏销。

卷六十二"工部钱法堂"条记：

管理钱法侍郎，满洲一人，汉一人（以本部右侍郎兼管），掌宝源局鼓铸之政令。凡铜铅之岁输于部者定其额，至则以时验收焉。凡鼓铸分其炉座，覈其缗数，出卯则尽数报解户部，搭放兵饷。

职掌大体上相同。王茂荫在咸丰三年迁户部右侍郎兼管钱法堂事务，

王茂荫与咸丰时代的币制改革

关于钱法和钞法的兴革是他的专责。他在咸丰四年三月初五日上《再议钞法折》，提出办法四条，当日即奉严旨申斥，并谕："此折着军机大臣详阅后，专交与恭亲王载铨速行核议，以杜浮言。"初八日复有上谕，谕内阁"恭亲王奕䜣、亲王衔定郡王载铨奏：遵议王茂荫条陈钞法窒碍难行一折，着即照所奏均无庸议。"是所谓帝国纸币委员会或钞法核议会都是指交王大臣议奏而言。清制国家大政和臣工条议照例由皇帝交大臣议奏，审议其可行与否，将意见贡献于皇帝做最后决定。

在《〈资本论〉中的王茂荫》文中有下列一段：

再看王茂荫"自请严议"，可以知道这种不兑换纸币的发行，本是出于他的建议。王茂荫在咸丰三年三月还在御史职，但他对于国家财政很是关心。我疑三年五月铸大钱的办法都是出于他。他是那年的十一月初二日升为户部右侍郎的。四年三月的第二谕中有"经朕洊擢侍郎"之语，这"洊擢"一定是对于他的某种建议的报酬。"官票宝钞"的施行在后，铸造大钱之事在前，从论功行赏的程序上说来，连大钱铸造的建议恐怕也是出于这位理财家的吧。

也是一半对，一半错的。宝钞的建议者第一个是王茂荫，可是他的建议并未通过。后来所施行的钞法并不是根据他的建议来的，他以为那办法不对，所以提出四条意见，结果反被申斥。至于铸造大钱，恰好相反，王茂荫是当时最坚决的一个抗议者、反对者。他论当时的钞法应改良，不应铸造大钱，他的意见没有被采纳，结果是大钱果然行不通，钞法也失败了。

二

王茂荫字椿年，一字子怀①，安徽歙县人。生于嘉庆三年三月，卒于同治四年六月，年六十八岁（1798—1865）。

① 编者按："子怀"为王氏之号，而不是字。

在科第上说，王茂荫是早达的，他在三十四岁那年就中了举人，第二年联捷成进士。这两年清廷下令禁止鸦片输入。

相反地，在官阶方面说，他却是一个晚达的人。成进士后，即官户部主事。十五年中三次请假回家省视父母。鸦片战争发生时，他正在乡间闲居。一直到道光二十六年才回朝补授户部云南司主事。这时他已是快到五十岁的人了。第二年升任贵州司员外郎，第三年遭父忧，又回家守制，三年后服满回朝时，清宣宗死，文宗继位，太平天国起义。

从咸丰元年到八年这八年中，是太平天国的全盛时期。经过了二十年浮沉郎署生活的王茂荫，在这时期才蹈上仕宦的坦途。咸丰元年补授户部江西司员外郎，八月官江西道监察御史，三年四月官太常寺少卿，六月擢太仆寺卿。因为他是户部出身的，在这三年中不断地对当时财政情况提出意见。同年十一月官户部右侍郎兼管钱法堂事务。在户部侍郎任时，他坚决地提出反对当时新币制的意见，和同僚不合。次年三月调补兵部右侍郎。不久转左。到咸丰八年七月以病请开缺。同治元年四月起署左副都御史，改授工部侍郎。二年调吏部。丁继母忧归，四年六月卒于家[①]。

王茂荫在咸丰元年初拜监察御史以后，一直到去官，十年中不断上书陈述意见。当时的言官方宗诚在《光禄大夫吏部右侍郎王公神道墓碑铭》中曾说：

时天下承平久，吏治习为粉饰因循，言官习为唯阿缄默，即有言多琐屑，无关事务之要。其非言官，则自以为吾循分尽职，苟可以寡过进秩而已，视天下事若无与于己，而不敢进一辞，酿为风气。军国大事，日即于颓坏而莫之省。[②]

---

①《清史稿》列传卷二〇九《王茂荫传》；方宗诚《柏堂集后编》卷一一《光禄大夫吏部右侍郎王公神道碑铭》。

②这一篇神道碑铭是王家请李鸿章写的，李鸿章又请方宗诚代笔。所以文中述说用李鸿章的口气。除收入《柏堂集》外，此文又见缪荃孙编《续碑传集》卷一一。

王茂荫在这趋势下是例外。他对于"朝政之得失，人才之贤否，军事之利害，知无不言，言无不详"。清文宗也很看重他的意见："往往虚衷以受，或即时谕行，或付之公议。或始虽留中，既而思其言然，卒皆听用。"①

王茂荫虽然是科举出身的，却并不以为这制度是合理的，有用的。他指出这制度的弊端：

> 臣窃见今日之聪明才力，悉专致于摹墨卷，作小楷，而深惜其无用也。自来非常之才，有不必从学出者，然从学出者千百，不从学出者一二。即后汉臣诸葛亮亦有"学须静、才须学"之言。今一专功于墨卷，则群书遂束之不观；专功于作字，则读书直至于无暇。二者之废学，以作字为尤甚。而士子之致力，则于作字为尤专。合天下之聪明材力尽日而握管濡毫，尚安得济实用！②

他以为科举人才是未来的官，官是要能作史论的，至少也要懂得历史。可是科举制度的积弊是使所有未来的官都用全力于摹墨卷，作小楷。结果是每人都写得一笔好字，可是内容却什么都没有，既不知过去，更不知现在。让这一批人来当国，"尚安得济实用！"他提出三点办法来补救：第一是改革科举的内容。策问五道分五门发题：一曰博通史鉴；二曰精熟韬钤；三曰制器通算；四曰洞知阴阳占候；五曰熟谙舆地情形。第一科是史学，一个未来官必需的学识；第二科是军事学；第三科是实用科学；第四科是天文学；第五科是地理学。应考的人可以自己选一专门的科目考试。这意见原来是道光二十二年（1842）两广总督祁埙提出的，这一年正是鸦片战争结束，订定《南京条约》，开五口通商的一年。祁埙所提出的意见显然是受了西方文化的影响，代表中国士大夫中的维新分子的意见。可是他的提议被当时的守旧派所反对，不能通过。王茂荫却完全接受了他的意见，在咸丰元年，第一次上折请求按祁埙的办法

① 方宗诚《柏堂集后编》卷一一《光禄大夫吏部右侍郎王公神道碑铭》。
② 《王侍郎奏议》卷一《振兴人才以济实用折》。

改革。后来又上折尖锐地对反对者加以驳问，他说：

当时部议之驳五门发策也，称士子淹博有素，不必专门名家。试问今日制器通算者为谁？精熟韬钤者为谁？[①]

第二是考试务重文义。他说：

近来殿考朝考之后，考列前十卷与一等者，但传其字体之工，曾不闻以学识传者。考列在后之卷，又但传闻某书极劣，某笔有误，曾不闻以文艺黜者。此士子所以专务作字也。作字必无间断而始工，读书遂以荒芜而不顾，士习空疏，实由于此。请嗣后令读卷、阅卷大臣，勿论字体工拙，笔画偶疏，专取学识过人之卷。进呈钦定以后，即将前十卷与一等卷所以过人之处，批明刊发，使天下晓然于朝廷所重在文不在字，庶士子咸知所向。[②]

他要求以后考试不重表面形式上的书法，着重在实学——学识过人。

第三是广保举以求真才。他是反对现行的科举制度的。他以为在这样的制度下，绝不能招致所有的人才，"若伏处在野，或不工制义，或力难应举，则虽有怀奇负异之士，恐终淹没。"他要求"令各省州县并教官留心察访，或博古通今、才识非常，或专门名家、精通一艺，或膂力过人，胆勇足备者"，保举。经考试后，送部引见，随材酌用。以济科举制度之穷[③]。并反驳部议说：

部议之驳广保举也，称文武各有乡会试，凡才学出众、武艺精通者，皆已甄拔无遗。试问年来杀贼攻城诸将，如罗泽南、王鑫、杨载福、李续宾等，均非得自科举，甄拔何以有遗？前议之未尽有明征。今议之当

---

①《王侍郎奏议》卷九《请刊发〈海国图志〉并论求人才折》。
②《王侍郎奏议》卷一《振兴人才以济实用折》。
③《王侍郎奏议》卷一《振兴人才以济实用折》。

详，自可见此为长久得人之法。①

综合他的意见，一方面改革科举制度，除去专重小楷的弊端，注重真才实学。所谓实学，分历史、军事、科学、天文、地理五科。一方面求人才与科举之外，只要有专长的都可替朝廷做事。在八十年后的现代人看来，这样的意见是平淡无奇的。可是在八十年前，在科举制度下，尤其他本人也是从科举出身的，提出这样的意见，是很值得注意的。

关于他的品性行谊，方宗诚在神道碑铭中说：

公识量沉宏，事无巨细，必研究原委，不敢苟且迁就。居官数十年，未尝挈妻子侍奉，家未尝增一瓦一陇。粗衣粝食，宴如也。故海内称大臣清直者必曰王公。

王茂荫是安徽歙县人。歙县人多外出经商，徽商在清代后期在全国商业界很有地位，很活跃，有徽帮之称。徽帮的经营业务，主要的是茶商、钱庄和典铺。王茂荫生长在徽商的社会里，又长期居家，他的生活和思想意识深受徽商的影响，在政治上自然而然成为商人阶级的代言人，特别是以开钱庄典铺为主的徽商的代言人，卫护他们的利益。在讨论官票宝钞和大钱的时候，处处为商人特别是开钱庄、典铺的徽商说话。正因为如此，咸丰四年三月上谕申斥他"专为商人指使，且有不便于国而利于商者，亦周纳而附于条款内"；"只知以专利商贾之词，率行渎奏，竟置国事于不顾，殊属不知大体。"被传旨严行申斥。

他的著作有《王侍郎奏议》十一卷（御史任内为台稿三卷，太仆寺卿任内寺稿二卷，侍郎任内为省稿四卷，起用后为续稿一卷，又补遗一卷）。前十卷其门人易佩绅刻于四川藩署，后一卷刻于苏州。

①《王侍郎奏议》卷九《请刊发〈海国图志〉并论求人才折》。

三

在王茂荫的一生政治经历中，最主要的一件事便是他和咸丰时代币制的关系。他主张施行钞法来救济当时的财政困难，他极力反对"大钱"制度。

关于钞法的施行，王茂荫是咸丰时代的第一个提议人。他在咸丰四年三月所上《再议钞法折》中说："现行官票宝钞，虽非臣原拟之法，而言钞实由臣始。"其实在咸丰时代以前，钞法的施行不但曾经有人提议，并且在顺治时代曾经一度颁行。《清史稿》食货志五记，"顺治八年（1651）岁造钞十二万八千有奇，十年而罢。嘉庆间侍讲学士蔡之定请行钞。"道光二十三年（1843）御史李恩庆又奏请行纸钞：

> 时以两河连年漫溢，制用甚繁。御史李恩庆奏请制造纸钞，发工次招商民交给。……敬征奏言：……楮币之法，见于唐之飞券，宋元以来始有交子、会子宝钞之制。前明洪武时行钞法，数年即坏。今需用孔亟，若待部颁印钞，招募商民交钱应用，实缓不济急。且事涉创办，商民未必乐从，所奏应无庸议。①

以"缓不济急"和"商民未必乐从"两大理由被驳不议。

咸丰时代是一个对外屈辱，对内镇压的时代，在这时期以前，全国通用的货币是银和制钱。银因对外贸易入超的关系，尤其是鸦片的输入，逐年大量的流出，国内存银日渐减少，银价日高。钱是用铜铸的，铜的最大出产地是云南，太平军起后，云南和北京间的交通被阻断，铜运不达，铸钱的原料成为问题。同时因为内战的关系，一部分地方被太平军所占领，一部分地方截留税收作地方军费，一部分地方因受战事影响收入减少，中央财政越发不能支持。收入一天少一天，支出却一天多一天。在这情形下，政府中的财政家和史论家便引经据典地提出两种解决办法，

---

① 《清史列传》卷四一《敬征传》。

一是行钞法，一是铸大钱。在政治上也分成两派，一是钞法派，一是钱法派。王茂荫是前一派中的主要人物。

在洪秀全起义后的第十五个月，王茂荫上《条议钞法折》。他以为："粤西之军务未息，河工之待用尤殷，国家经费有常，岂能供额外之用？"从历史上观察，补救财政困难的办法有二，一曰铸大钱，一曰行钞币。二者之利同，而其难以经久，亦略相似。比较两者的得失，则计钞之利，不啻十倍于大钱。而其弊则亦不过造伪不行而止。他在提出具体的新钞法之前，指出过去行钞的十种弊端：

一则禁用银而多设科条，未便民而先扰民；二则谋擅利而屡更法令，未信民而先疑民；三则有司喜出而恶入，适以示轻；四则百姓以旧而换新，不免多费；五则纸质太轻而易坏；六则真伪易淆而难识；七造钞太多则壅滞，而物力必贵；八造钞太细则琐屑，而诈伪滋繁；九则官吏出纳，民人疑畏而难亲；十则制作草率，工料偷减而不一。

这都是从研究过去行钞的历史所得的结论。接着他提出九条办法，都是针对着所举十种弊端加以纠正的。第一是拟钞之值：因为当时银贵钱贱的关系，定钞以银为本位，以两计算，分十两、五十两二种，十两以下仍以钱行使。第二是酌钞之数：滥发钞币的结果必然会使钞值低落，物价抬高。要保持钞值的固定，必须限有定数。他主张仿顺治时代的成例，"每年先造钞十万两，计十两者五千张，五十两者一千张。试行一二年，计可流通，则每岁倍之，又得流通，则岁又倍之。极钞之数以一千万两为限。"这一千万两的定数是根据国家岁入酌定的，国家岁出岁入总数不过四千万两，发钞总数不过每年岁出入的四分之一，是不会不流通的。第三是精钞之制：为着防止十弊中的第四、第五、第六、第八、第十诸弊，他提议立一制钞局：

选织造处工人，以上等熟丝织如部照之式，分为两等，方尺有五寸者为一等，方尺有二寸者为一等。四围篆织花纹，花纹中横嵌"大清通行宝钞"六字满文于额，直嵌"大清宝钞，天下通行"八字汉文于两旁，按每岁应制钞张数造办。以方尺五者为库平足色纹银五十两，方尺二者为库平足色纹银十两。选能书吏，于钞中满汉合璧作双行书，每年拟定数字，每字一万号，编为一簿。钞之前，按簿上每张填某字某号，钞之后，书"某年月日，户部奏准，大清宝钞与银钱通行使用，伪造者斩，先捕者赏银若干两，仍给犯人财产，诬告者坐"，皆汉书。再请饬另铸大钞印一颗，于中间满汉文银数上钤以印，前某字某号上钞与簿钤骑缝印。钞质必厚实如上等江绸。篆文必细致，满汉书必工楷一律，印文必完整，印油必鲜明。监造各官有草率不如式者，治以罪，禁民间不得私织如钞花样，有犯必惩。再请饬于制钞局，特派一二有心计之员，另处密室，于每钞上暗设标识几处，所设标识唯此一二人知之。仍立一标识簿，载明每年之钞标识几处，如何辨认，封藏以便后来检对。其标识按年更换，以杜窥测。一切均不得假手书吏，以防泄漏。

第四是行钞之法：丝钞织成后即交各银号、官盐店、典铺，给以微利，每库平五十两者止令缴市平五十两，库平十两者止令缴市平十两。银号领钞缴银后，许加字号图记、花字于钞之背面，听各处行用。许作捐项及办解钱粮，与银各半交纳。第五是筹钞之通：宝钞发出后，因为许作捐项和钱粮交纳，结果是仍旧回到部库和藩库。为求周转流通，所有中央地方发出款项都酌量以钞搭放。仍许持钞人向银号兑取现银。如银号故意勒掯，不肯兑换，扣减不肯如数，许民人指控，治之以罪。第六是广钞之利：钞利轻赍和行远，又无成色与重轻，应鼓励民人行用，听向银号兑换，并随处上纳钱粮。天下州县均于城内立一收钞银号，持钞人或作交钱粮或兑换银钱。均即如数兑交。京外各行钞银号均饬于招牌上加钞字。为防止造伪起见，行使宝钞人许于钞背记明年月收自何人，或加图记花字，遇有伪钞，不罪用钞之人，惟究钞所由来，逐层追溯，得造伪之人而止。第七是换钞之法：部库设人专司钞之出入，各地行钞但钞之背面图记、花字已满者即付送制钞局，将钞截角，另贮一库。遇有伪钞，便可对明。第八是严钞之防：法行之后，不得另有更张。造钞之制，不得渐减工料，致失本来制度以坏法。民人有伪造者，即照钞文治罪，不得轻纵以坏法。第九是行钞之人：商民交易力为设法，不经官吏之手，同时严防官吏舞弊，阻钞行用。尤贵经国大臣相时之轻重而收发操纵之①。

总合以上各点，他的主要意思是发行一种仿明洪武宝钞以银为本位的丝织宝钞，交银号流通，商人方面可得些少利益，持钞人可用以交纳国税。各地方均设收钞处，持钞人可以随时兑换银钱。钞本身用丝织，并设暗记，行使人并可在背面记钞之由来，以防伪造。虽然没有钞本，但因发行有定额，总数不超过每年收入四分之一，且可兑现，流通自然不成问题。这条陈提出以后，朱批大学士会同户部议奏，便无下文。虽然没有结果，王茂荫却因这条陈而被政府注意，以为他的历史知识很够得上做一个理财家了。

一年后福建巡抚王懿德又奏请行钞法。他说：

自海防多事，销费渐增，粤西军务、河工，拨款不下千数百万，目前已艰，善后何术！捐输虽殷，仅同勺水，督催稍迫，且碍闾阎。与其筹划多银，不若改行钞引。历考畿辅山左以及关东，多用钱票。即福建各属，银钱番票，参互行使。便于携取，视同现金。商民亦操纸币信用，况天下之主，国库之重。饬造宝钞，尤易流转。惟钞式宜简，一两为率，颁发藩库，通喻四民，准完丁粮关税，自无窒滞。或疑库银溢出，悉成钞引，银日以少，钞日以贱。岂知朝廷不蓄为宝，以天下之财，供天下之用，能收能发，自能左右逢源也。②

主张发行一两的宝钞，与王茂荫所提的十两、五十两两种票面价格不同。这一提议也同样地被驳不行。《东华录》记：

咸丰二年六月丁未，先是福建巡抚王懿德奏筹行钞法，以济军需。

①《王侍郎奏议》卷一《条议钞法折》。
②《清史稿》列传卷二一四《王懿德传》。

命军机大臣同户部议奏。至是奏称：民间行用铺户银钱各票，乃取银取钱之据。若用钞则钞即为银，钞即为钱，与铺户各票之持以取银钱者不同，必致民情不信，滞碍难行。该抚所请改行钞法之说，应无庸议。报闻。[①]

同年九月署镶红旗蒙古都统花沙纳也上疏请行钞法。他说：

查前代行钞皆不能无弊：盖钞用纸质，易于作伪，弊一；朝令夕改，民不信从，弊二；官项不收，自相矛盾，弊三；禁银禁铜，抑勒滋扰，弊四；积年添造，壅滞难行，弊五；不议更换，昏烂辄废，弊六。谨拟造钞之法：一、钞质以绫为之，连用二印志书迹于其中，则真伪易辨。一、钞式织成，按千文编号，以免混淆。一、钞绫用正黄色，印花用上等朱砂，印板用精铜铸就。一、银钞数目，自一两、五两、十两至五十、两，分四等，多张计费银五钱。一、宝钞之费，一千七百张共需银八百五十两，即可当万金使用。一、钞分四等，钞式则一。一、钞皆准银，较准钱为简便。一、钞银拟造满一万万两为止。一、造钞除五六十年后奏请更换外，或大工大役，估计所需，必须添造，工竣停止。一、法律宜严治伪造者，宽待误收者。一、造钞伊始，先将行钞条例颁示天下。将来帑项极充，毋庸再用，准其抵交入库。其行钞之法：一、请银钱并用。一、请设督理钞局官。一、外省用项由钞局会同户部酌给银半钞半，或搭放宝钞二成，以次递增，半钞而止。一、内自京城，外自各省督抚、州、县、乡市各钱店，一律畅行，不准阻挠。一、民间交易，银钞听其自便，惟交官银两，必须银钞各半。一、钞宜上下通行，凡完粮纳税捐项，统用银钞各半。一、凡以钞完粮纳官者，概免倾镕火耗。一、宝钞既行，不必禁银禁铜，徒滋纷扰。[②]

花沙纳也主张用银钞，和王茂荫的主张不同的是：钞用绫制；钞额

　　①潘颐福《咸丰东华录》卷一五。
　　②《清史列传》卷四一《花沙纳传》。

王茂荫与咸丰时代的币制改革

分一两、五两、十两、五十两四种；钞只能作交官项用，不能兑现；发行额多至一万万两。

四

经过王茂荫、王懿德、花沙纳三人连接上疏请行钞法后，清廷正苦于无法解决财政困难，也就怦然动心，让原提议人妥商办法。王懿德这时在福建，不能预议。便特派左都御史花沙纳和陕西道监察御史王茂荫妥议钞法，奏明办理。两人虽都主张行钞，但是所提的办法不同，在政治地位上又高下悬绝，虽然表面上是两人会同户部堂官妥议，并拟定简明章程，绘具钞式具奏，实际上全是花沙纳和户部的主张。王茂荫的提议要点全被搁置。据《花纱纳传》：

三年二月会议行钞章程。略云："理财之道，固贵相时济用，尤宜慎始。请定简明章程，于京师先为行用，俟流通，各省一律遵办。不必袭用钞名，即称为票，使商民日用相安。"如所议行。①

《东华录》记：

咸丰三年二月辛丑谕内阁：兹据花沙纳等公同酌议（钞法）具奏，并绘具官票式样进呈。朕详加披览，所拟章程各条，尚属周密，着即照所请定为官票名目，先于京师行用。俟流通渐广，再行分颁各省，一律遵办。官票之行，与银钱并重，部库出入，收放相均。其民间银钱私票行用，仍听其便，商贾交易，亦无抑勒，洵为裕国便民良法。总期上下相信，历久无弊，即使国用充裕，官票照旧通行。②

官票票面额有一两、三两、五两、十两、五十两五种。"钞制以皮

①《清史列传》卷四一《花沙纳传》。
②《东华录》卷一九。

纸，额题户部官票，左满右汉，皆双行。中标二两平足色银若干两。下曰户部奏行官票，凡愿将官票兑换银钱者与银一律，并准按部定章程搭交官项，伪造者依律治罪。边文龙。"①花纹字画均蓝色，银数有用墨戳钤印，也有临时填写的，字都特大。写或印银处数印朱方印，文曰户部官票永远通行，左满右汉。骑缝处钤户部官票所关防长方朱印，亦左满右汉。用千字文编字，或印或写，号数年月均用墨笔写。边钤每两比库平少六分小墨戳。左下端有黑花押。背面或钤私印或写前手行用人名铺号。经过几个月的筹备，于咸丰三年五月戊申正式颁行②。

王茂荫是极力反对户部的方案的，户部原方案经批准的主要的两点是：第一，提取各州县所存谷价银两，给以银票，为将来买补之用；第二于各省当杂各商生息帑本内，酌提十分之三，解交藩库报部候拨。户部核明银数，应造一百两、八十两、五十两之票若干张，汇发各省，按原提本银数目，分给各该商；准令该省捐纳封典职衔贡监之人，向各商买票报捐，归还原提银款。其各商应缴息银，仍如其旧。关于第一点他认为可行。第二点损害钱庄、典商原有利益，他大声疾呼，以为亏商病国，绝对难行。他说：

各省州县皆有典规，岁数千两至万两不等。即平居无事，而已视典商为鱼肉。今令州县以提帑本发部票，则必以火票脚价部费为藉口，而收银有费，发票有费，费之轻重，固视官之贪廉，然官即能廉，吏亦断无空过之事。此商之亏一也。商之缴银也，限以三月，由州县而藩司，而报部，不知几月。迨部中核明银数，造票有时，发票有时，由该省以行至州县，分给各商，又不知几时。窃计自商缴银之日，以至领票之日，至速亦须一年。此一年中该商等本银已缴其三，而息银仍如其旧，此息竟从何来。此商之亏又一也。商领银票，准令该省捐纳封典职衔贡监之人向各商买以报捐，归还原款。窃计捐生有银报捐，何为必欲买票。且买票入手，不知有无真伪，持票上兑，不知有无留难，何如持银上兑之

①《清史稿》卷一〇五《食货志五》。
②《清史稿》本纪卷二〇："咸丰三年五月戊申始制银钞。"银钞即官票。亦即银票。

可恃。苟非与该商素识，委曲代计补亏，断不向买。设领票年余，而素识中竟无欲捐之人，其票必悬而无着，则商之亏又一也。由前二亏，亏固难免，由后一亏，亏更无期。于此而谓于商无亏，恐未可信。夫提取存本，固商之本分，亦商所乐从，今欲济急需，则竟提用，俟度支充裕，再行发给可耳。若如部议提本给票，买票三层周折，而仍归于报捐，名避勒捐而实较捐之费为更甚矣。①

同日，他又上奏请求把他前次所上钞法条陈再行详议：

再查部臣议行银票，意谓票与钞相关，欲以此试钞之行否。臣窃谓此意似未深思也。诚欲试钞法，当如其法而用之，方为试行。若变易其法，则行与不行，皆各自一事，安得因此而概彼。夫行钞首在收发流通，惟收之能宽，斯发之不滞。今银票之发，惟以抵存本，而收惟以报常捐，上下均隘其途，安得而流通乎？②

由此可见所谓官票纯然是一种不兑换的债券，政府收回各地钱庄、典商生息本银十分之三后，发出同样价值的官票，这种官票又只能用于报捐，和王茂荫所提议的办法完全不同。政府的威权也不能强迫民间乐于行用。结果颁行新纸币的消息一经传出，京城内的市面立刻混乱，商铺纷纷歇业倒闭。据都察院左副都御史文瑞奏：

民间于钞法不知其利，而喧传其害，竟畏之如虎。十余日来钱铺已关闭三十余处。昨日内外城一昼夜间陡然关闭者又不下二百余处之多。即素日资本富厚，最著名之钱铺亦皆关闭，粮店亦间有关闭者。街市扰攘，人人惊危。③

---

①《王侍郎奏议》卷三《请将钞法前奏再行详议片》。
②《王侍郎奏议》卷三《请将钞法前奏再行详议片》。
③罗尔纲先生藏钞本《道咸奏稿》。

兵科给事中吴廷溥奏，钱铺之关闭，主要原因是挤兑：

新正以来，警报交至，富商挟资出京，不可胜计。都城关闭钱铺每日三五家或七八家不等。讵本月十五日一日之内，关闭钱铺七八十家，通计前后所关闭有百数十家。道路喧传，惶骇失措。推其缘故，盖由户部张贴行钞告示，外间传闻各铺私票一律停止。存票之家，争往钱铺取钱，络绎奔走，到处挤闹，逐队成群，嚣然不净。奸徒藉端滋扰，势所难免。①

同时军营中也不愿行使新钞：

咸丰三年，时议行钞币。翁心存疏言："军营搭放票钞，诸多窒碍。钞币之法，施行当有次第，此时甫经颁发，并未试用，势难骤用之军营。"②

官票颁行未久，接着又发行钱票，此议起于文瑞，《清史稿》记：

咸丰三年疏言："钞法之弊，放多收少，半为废纸。放少收多，民间钞无从得。若收放必均，是与之甲而取之乙，徒扰无益。非易银钞为钱票不可。拟就道光年间所设官号钱铺五处，分储户工两局卯钱，京师俸饷照公费发票之案，按数支给，以钱代银。"并具条目六事。疏入议行。③

《东华录》卷二十三记：

咸丰三年九月庚申，谕内阁："惠亲王等会奏请颁行银钱钞法一折，

①罗尔纲先生藏钞本《道咸奏稿》。
②《清史稿》列传卷一七二《翁心存传》。
③《清史稿》列传卷二〇九《文瑞传》。

王茂荫与咸丰时代的币制改革

据称银票以便出纳，钱钞以利流通，请令京师及各直省，均由户部颁行银票钱钞，任听民间日用行使，并完纳地丁钱粮盐关税课及一切交官等项；俾文武官员军民人等咸知银票即是实银，钱钞即是制钱；覈定成数，搭放搭收，以期上下一律流通等语。自来制用常经，银钱并重，用楮作币，历代通行。现在银价昂贵，需用浩繁，民间生计维艰，必须与时通变，使钞票与银钱兼权并用，以冀裒多益寡，日益充盈。……询谋佥同。着即照所议，由户部制造钱钞，颁发中外，与现行银票相辅通行。其应如何搭收搭放，酌定成数，以昭限制，总期官民两便，出纳均平。所有一切应办事宜，着户部详细酌覈，妥议章程具奏。

可见钱钞是与官票相辅而发行的。合钱钞与官票简称钞票，是现在钞票一字的语源。两个月后户部议定钞式和搭放成数钞票比率，经批准颁行：

十一月乙丑谕内阁："比年以来，银价日昂，民生愈困，小民输纳税课，每苦于银贵，而转运制钱，又多未便。朕……酌古准今，定为官票宝钞，以济银钱之不足，务使天下通行，以期便民裕国。着照部议，凡民间完纳地丁钱粮关税盐课及一切交官解部协拨等款，均准以官票宝钞五成为率。官票银一两抵制钱二千，宝钞二千抵银一两，与现行大钱制钱相辅而行。其余仍交纳实银，以资周转。京库应放之项，官票宝钞亦以五成为限。……并准五城殷实铺商具结承领宝钞，俾民间自行通用。即由五城御史随时支发验收。……如有伪造等弊，即行按例治罪。其有阻挠不肯行使者，以违制论。"[1]

钞额题大清宝钞，汉字平列，中标准足制钱若干文。旁八字的"天下通宝，平准出入"[2]。下曰此钞即代制钱行用，并准按成交纳地丁钱粮

[1]《咸丰东华录》卷二四。

[2] 按据罗尔纲先生所藏宝钞，旁八字为"天下通行，均平出入"。《清史稿》所记误。

一切税课捐项，京外各库一概收解。"①"每钱钞二千文抵官票银一两"边文如票。花文字画均蓝色。钱数有刻印的，也有临时填写的。中钤"大清宝钞之印"朱方印，骑缝处钤圆形印，年月下有黑色长方印。编号用千字文，与号数均用木戳印。钱钞行后从三年十二月至四年三月几个月中"已发百数十万。于是兵丁之领钞者难于易钱市物，商贾之用钞者难于易银置货，费力周折，为累颇多。"②

王懿德和王茂荫都是主张行钞法的，却都反对当时所行的办法。王懿德以为收钞不应限以成数，政府发钞目的是在民间流通，但是一面要叫人家乐于行用，一面却只收一半，百姓交纳官项时，一定要一半银子，一半票钞。自己只肯收回一半，如何叫人乐于行用。他说：

> 钞之能行，不在于发，而在于收。内自部库以及各关税务，外则丁耗钱粮盐典契纸各税，果能悉收钞票，不限成数，且示以非钞不用，则百姓争相买钞；有银之家以钞轻而易藏，纳课之氓以率定而无损，贸迁之商以利运而省费。部臣见未及此，惟恐解钞而不解银，故限以成数。夫以为无用，则钞银非可食可衣；以为有用，则钞银不能畸轻畸重。今于领钞之时，区以一省，由部知照，方能行用，己不自信，人岂可强，徒开藉端渔利之门。请饬部臣及各省督抚，以此发即以此收，无论各项度支，示天下非钞不用。新收买钞银两积于部库藩库，以为母金。行钞不分畛域，则银日丰而本源厚。③

户部的人主张发行钞票的目的是拿它当作银子给人，却绝不愿意商民当真把它完全作银子交回。王懿德的见解是他们所不能接受的，这条陈自然不能通过。王茂荫比他更进一步，主张票钞都应兑现。兑现的方法特别提出应给商人以相当利益。因为照规定的法制，票钞只能按成数交官项，在京师则放多而收少，在军营则简直有放无收，在直省州县则

---

①《清史稿·食货志五》。
②《王侍郎奏议》卷六《再议钞法折》。
③《清史稿》列传卷二一四《王懿德传》。

又有收而无放。这原因是政府和民间直接发生收放关系，缺少一个中间交互流通的枢纽。这枢纽应该是商人，要商人来做枢纽，必须给以相当的利益才行。他在这原则下提出四条办法：

一、拟令钱钞可取钱也。查市行钱票，与钞无异，而商民使用者以可取钱也。宝钞准交官项，本自贵重，而人总以无可取钱，用多不便。若于准交官项之外，又准取钱，自必更见宝贵。

二、拟令银票并可取银也。现行银票钱钞，均属天下通行，而行远要以银票为宜。欲求行远，必赖通商，欲求通商，必使有银可取。人疑无如此许现银以待取，而不知各省之钱粮关税，皆现银也。今既准以银票交官矣，此抵交之银不归之商人乎？既可准其抵交，何妨准其兑取。自上计之，二者初无所殊，而自商视之，则二者大有所异。盖抵交迟而兑取速，抵交滞而兑取灵。凡州县征收钱粮，必有银号数家，将钱统易为银，将银统镕为锭，以便解省。今使商人持钞至倾镕钱粮之银号，准其兑取现银，则商人之用钞便；而得钞不待倾镕，即可解省，于银号亦便。在各州县收钞于商与收钞于民，初无所异，而零收之与整兑，亦有较见为便者。今若于准交之外，再加准兑一层，则钞益贵重。处处可取银，即处处能行用，而不必取银。

三、拟令各项店铺用钞可以易银也。各店铺日卖货物，惯用市票，何独惮于用钞，以市票能易银以置货，宝钞不能易银，即不能置货。此虽强令行用，将来货物日尽，宝钞徒存，市肆必至成空，不独商人自虑，即国家亦不能不为代虑。查银钱周转，如环无端，而其人厥分三种：凡以银易钱者官民也；以钱易银者各项店铺也；而以银易钱，又以钱易银，则钱店实为之枢纽焉。名店铺日收市票，均赴钱市买银，而钱店则以银卖之。今请令钱市凡以票买银者必准搭钞，则各店铺用钞亦可易银，而不惮于用钞矣。各店铺不惮用钞，则以银易钱之人，无非用之于各店铺，凡令钱店开票者，亦可准令搭钞矣。各钱店开票亦可搭钞，则以银买各店铺之票而亦不惮于用钞矣。凡以三层关节为之疏通，使银钱处处扶钞而行，此各行互为周转之法。

四、拟令典铺出入均准搭钞也。查现在典铺取赎者，用钞不敢不收，而当物者给钞，率多不要。使典铺之钞有入无出，将来资本罄而钞仅存，不能周转，必至歇业。典铺歇业，贫人盖无变动之方。应请令嗣后出入，均准按成搭钞，此一行自为周转之法。

在这四条办法中，后二条是专门替商人特别是银号、钱庄典铺说话的。第二条银票兑现即以州县钱粮各地关税所收之银为准备金，这是户部所万不肯答应的。第一条钱钞兑现，他也另筹了一个具体办法。这办法是让户部宝泉局把逐月所加铸的钱提出积存，作为兑现的准备，约计半年后可存三十余万串，即刻出示许民人于半年后兑现。如钱将尽而钞仍纷来，竟不能给，则不妨示期停止，令半年后再取。这半年一兑现的办法，虽然是不彻底，到底比完全不兑现强些，宝钞的信用也许经明令准许兑现而稍好。但是，这办法也是要政府拿出本钱的，政府自然又是不肯。在折尾王茂荫又说：

现行官票宝钞，虽非臣原拟之法，而言钞实由臣始。今兵丁之领钞而难行使者，多怨臣，商民之因钞而致受累者，多恨臣；凡论钞之弊，而视为患害者，莫不归咎于臣；凡论钞之利，而迫欲畅行者，又莫不责望于臣。

他是户部右侍郎专管钱法，但是所施行的办法，却并不是他的主张。他的意见也不为上官所采纳，他在折中明白地说：

臣既在户部，凡有所见，必取决于总理祁寯藻、尚书文庆，乃所商多未取决，而设想更已无方。①

他明知现行币制的不合理，却又被朝野人士指为这新制度的负责者，怨恨集于一身。为着皇朝的前途，为着个人的责任，他不能不提出这补

　①《王侍郎奏议》卷六《再议钞法折》。

救的办法。结果因为折中第二条银票兑现的办法，和政府的政策抵触，政府的本意是要集中现银，他却提出让商人可以随时兑现，在政府看来，这办法是会把所有现银都分散到商人手上去的。因此王茂荫大被申斥。咸丰四年三月甲辰上谕：

> 王茂荫身任卿贰，顾专为商人指使，且有不便于国而利于商者，亦周纳而附于条款内，何漠不关心国事，至如此乎？

并令交奕䜣、载铨速行核议。三日后上谕：

> 恭亲王奕䜣、亲王衔定郡王载铨奏：……遵议王茂荫条陈钞法，窒碍难行一折；着即照所奏，均无庸议。宝钞之设，原在裕国便民。王茂荫由户部司员，经朕洊擢侍郎，宜如何任劳任怨，筹计万全。乃于钞法初行之时，先不能和衷共济，只知以专利商贾之词，率行渎奏，竟置国事于不顾，殊属不知大体。……王茂荫着传旨严行申斥。①

几天后就调他作兵部右侍郎。解除他对新币制的发言权。

钞法颁行后不到两年，票面价格日低，钱价愈高，票银一两宝钞一千只值制钱四五百文。主要原因除不能兑现以外，是官吏的舞弊，一方面不顾法令，不收民间票钞，一方面又向民间收现银现钱，却另买票钞缴解。《咸丰东华录》卷三十五记：

> 五年九月癸酉谕内阁：……兹据李钧奏称：河南省州县于征收钱粮时专收银钱，不收票钞。解司之时，则收买票钞，按五成搭解。以致商民于钞票不知宝贵。现在票银一两宝钞一千均止易制钱四五百文。河工领款，系八成票钞，二成现银，所领票钞，难于行使，每遇险工，无从抢护。山东省藩库，于各领款则照二成搭放，而于州县解款，并不搭收票钞，更形壅滞。

---

①《咸丰东华录》卷二六。

五年后京城市价银票一两，仅值钱二百余文，实银则值钱六千有余。银票二十余两始能抵银一两。钱票到咸丰十一年（1861）时也跌到每千仅值当十钱一百余文。《清史稿·食货志五》说：

钞法初行，始而军饷，继而河工，搭放皆称不便，民情疑阻。直省搭收五成，以款多抵拨，既艰搭放，遂复不肯搭收。民间得钞，积为无用。京师持钞入市，非故增直，即匿货。持向官号商铺，所得皆四项大钱，不便用。故钞行而中外兵民病之。其后京师以官号七折钱发，钞直益低落，至减发亦穷应付，钞遂不能行矣。

施行钞法的本意是在补救军饷和河工的费用，所得的结果却是军营不要，河工也不要，百姓不要，商人不要，连地方政府也不要了。

五

银票颁行后，钱法派提议鼓铸大钱。同年五月辛未铸当十大钱，八月庚子铸当五十大钱，四年二月甲午铸当百、当五百、当千大钱。三月铸铁制钱当十大钱。六月制铅制钱①。铜"大钱当千至当十凡五等，重自二两递减至四钱四分。当千当五百净铜铸造，色紫。当百当五十当十铜铅配铸，色黄。百以上文曰咸丰元宝，以下曰重宝。幕满文局名。"②

在当十、当五十大钱颁行以后，当国的王大臣又请铸当百、当五百、当千大钱，王茂荫上折极力反对。他说：

当五十之钱，市人已多私议，奸人已多私铸，第为时未久，尚未见大阻格耳。今王大臣奏请添铸当百当五百当千三种，而当千但以重二两为率，其余以次递减。为裕筹经费起见，诚为至计。此法果行，岂非大利。顾臣考历代钱法，种类过繁，市肆必扰，折当过重，废罢尤速。

---

① 《咸丰东华录》卷二十至卷二六。

② 《清史稿》卷一〇五《食货志五》。

……若当千之钱重二两，非所谓折当太重，分量过悬殊耶？论者谓折当
太重，谓其嫌于虚耳。大钱虽虚，视钞票则较实，岂钞可行而大钱转不
行！不知钞法以实运虚，虽虚可实，大钱以虚作实，似实而虚。故自来
行钞可数十年，而大钱无能数年者，此其明征也。论者又谓国家定制，
当百则百，当千则千，谁敢有违！是诚然矣。然官能定钱之值，而不能
限物之值。钱当千，民不敢以为百；物值百，民不难以为千。自来大钱
之废，多由私铸繁兴，物价踊贵，斗米有至七千时，此又其明征也。
……顾使当千当百虽不行，而当十当五十犹可行，似不妨于一试，而臣
又虑其不能也。信为国之宝，现行大钱钞票，皆属权宜之计，全在持之
以信，守而不改，庶几可冀数年之利。今大钱分两式样甫经奏定，颁行
各省，大张晓谕，刊刻成书，未及数月，全行变更；当五十者较向所见
而忽大轻，当一百者较向之五十而犹见轻，且当五百当千纷见错出，民
情必深惶惑，市肆必形纷扰，而一切皆不敢信行。钱为人人日用所必需，
裕国便民，所关甚重。万一如臣所虑，诚恐贻悔。①

　　制钱一文重一钱二分，当十钱重四钱八分，算是以四制钱的重量当
十钱之用。相差尚不甚远。当千钱只重二两，则以十六制钱的重量当一
千钱之用，这折当未免太悬殊了。王茂荫指出通货膨胀和物价的关系：
"钱当千，民不敢以为百；物值百，民不难以为千。"因为"官能定钱之
值，而不能限物之值"。这是很有道理的。奏人政府置之不理。接着他又
第二次上书反对，指出大钱之病国病民的三难二弊。他说：

　　今行当百以上三种大钱，与原行当五十大钱分两式样，无甚可辨。
若恃字为辨，则此何以贵？彼何以贱？愚民莫解，恐致督乱。此其一难。
钱本以便零用，今一钱而当五百当千，窃恐以易市物，难以分析，以易
制钱，莫与兑换。此其二难。大钱虽准交官项，然现在准以五成搭交者
有官票，有宝钞，再加大钱，何能并搭？此其三难。
　　然此犹其小也。最大之患，莫如私铸。论者以为私铸正可增官铸之

①《王侍郎奏议》卷六《论行大钱折》。

用，可以无患。不知官钱以当千发之，以当千收之，故可无亏。若奸人以四两之铜，铸两大钱，即抵交一两官银，其亏国将有不可胜计者。旧行制钱每千重百二十两，镕之可以得六十两，以铸当千，可抵三十千之用。设奸人日销以铸大钱，则民间将无制钱可用，其病民又有不可胜言者。即此二弊，已无法杜，无论其他。

　　最后他明知政府决不肯取消认为有利可图的当五百和当千大钱，只好提出两种补救办法。第一是在当千和当五百、当百三种大钱上加箍银点，"当千者十点，当五百者五点，当百者一点"，以示贵重，辨别较易，造伪较难；第二是请求把户工两局所铸当十、当五十两种大钱划一重量。原来这两局是各自为政的，户局铸当五十钱重一两八钱，工局铸的却只一两五钱，户局铸当十钱重六钱，工局铸的却只重五钱。请一律照工局重量改铸，使"新钱旧钱式样无甚悬殊，市肆行用，不致眢乱"①，这奏折政府也还是置之不理。

　　王茂荫所指出的大钱制的流弊和必然的后果，不久即由事实证明了。咸丰四年七月户部奏："当千当五百大钱，甫经行使，即形壅阏者，以折当过多，私铸益重，利之所在，法难尽除……请将宝钞发钱行经纪，验明局铸大钱，如数收回。"并停铸当二百、三百、四百大钱。又以当百以下大钱，有奸商折算等弊，严令照钱面数目行使，不准折减②。但仍壅滞不行③。咸丰五年八月，扬州军营以大钱不便兵民交易，奏请停收停放④。至咸丰九年当十大钱仅值制钱一文，据袁希祖奏：

　　咸丰初以道梗铜少，改铸大钱。未几当百、当五皆不行，惟当十行之。始直制钱三五，近则以十当一。银直增贵，百物腾踊，民间重困。……向日制钱重一钱二分，大钱重四钱八分，以之当十，赢五钱四分。今以十当一，是反以四钱八分作一钱二分用也。民间私镕改铸，百弊丛

　　①《王侍郎奏议》卷六《再论加铸大钱折》。
　　②《咸丰东华录》卷二八。
　　③《清史稿》列传卷二〇九《文瑞传》。
　　④《咸丰东华录》卷三四。

生。今天下皆用制钱，独京师一隅用大钱，事不划一。请悉复旧规，俾
小民易于得食，盗源亦以稍弭。①

大钱制行不通，只好"悉复旧规"，不再讲币制改革了。

1937年3月于北平

[原载《中国社会经济史集刊》，原名《王茂荫与咸丰时代的新币
制》，后收入吴晗著《读史札记》，生活·读书·新知三联书店1956年2
月版。本文录自《读史札记》]

①《清史稿》列传卷二〇九《袁希祖传》。

略说王茂荫的货币理论

巫宝三

王茂荫（1798—1865），字子怀①，安徽歙县人，道光壬辰（1832）进士，做过御史等官，咸丰三年（1853）任户部右侍郎兼管钱法堂事务。他的关于货币问题的见解和主张，最先发表于咸丰元年（1851）在陕西道监察御史任内的《条议钞法折》，以后对于钞法及铸钞问题，一再发表他不同于封建统治者大规模地搜刮民财的意见，并且坚持了他的意见，因此他成为当时一个"直言敢谏"的大官，也成为一个反对通货膨胀和低值铸币的言臣。咸丰四年他受到"严行申斥"后调任兵部、吏部右侍郎等职。他的著作有《王侍郎奏议》。

鸦片战争前后所有关于货币问题的论争，都是以清朝封建统治阶级腐烂，加强搜刮人民财富，及鸦片大量进口，白银大量外流，财政金融商业发生危机为其背景的。清朝统治者的对外投降政策，及鸦片战争的失败，结束了官僚地主阶级进步派禁止鸦片贸易，遏止白银外流及实行铸造银币的主张。以后西方资本主义势力侵入，统治阶级再不谈禁鸦片贸易和白银外流了，鸦片贸易成为合法的贸易，工业品的输入日渐增加，白银继续大量外流，中国经济情况日益恶化，人民反封建统治和反外国侵略的运动日益高涨，封建国家的财政收入日益短绌，统治者搜刮人民财富的图谋也日益穷凶极恶，各种企图通过通货膨胀及铸造低值铸币来

---

① 编者按："子怀"为王茂荫之号。王茂荫原名茂萱,字蔼甫。三十四岁后在北闱以监生应京兆试,改名茂荫,字椿年,号子怀。

搜刮民财的议论也纷纷出现。例如包世臣赞同王鎏的通货膨胀政策①，王懿德（福建总督）、花沙纳（左都御史）在1852年都奏请行钞法②，梁章钜（广西、江苏巡抚）在1841年及以前③，雷以诚（山东监察御史）在1842年，王植（安徽巡抚）在1846年及江鸿升（礼部给事中）在1848年，都曾上疏主张铸行低值铸币④。到了咸丰年间太平天国革命势力迅速发展，清朝封建统治者为了筹款实行反革命的镇压措施，乃把这些杀鸡取卵的搜刮民财的发行货币及铸行大钞的反动图谋全付诸实施。在1853年6月发行不兑换的以银两为单位的官票，12月发行不兑换的以铜钞为单位的宝钞，同年8月开始鼓铸"当十""当五十"大钞，次年3月又鼓铸"当百""当五百""当千"大钞，可以说是集反动货币政策的大成，成为新中国成立前美、蒋反动统治时代恶性通货膨胀的前趋。在那个时期，官僚地主阶级中有个别人从商人利益及人民利益出发来反对这种反动货币政策，对这些搜刮民财的主张及政策展开了论战。许楣和魏源的主张相同，是坚决反对封建统治者及其代言人意图实行通货膨胀政策的思想家，王茂荫则成为一个矛盾型的人物，他一方面献计献策，提出发行纸币办法为封建主筹款，另方面则反对低值铸币，反对货币贬值，坚持主张纸币要兑现，坚持反对加铸大钱。王茂荫虽然是和许楣同时期的人（王茂荫是道光十二年进士，许楣是道光十三年进士）但是他的关于货币问题的主张及论述，出现在许楣的《钞币论》刊行五年后，离王鎏的《钞币刍言》成后有20年，这两本书他应该都会读到的。他的思想，如何受他们二人影响虽无从查考，但他的关于货币问题的论述，显然含有王鎏与许楣的货币理论成分。应该指出，王茂荫虽然提出发钞筹款主张，但是他的主张与封建统治者及王鎏的发钞主张还是有所不同的。咸丰皇帝斥责他"只知以专利商贾"⑤，可以说明他的主张的本质。

王茂荫对于当时货币问题的基本主张是"以数实辅一虚，行之以渐，

①《再答王亮生书》（1837），《致前大司马许太常书》（1846），《齐民四术》卷二十六，第24页。

②《清史稿》卷二一四《王懿德传》，卷四一《花沙纳传》。

③《归田琐记》卷二。

④参看汤象龙《咸丰朝的货币》，《中国近代经济史研究集刊》第二卷第一期。

⑤《清实录·文宗》卷一二三，第45—46页。

限之以制，用钞以辅银，而非舍银而从钞"。"无论本地异乡民人，有持钞至者，或作交钱量，或兑换银钱，均即如数兑交。"①"行钞首在收发流通，惟收之能宽，斯发之不滞。""不取诸民，亦不强民，……倘舍此他图，盖未有不取诸民者。今日之民，恐不堪命。"②"行远要以银票为宜，欲求行远，必赖通商，欲求通商，必使有银可取。""宝钞不能易银，即不能置货。此虽强令行用，将来货物日尽，宝钞徒存，市肆必至成空。不独商人自虑，即国家亦不能不代为虑。""兵丁之领钞者难于易钱市物，商贾之用钞者，难于易银置货，费力周折，为累颇多。"③这就是说，他主张发行兑现的钞币，而反对发行不兑现的官票和宝钞。并且他主张限制发行额，先只发行十万两，俟发行之有效，再增加发行，最多以一千万两为限。国家每年所收钱粮关税现银，作为兑现本银，足足有余，即所谓以数实辅一虚，无庸另筹兑现本银。否则，"钞无定数，则出之不穷，似为大利，不知出愈多，值愈贱。"④王茂荫的这种发钞理论，旨在防止钞币的滥发和贬值，和维持金融与商业的正常活动，也是力求合乎银行券发行的经济规律的。马克思说："如果纸币的名称是从金或银得来的，那么，银行券的可兑现，即可兑换为金或银的能力，不论法律如何规定，总是一条经济法则。例如，普鲁士的台娄，法律上虽然规定不兑现，但是，当它在日常流通中低于银台娄，因而实际上没有兑现的能力时，就立刻贬值。"⑤并且王茂荫在他的兑现钞币理论中，简单地勾画出钞和银的收发流通过程。他以为钞币由户部发交各地银号及通过财政开支发出以后，除了通过捐款及税收有半数钞币回到户部以外（他规定以钞与银各半解库）其余散在民间，"非有商人运于其间皆不行，非与商人以可运之方，能运之利，亦仍不行"⑥，而运行的枢纽，是钱店。他分析钞币流通过程说：

---

① 《条议钞法折》。
② 《请将钞法前奏再行详议片》。
③ 《再议钞法折》。
④ 《条议钞法折》。
⑤ 《政治经济学批判》，人民出版社，第52页。
⑥ 《再议钞法折》。

查银钱周转，如环无端。而其人厥分三种：凡以银易钱者，官民也；以钱易银者，各项店铺也；而以银易钱，又以钱易银，则钱店实为之枢纽焉。各店铺日收市票，均赴钱市买银，而钱店则以银卖之。今请令钱店，凡以票买银者，必准搭钞，则各店铺用钞，亦可易银，而不惮于用钞矣。各店铺不惮用钞，则以银易钱之人，无非用之于各店铺，凡令钱店开票者，亦可准令搭钞矣。各钱店开票，亦可搭钞，则以银买各店铺之票，而亦不惮于用钞矣。凡此三层关节为之疏通，使银钱处处扶钞而行，此各行互为周转之法，虽似强民，而初非病民，似不至有大害。①

这就是说，钞币流通的关节之一，是钱店在对店铺卖货物收进市票兑付银款时，准许付给部分钞币，店铺也可以用钞币向钱店兑银。钞币从钱店流到店铺，又可从店铺流到钱店。钞币流通的关节之二，是店铺信用钞币，官民可以用钱用钞向店铺买货物，钞币从官民手中流到店铺。钞币流通的关节之三，是店铺可以收进之钞与银搭配令钱店开票，钞币从店铺又流到钱店。总起来说，就是在钱店付出钞币的条件中，又包含着钞币回笼的条件，在店铺收进钞币的条件中，又包含着钞币兑银的条件。如他所说，使银钱处处扶钞而行。王茂荫的这种对于钞币流通过程的分析，比较许楣的以纸取钱的理论是更进一层的，表明出钞币如果不能兑现，如果不能取信于民，钞币将壅滞在那些关节上，商业金融将受到如何的损害。但是他没有能从分析商品流通的运动，来分析当作流通手段的货币运动，因而他对于货币量、钞币量以及钞币贬值问题也不能做出分析。

应该指出，王茂荫的钞币兑现和流通理论，是和他的发行钞币的目的矛盾的。他是为封建统治筹款而提出他的发钞办法。他在《条议钞法折》中明白地说，他的"条议"的目的，是为"敬筹济用"，是应"粤西之军务未息，河工之待用尤殷"的急需。虽然一方面，他主张行之以渐，限之以制，先只发钞十万两；另方面，他主张把发钞所收银两的半数作为兑现之用，但是他还是利用发钞作为封建主搜刮民间的银的手段和加

①《再议钞法折》。

大封建国家财政上的开支能力，不过对发行加以限制而已。这种有限制的发行钞币办法，显然难以填足封建统治者搜刮民财的欲壑，所以他的办法遭到议驳，而发行不兑换钞币办法被以后采用。但是即使他的办法实行，在那种发钞目的之下，在当时太平天国革命势力蓬勃发展和清朝封建统治摇摇欲坠的形势之下，十万两钞币一出，即会受到人民的拒绝，而急速贬值。事实上，在实行发行钞币之前，风声所播，钱店已经纷纷关闭，商店已纷纷歇业，王茂荫曾提出此严重问题，而未明言其故①，其实是惧遭发行钞币的掠夺。王茂荫在上面引文中说，"似不至有大害"，已经意识到他所主张发行的兑现钞币，也将发生贬值之害，而必须强民行使了。

王茂荫根据他的纸币兑现与流通理论，除了反对发行不兑换纸币以外，还反对当时铸行的低值铸钱。他从铸币理论批判当时实行的大钱办法，阐述大钱的法定价值与实在价值的脱离，将造成币制上的很大混乱和对商业上的有害结果，最后大钱将无法实行。他以为铸行大钱办法的危害，远过于他所主张的有限制的可兑现的发钞办法，因为后一办法还有银可兑，前一办法则完全欺民。他说：

今行当百以上三种大钱，与原行当五十大钱分两式样，无甚可辨。则此何以贵，彼何以贱，愚民莫解，恐致訾乱，此其一难。钱本以便零用，今一钱而当五百当千窃恐以易市物，难以分析，以易制钱，莫与兑换，此其二难。大钱虽准交官项，然现在准以五成搭交者，有官票，有宝钞，再加以大钱，何能并搭？此其三难。然此犹其小也。最大之患，莫如私铸。论者以为私铸正可增官铸之用，可以无患。不知官钱以当千发之，以当千收之，故可无亏。若奸人以四两之铜铸两大钱，即可抵交一两官银，其亏国将有不可胜计者。旧行制钱每千重百二十两，镕之可以得六十两。及铸当千，可抵三十千之用。设奸人日销以铸大钱，则民间将无制钱可用，其病民又有不可胜言者。②

————————
① 《请筹通商以安民业折》。
② 《再论加铸大钱折》。

略说王茂荫的货币理论

117

自来圜法，总以不惜工本为不易之常经……闻当五十之钱，市人已多私议，奸人已多私铸，第为时未久，尚未见大阻格耳……钞法以实运虚，虽虚可实，大钱以虚作实，似实而虚。故自来行钞可数十年，而大钱无能数年者，此其明征也。论者又谓国家定制，当百则百，当千则千，谁敢有违？是诚然矣。然官能定钱之值，而不能限物之值，钱当千，民不敢以为百，物值百，民不难以为千。自来大钱之废，多由私铸繁兴，物价踊贵，斗米有至七千时，此又其明征也。①

王茂荫在这两段文中，明白地指出，铸钱是按铜的一定重量铸成货币的形式。铸钞与铜块只有外形的差别，二者可以从铸造和熔化互为变化。当作货币的铸钞，如果它的重量轻于按照作为一般等价物所应有的重量，也就是说，如果它的法定价值高于它的实在价值，那么它就必然产生两种结果。第一，重量重的铸钱一定退出流通，被熔化和改铸成重量轻的钱，就是他所说的私铸繁兴。第二，商品的价格，将由于铸钱重量变轻和价值变小，而普遍高涨，就是他所说的物价踊贵。当时货币尚无主币、辅币之分，铸钱是通用货币之一种，是以货币商品的资格出现的，要使铸钱成为正常通用的货币，自必要以其法定内容与其实在内容相符为条件。不然，就会造成王茂荫所指出的恶果。在王茂荫的理论系统中，这种低值铸钱，是与不兑换钞币同其性质的。二者同是空头的货币，同是"以虚责民而以实归上"的工具，一是通过不断增大发行量，一是通过不断减轻金属的重量与不断增多轻币的数量而实行的，同足以导致正常商业的破坏和物价的飞涨。王茂荫的这些分析和论断，后来是为事实所证明了的。在咸丰九年（1859），银一两值钱六千余文，而官票一两已贬值至钱二百余文，至1861年遂不通行。至于当五百当千大钱，不到五个月也不能流通，当十大钱只值制钱一文②。

王茂荫的货币理论，实质上是从货币商品的金属币出发的，无论他主张发行可兑换钞币，或反对发行不兑换钞币和铸行低值铸币，都以实

①《论行大钱折》。

②参看谭彼岸《资本论中的王茂荫问题》，《岭南学报》第十二卷第一期。

足的金属币为其归趋的，都保持其在理论上的一贯性。在当时近代货币制度和信贷制度尚未建立和在当时清朝腐烂统治之下，他的这种理论，是有其科学性的，是使他对于当时实行的恶性货币政策的抗争增加战斗力量和说服力量。从驻北京俄国大使馆关于中国的调查研究中，王茂荫因上奏议反对发行不兑换钞币而受申斥的记载①，可以想见王茂荫对于当时货币政策的抗争及其受申斥，是轰动了当时的京城而发生了相当影响的。所以谭彼岸先生以为王鎏"提出了精辟的见解"等等，固然忽视了王鎏见解的反动实质，而把王茂荫的《条议钞法折》和王鎏的《钞币议》类比起来，以为王茂荫的钞币理论无论在思想方面还是在叙述形式方面，大部分都是从王鎏那里得来的，也没有看到王茂荫见解是从商人利益出发的实质②。

[原载巫宝三、冯泽、吴朝林编《中国近代经济思想与经济政策资料选辑 1840—1864》，科学出版社 1959 年 11 月第 1 版]

---

① 见马克思《资本论》卷一，第 122 页，注 83。

② 参见谭彼岸《资本论中的王茂荫问题》，《岭南学报》第十二卷一期。

王茂荫代表商人的利益吗?

叶世昌

马克思《资本论》中提到我国清代咸丰年间的王茂荫。但是对于王茂荫,现在还没有做出合乎历史实际的评价。由于王茂荫在坚持纸币兑现的主张时被咸丰皇帝斥责为"只知以专利商贾",似乎这就成了对他的评价。例如,巫宝三先生就转引了这句话,说王茂荫见解的实质是从商人利益出发①。我认为这一结论有重新探讨的必要。

咸丰元年(1851)九月,王茂荫在太平天国革命运动蓬勃发展,封建政权摇摇欲坠的时节,奏请行钞,动机是为了替封建国家解决财政困难,筹措反革命战争的战费,绝不是为了商人的利益。

王茂荫所主张的纸币(王茂荫主张钞用丝织,为方便起见,仍称为纸币)兑现办法,在咸丰元年的《条议钞法折》和咸丰四年的《再议钞法折》中是不同的。前者是他的原拟之法,后者是对已在流通的纸币提出的修正案,修正案已不是他的原来主张。

先说《条议钞法折》中的兑现办法。纸币兑现要有本钱,这本钱哪里来呢?王茂荫做的完全是没有本钱的生意,基本上是王鎏论点的具体运用。王鎏说过:"民间所有元银,即国家用钞之本。"②王茂荫就采用了这个办法。他的发钞程序,是先将钞票发给银号,给银号以微利,银号领到钞票后,加上字号图记花字,可以行用流通,领钞者可向银号兑银,

---

① 巫宝三:《略说王茂荫的货币理论》(见《中国近代经济思想与经济政策资料选辑》,本文所列巫先生的文字均见该文)。

② 王鎏:《钱币刍言》。

银号收到钞票后仍可继续行用，使钞票循环流通不绝。这个办法妙就妙在用银号的藏银作为国家发钞的钞本，等于国家向银号举借一笔相当于发钞总额而永远不需要归还的公债款，以后国家就把兑现的责任推给银号，自己不负任何实际责任。本来，维持纸币兑现的办法很简单，只要政府在国库中拨出一笔库银做兑现的准备金就可以了，根本用不着经过银号。王茂荫显然考虑这样做的财政利益还不大，所以特地加上银号一环，让银号做替死鬼。不管银号在领到钞票后的下一个月钞票是否实际已经用出，都得将相当于领钞数目的白银按市平标准缴库。即使缴库时钞票已经用出，但以后钞票还是会流回到银号来兑现。这时，银号的钞本既已上缴，就得另外垫支款项来收兑本来是国家发行的纸币。纸币不断在银号里进去，兑现款就不断垫支下去。由此可见，王茂荫的兑现主张是以牺牲银号利益为前提的，和他的筹款目的一点也不矛盾。

王茂荫的这个奏折，经部议驳不行。次年，王懿德、花沙纳又相继奏请行钞。部臣详议后，仅决定发行银票、期票和开设银、钱号。王茂荫反对这个办法，他认为"银票亏商，银号亏国"。之后，他又要求再行详议他于两年半前提出的行钞主张①。紧接着，咸丰就同意行钞，派左都御史花沙纳、陕西道御史（不久即迁户部右侍郎兼管钱法堂事务）王茂荫，会同户部堂官，妥议钞法。咸丰三年二月二十七日，核准花沙纳等拟议的发行官票办法。这种官票是不兑现的，既不是户部原议的银票，也不是王茂荫所主张的由银号兑现的钞票。这段历史事实，吴晗先生在他的《王茂荫与咸丰时代的币制改革》②一文中却把它搞颠倒了。他认为王茂荫反对户部的发行银票办法和要求重议自己的行钞主张是针对这次咸丰批准的钞法的，这就错了。事实上，反对银票在前，决定发行官票在后，前者没有实行，后者却正式施行。后者的办法虽不是王茂荫的原法，但王茂荫在这时并没有正式表示反对。

王茂荫的"银票亏商"主张是符合商人利益的，但是却不足以说明他代表商人利益。他反对用这种办法亏商，却仍然坚持自己的行钞办法，

① 王茂荫：《请将钞法前奏再行详议片》（咸丰三年正月初八日）。

② 吴晗：《读史札记》。

实质上也是亏商的办法，不过比前者好些而已。不看他行钞主张的实质，而只抓住他的片言只字，如"不取于民，亦不强民……倘舍此他图，盖未有不取诸民者。今日之民，恐不堪命"①，就认为他反对取诸于民，是不恰当的。

咸丰四年三月，王茂荫又上了一个《再议钞法折》。在这个折中，他还是主张纸币兑现，但是兑现的本钱只能是国家岁入的钱粮关税了。因为，这时已经是"兵丁之领钞者难于易钱市物，商贾之用钞者难于易银置货，费力周折，为累颇多。"王茂荫从历代行钞的经验中懂得，如果这种局面继续下去，必至钞法不行，不仅病民，而且理财的目的也不能达到。这时，由银号来担当兑现责任的如意算盘已不能实现，只有让国家自己来保证币值（维持兑现），才有可能"虚实兼行，商民交转，庶几流通罔滞"。在这里，王茂荫也没有忘记强迫钱庄、银号出来支持钞法，要它们"凡以票（指钱庄发的钱票）买银者，必准搭钞"。明明是强民，他还认为"虽似强民，而初非病民，似不至有大害"。固然，在这个折中，他又一次提到商人的作用，但目的是为了推行钞法。

就因为上了这个奏折，被咸丰"传旨严行申斥"。其实，早在前一年的十一月，王茂荫上《论行大钱折》时，咸丰就对他不满意，不过没有公开申斥而已。四年正月，王茂荫又反对加铸大钱，还反对现行钞法，这一次，咸丰就借机发作了。这种分歧，用咸丰的话来说，就是"乃于钞法初行之时，先不能和衷共济，只知以专利商贾之词，率行渎奏，竟置国事于不问。"②分歧的实质反映了两种理财思想：一种是竭泽而渔，饮鸩止渴，置人民死活于不顾的思想；一种是适可而止，不为已甚，适当兼顾人民利益的思想。前者只考虑封建国家的眼前利益，企图用强力推行钞法，以救燃眉之急；后者考虑封建国家的长远利益，企图顺应客观可能，使钞法永远推行下去，而目前也获得一定利益。后一种思想，在当时的形势下，当然要被最高统者目为异端。王茂荫之受到申斥，是并不奇怪的，决不能因此就说明他的思想实质上代表着商人的利益而不

① 王茂荫：《请将钞法前奏再行详议片》（咸丰三年正月初八日）。
② 转引自《中国近代经济思想与经济政策资料选辑》，第509页。

是封建国家的利益。

　　王茂荫确实是一有眼光的理财家。最难得的是他主张行钞的同时，还能明确地坚持反名目论的货币思想，正确地指出货币流通有它本身的规律性，非国家权力所能转移。但是，货币理论的正确，并不能改变他企图替反动统治者筹措反人民战费的实质。巫先生丢开了这根本的一面，甚至还赞扬说"他的这种理论……是使他对于当时实行的恶性货币政策的抗争增加战斗力量和说服力量"，这是难以同意的。

[原载《光明日报》1962年7月23日]

王茂荫代表商人的利益吗？

王茂荫和他的发行钞币计划

高鸿志

马克思在《资本论》第一卷中，曾提到我国清朝理财官王茂荫的发行钞币计划。王茂荫是什么人呢？他的发行钞币计划又是怎么回事呢？这里作点简略的评价。

王茂荫（1798—1865），字椿年，安徽歙县人，出身官僚地主家庭①。清道光十二年（1832）中进士，历任户部右侍郎兼管钱法堂事务，兵部、吏部侍郎等职。在王茂荫的一生中，最引人注目的是他的发行钞币计划。

当时清王朝正由盛转衰。国内阶级矛盾极为剧烈，以太平天国为中心的农民革命蔓延半个中国。同时，由于外国资本主义的入侵，大量白银源源外流。清统治者在军事上一败涂地的同时，还面临着深刻的财政危机。就在这种情况下，王茂荫于1851年9月提出了发行钞币方案。

王茂荫懂得，作为一种流通手段的纸币，必须以一定数量的金属为本位，如要维持纸币的信用，不使贬值，就必须把纸币的发行限制在没有纸币时现实流通所必须有的金或银的数量内。基于对这一近代货币流通规律的认识，他的方案主张，控制纸币发行量，每年先造银票十万两，计十两面额者五千张，五十两者一千张，试行一二年能流通无阻时，方可增加发行量。他估计清廷每年收入数千万两，所以银票的最大发行额应以一千万两为限，用他的话来说即"以数实辅一虚"，王茂荫考虑到银号、钱庄在民间享有威信，必须利用民间的商业资本和信用，才能使纸

---

① 编者按：此言不确，王茂荫是出生在商人家庭。

币顺利进入流通过程。因此他建议清政府将印制好的钞票分发各地银号、钱庄，代为发行，给予每库平五十两仅令上缴市平五十两的微利①，人民用钞票可以捐官或缴纳钱粮。为了减少纸币流通的阻力，巩固其信用，他主张在全国各州县城中设一收钞银号，供人民兑换银钱或缴纳钱粮。在发行钞票的同时，白银和制钱照旧流通，以免在民间引起混乱。

继王茂荫之后，咸丰宠臣左都御史花沙纳也提出发行钞币建议。他主张发行票面额一两到五十两的银票四种，先行造一万万两，以后随时可以添造，只要印钞铜版一动，"造十万则十万，造百万则百万"②，国家可用严刑峻法强制发行。显然这是一种通过通货膨胀来残酷榨取民财的措施，咸丰对这个方案十分赞同，而将王茂荫的方案丢在一边。1853年，清廷不顾王茂荫的劝谏，按照花沙纳的方案发行了大量的银票。同年末，又发行了方式、内容均与银票相同的、以制钱为单位的"宝钞"。

这种不兑现纸币的大量发行，必然会迅速贬值和遭到人民的反对。果然，银票、宝钞甫经出笼，京城内外的银钱铺户就纷纷关门，连军兵也拒绝接受。币值惨跌，百货奇昂，商店倒闭，民怨沸腾。这一切使王茂荫深为忧虑。他决定作再次努力。1854年3月，他又上疏清廷，对他1851年提出的币制改革计划做了进一步的阐述和补充。在这篇著名的《再议钞法折》中，他提出四条防止钞币继续贬值的办法，中心内容是银票、宝钞实行兑现。他建议责成户部筹足一笔巨款，准许人民持钞换钱以维持钞币信用。他还向皇帝诉苦，说发行钞币是他最先提出的，虽然现在用的不是他的方案，但吃了银票、宝钞苦头的老百姓都责怪和怨恨他，因此请给他处分以谢天下云云。这封奏折上达后，咸丰大为不满，指责王茂荫"受商人指使"，"将不便于国而利于商者亦周虑而附于条款内"，最后竟给他扣上一顶"细审汝心实欲钞之不行"的大帽子，并将他的奏折往恭亲王奕䜣那里一推了事。

虽然咸丰指责王茂荫替商人说话，后者在奏折中也有"不应病民、

————————
　　① 库平是我国古代国库出纳所用的天平，为全国纳税的标准衡。市平即社会上一般用的标准衡。库平1两等于市平1.1936两。
　　②《清史列传·花沙纳传》。

亏商"等语,但实际上他的发行钞币计划并不是代表商人的利益,而是完全为封建统治阶级着想的(这一点学术界有争论,这里说的是我个人的看法)。首先,王茂荫提出发行钞币的主张,就是为了挽救在农民革命严重打击下摇摇欲坠的清王朝的统治,这与他的许多反对太平天国革命的主张是完全一致的。他希望通过发行纸币搜刮民财的途径,稳定清廷财政,增强镇压革命的力量。其次,就以他的有关币制改革主张本身来看,也绝不是站在商人的立场。例如,按照他的方案,银号、钱庄必须按领钞的数目将现银全部兑与政府,名义上可得些小利,实际上是用自己的现银换取政府的纸币。而商人缴纳钱粮与捐生捐官只能银钞各半。这样政府一开始就用百分之五十不兑现纸币从银号商人手中掠夺了百分之五十的银子。既然有部分钞票不能兑现,势必造成币值跌落,结果吃亏的又是商人和一般老百姓。虽然后来王茂荫也强调兑现,但不过是一种以退为进的办法。例如,他根据宝钞发行量已达一百多万串的估计,主张政府筹足三十万串钱作兑现之用,他设想商民只要见有钱可换,就不一定急着换,这样,"每年虽似多费数十万之钱,而实可行百余万之钞"。可见,所谓兑现也还是用欺骗的办法来替封建统治者搜刮民财。咸丰之所以责备王茂荫,主要原因是前者连一文钱也不肯拿出来,要求搜刮得更彻底、更残酷。两者在掠夺人民这一点上是完全一致的,只是在手法和程度上有所不同罢了。尽管如此,王茂荫的上述方案始终未被采用。而清王朝的银票、宝钞也因大量发行,剧烈贬值,到咸丰末年被迫宣告废止。

王茂荫的发行钞币计划虽然是代表着封建统治阶级的利益,但他的发行纸币必须以一定金属为本位的思想,以及反对滥发纸币,主张纸币兑现的观点,在19世纪中叶的中国思想界是难能可贵的。他不愧为我国历史上一个杰出的财政学家,他的货币思想,值得我们重视和研究。

[原载《安徽日报》1962年12月29日]

王茂荫的货币论

叶世昌

　　王茂荫（1798—1865），字椿年，号子怀，安徽歙县人。1831年考中举人。1832年考中进士，官户部主事。1847年升贵州司员外郎。次年丁父忧。1851年升监察御史。1853年先后任太常寺少卿、太仆寺卿、户部右侍郎兼管钱法堂事务。第二年调兵部侍郎。1858年开缺。1862年署理左副都御史，改授工部侍郎。翌年调吏部侍郎，因丁母忧去官。著作有《王侍郎奏议》，汇集了自1851年任监察御史后历年所写的奏折。

　　王茂荫担任重要官职是在太平天国革命期间，因此他的奏折中有许多筹划镇压太平天国和其他农民起义的内容。他既鼓吹用严刑对待起义的农民，又主张封建帝王注意"修省"①，减轻一些民间的疾苦。他指出："民心一去，天下将谁与守？"②建议咸丰皇帝"严降谕旨饬带兵诸将，务必使兵与民秋毫无犯"③，同太平天国争夺民心。

　　在第二次鸦片战争期间，王茂荫在提出加强守备的同时，还向咸丰皇帝推荐魏源的《海国图志》，建议"重为刊行，使亲王、大臣家置一编，并令宗室、八旗以是教，以是学"④，从而使他们懂得御夷之法并奋发斗志。不久他即告病开缺，所以反侵略斗争方面的内容，在他的奏折中不占重要地位。

---

①《王侍郎奏议·省稿三·时事危迫请修省折》等。
②《王侍郎奏议·台稿中·条陈军务事宜折》。
③《王侍郎奏议·台稿中·条陈军务事宜折》。
④《王侍郎奏议·省稿四·请刊发〈海国图志〉并论求人折》。

王茂荫重视人才问题。他反对以字体工拙取士，指出由于取士专重小楷，以致"合天下之聪明材力尽日而握管濡毫"根本不能"济实用"①。他主张改革科举考试的内容，"勿论字体工拙，笔画偶疏，专取学识过人之卷"②。另外，还主张通过保举的途径来选拔真才。

1853年，为了筹措镇压太平天国的经费，江苏布政使雷以诚奏准在长江南北各设一局对来往的商品征通过税，税率百分之一，称为"厘捐"（或名"厘金"）。但到1854年，"扬州以下沿江各府、州、县，三四百里之内有十余局拦江设立，以敛行商过客。王茂荫揭露了"局愈多而民愈困"的情况。他指出：从泰州等处运米到苏州，每石成本二千零十余文，但被抽厘捐多达千文，"商力因此而疲，民食由此而匮。他如杂货有税，银钱有税，空船有税。至于烟土、私盐，久干例禁，今则公然贩运，止须照数捐厘，便可包送出境，伤国体而厉商民，莫甚于此！"甚至有局与局之间"互图并吞，大肆争杀居民，商贾无不受害之事"③。他主张将多设的局裁撤、禁止，只在江南北各设一局。这主张自然不可能实现，后来各省相继仿行，厘捐成为全国性的制度，是清末直到北洋军阀政府时期束缚民族工商业发展的一项重要弊政。

王茂荫的经济思想主要表现在货币问题上。1851年10月，他鉴于清政府的财政困难，写了一个《条议钞法折》，提出发行丝织钞币（性质同于纸币）的主张。钞币发行额以一千万库平银两为限，可以兑现。发行办法想得很妙，政府先将钞币发给各地银号（无银号的州县发给官盐店或典铺），银号按所领钞币的票面价值于次月缴银给政府，重量按市平（比库平稍轻）计算，算是"准与微利"。银号领钞后在钞上加字号、图记即可使用，但以后要对这些钞币负兑现责任。这种发行办法对政府极为有利，在历史上还找不到先例，它对政府来说，不仅是不兑现纸币，而且还是一种取款凭证，凭它向银号兑取一笔不需要归还的现银。由于当时清王朝还不想靠发行纸币来解决财政困难，所以王茂荫和其他官员

①《王侍郎奏议·台稿上·振兴人才以济实用折》。
②《王侍郎奏议·台稿上·振兴人才以济实用折》。
③ 本段引文均见《王侍郎奏议·省稿三·江南北捐局积弊折》。

的行钞建议都被户部议驳。

1853年初，行钞终于被提上了议事日程。咸丰皇帝命令"左都御史花沙纳、陕西道御史王茂荫，会同户部堂官速议章程，奏明办理"[1]。会议结果，决定发行以银两为单位的户部官票。户部官票是不兑现纸币，但规定各衙门在领到官票时，可向银号兑现。这虽有点像王茂荫的主张，但总的说来，王茂荫的主张并未被采纳。四月，户部又奏准铸造当十、当五十两种大钱。十二月，王茂荫任户部右侍郎兼管钱法堂事务。接着，咸丰皇帝进一步命令户部铸造当百、当五百和当千三种大钱。王茂荫上《论行大钱折》表示反对，咸丰皇帝置之不理。1854年1月又发行以铜钱为单位的不兑现纸币大清宝钞。

大钱的发行立即引起了私铸盛行。大钱和纸币流通的共同结果是物价上涨，市场混乱。于是，王茂荫于四月上《再议钞法折》，提出补救办法，主张宝钞和官票可以向政府兑现，并声明"现行官票宝钞"不是他的"原拟之法"。咸丰皇帝看后大发雷霆。先是在朱批中斥责他"专为商人指使"，"细审伊心，实欲钞之不行"[2]。三天后又发上谕，说他"只知以专利商贾之词，率行渎奏，竟置国事于不问，殊属不知大体"，"着传旨严行申斥"[3]。马克思在《资本论》第一卷的一个注中说："清朝户部右侍郎王茂荫向天子上了一个奏折，主张暗将官票宝钞改为可兑现的钞票。在1854年4月的大臣审议报告中，他受到严厉申斥。"[4]这里所指的就是这件事。

王茂荫虽提出发行钞币的建议，但他是金属主义者。他认为纸币只能不得已而行之，决不能在整个流通领域中取代金属货币。如果非发行纸币不可，其发行量应比国家的岁入小得多。财政支出大部分用金属货币，小部分用纸币，这叫作"以数实辅一虚"[5]。不仅如此，纸币还必须

---

①《左都御史花沙纳会户部折——奏呈发行官票章程》。《中国近代货币史资料》第1辑（上册），中华书局1964年版，第349页。

②《中国近代货币史资料》第1辑（上册），中华书局1964年版，第393页。

③《清文宗实录》卷一二三，咸丰四年三月丁未。

④《马克思恩格斯全集》第23卷，第146—147页，注83。

⑤《王侍郎奏议·台稿上·条议钞法折》。

能兑现，这叫作"以实运虚"①。"以实运虚"和包世巨的"虚实相权"概念是有区别的。后者只是指明纸币和金属货币之间可以兑换的关系，并未说明流通以何者为主；而前者则把流通的重点放在金属货币上，纸币只处于陪衬的地位。"以实运虚"新概念的提出，表明王茂荫对纸币流通所加的限制要更严一些。

王茂荫反对不兑现纸币流通。他承认元代的不兑现纸币流通曾取得某些成功，原因在于能够"以虚运"，就是说既注意发，也注意收。明代"专以虚责民，而以实归上"，结果就导致失败。他认为"以实运虚"是最稳当的办法，而且对发行者仍然有利。纸币可以兑现，"有钱可取，人即不争取"；"有钱许取，人亦安心候取"。维持兑现，"每年虽似多费数十万之钱，而实可多行百余万之钞"，明确地指出真正来兑现的只占纸币发行量的一部分②。包世臣用捐班得缺做例子，说明兑现纸币不一定都兑现，没有分析原因。王茂荫则对原因有所分析，但从人们的心理上找原因，还是比较肤浅的。

兑现纸币和不兑现纸币有不同的流通规律。王茂荫并没有将两者区别开来。如他说"造钞太多，则壅滞而物力必贵"，"出愈多，值愈贱"③，完全用发行数量来解释纸币购买力的高低。他没有考虑到，如果纸币真的能够兑现，发行数量就不会成问题，过多的发行会通过兑现的渠道流回到发行者手中。只有不兑现纸币才"出愈多，值愈贱"。他之所以强调发行数量，也有客观原因。首先，这是中国历史上纸币流通历史经验的总结。其次，王茂荫在《条议钞法折》中所拟的行钞办法，虽然名义上是"以实运虚"，实际上却将兑现的责任推给银号，对发行者来说仍然是一种不兑现纸币。这就使王茂荫自觉或不自觉地按不兑现纸币的流通规律分析问题。

王茂荫对大钱完全持否定态度。他主张铜钱必须是足值铸币，认为钞法可能成功，而大钱必归失败，"钞法以实运虚，虽虚可实；大钱以虚

---

①《王侍郎奏议·省稿一·论行大钱折》。

②本段引文均见《王侍郎奏议·省稿一·再议钞法折》。

③《王侍郎奏议·台稿上·条议钞法折》。

作实，似实而虚"①。这里的钞仍指兑现纸币，只有兑现纸币才"虽虚可实"。大钱虽有一定的含铜量，但比起它的名义价值来，含铜量却远远不足，所以"似实而虚"。做比较的基础，仍然以能否兑到十足价值的金属货币为转移。王茂荫还批驳了"国家定制，当百则百，当千则千，谁敢有违"的论点，指出："然官能定钱之值，而不能限物之值。钱当千，民不敢以为百；物值百，民不难以为千。"②他根本否定国家政权力量能使价值符号的名义价值变成实际价值，这是对封建统治者的通货膨胀政策的有力驳斥。至于在一定条件下，国家权力确能保证价值符号按它的名义价值正常流通，则是王茂荫所没有认识的。

要使纸币流通取得成功，就必须设法使商人乐于使用纸币，这是王茂荫反映在《再议钞法折》中的基本思想之一。他说：纸币流通必须"有商人运于其间"，必须给"商人以可运之方，能运之利"，又说，银票"欲求行远，必赖通商，欲求通商，必使有银可取。"因此他被扣上"专利商贾"的帽子。其实，这是莫须有的罪名。

王茂荫被申斥后，调任兵部侍郎。1855年4月他向咸丰皇帝提出暂缓临幸圆明园的建议，又进一步触怒了皇帝。所以到1858年8月，终于以生病为由去职。

[原载叶世昌著《中国经济思想简史 下》，上海人民出版社1980年7月第1版]

---

① 《王侍郎奏议·省稿一·论行大钱折》。
② 《王侍郎奏议·省稿一·论行大钱折》。

王茂荫论兑换纸币

胡寄窗

王茂荫（1798—1865），安徽歙县人。曾因坚持官票与宝钞应酌量兑现而受到当时封建统治者的申斥，马克思在《资本论》中提到的便是此人[1]。首先，他根据历代行钞的经验总结出实行钞法所易于发生的弊端有十种，我们把它归结为如下五点：第一，纸币必须是可兑换的；第二，不用来作为搜刮人民财富的工具；第三，必须有一个发行最高限额，这个限额不能经常变动；第四，其纸与印工必须精致而耐久；第五，钞币不能由官府直接发行，因为人民不愿同官府接触，须靠商家协助[2]。

对前代发钞经验这样总结可以说是相当正确的，这也表明他对发钞的理解水平远在与他同时代诸人之上。他在1851年第一次给咸丰帝上奏的《条议钞法折》中所拟定的发钞具体方案如下：

（一）发行可以兑换足色库平银的钞币，分为十两与五十两两种，十两以下使用铜钱。

（二）发行最高额为一千万两。第一年只发行十万两，以后逐渐增加，但不得随时变更办法。

（三）通过殷实私人银号发行，给予一定利益，即准许其以市平银作库平银交付钞价。人民以钞币兑换现银亦由各地银号代办。

（四）财政支付全部用钞或钞银搭配使用。

---

① 参阅马克思《资本论》第一卷第122页注83，人民出版社1953年版。

② 参阅王茂荫《王侍郎奏议·条议钞法折》。

（五）旧钞倒换由封建财政机构内部自行办理，免去人民倒换旧钞的困难。

（六）钞用上等熟丝织成。领钞银号须在钞背加盖字号图记以为兑换依据。以后每一次转手须由公私持用人在钞背注明，以防伪钞冒行。如发现伪钞不罪用钞之人，但根据背书追溯伪钞来源。钞背注写将满时即由收到钞票官府送制造局倒换新钞。旧钞即行截角注销[1]。

这些关于兑换纸币的规定，在19世纪中期西欧银行家的眼中不过是一种常识而已，但它是未渗进任何外来影响的典型的中国制造品。从中国经济思想史角度考察，除北宋四川交子等客观上自发形成的事物外，如果元代叶李的钞币条画（1287）是中国历史上不兑换纸币的最早模式，那么王茂荫的设计则是中国兑换纸币的模式。至于清末颁布的兑换纸币"暂行章程"（1909）[2]那是西方资本主义国家银行券办法的移植，不能混为一谈。

在王茂荫第一次提出的发钞方案中并未提到现金准备问题。他在后来的计划中将现金准备问题着重提出来了。他说，只有在"铜钱票兑换到铜钱"和"银票能兑换到白银"时，人民才乐于接受钞币。但他仍十分重视私商在发行钞币上所起的重要作用。他所谓私商指一般商店，尤其是银钱号。更重要的是他并不相信封建政治权力在货币流通领域的作用，而相信货币市场的客观活动能决定一种纸币发行的成败，这种信念在当时条件下的中国是形成匪易的。

[原载胡寄窗著《中国经济思想史简编》，中国社会科学出版社1981年版]

---

① 参阅王茂荫《王侍郎奏议·条议钞法折》。
②《续清朝文献通考·钱币考六》。

近代经济改革家王茂荫

鲍义来

一、《资本论》和王茂荫

据统计，马克思的经典著作《资本论》一至三卷，共提到680多个人物，其中只有一个中国人，他就是歙县人王茂荫。《资本论》中写道："清朝户部右侍郎王茂荫向天子上了一个奏折，主张暗将官票宝钞改为可兑现的钞票。在1854年4月的大臣审议报告中，他受到严厉申斥。他是否因此受到笞刑，不得而知。"人们一定要问，王茂荫是个什么样的人？我们还是先来介绍一下马克思是怎样知道王茂荫的吧。

一百多年以前，清政府发生经济危机，王茂荫提出了币制改革的主张，但由于和同僚及皇帝的意见不合，最后受到了朝廷的申斥。这本是清政府的内政，但却被特别注意搜集中国情报的沙俄所重视，并收进了《帝俄驻北京公使馆关于中国、中国人民、宗教和社会关系的著述》一书，该书又很快经德国人卡·阿伯尔和弗·阿·梅克伦堡译成德文在柏林出版。这时马克思正在撰写《资本论》，他从这本书中了解到王茂荫的币制改革主张，就写了以上文字，表示了对王茂荫币制改革主张的赞许和对他遭遇的同情。随着岁月的流逝，王茂荫和他的币制改革留给人们的印象渐渐淡漠了，乃至当《资本论》初由外文译成中文时，不少人把他的名字错译成"王猛殷""王孟尹""万卯寅"等。1930年郭沫若流亡在日本，为了弄清《资本论》提到的这个中国人，他第一个考证了王茂荫的历史，并向国内经济学界、史学界发起了重视研究王茂荫的倡议。从此，王茂荫才逐渐为大家所知晓。

二、籍贯和家族

歙县南乡的杞梓里，群山环抱，绿水回绕，风景优美。这里离县城近百里，东邻浙江，是徽杭陆路交通要冲，出外经商的很多，经济繁荣，商业发达。1798年即清嘉庆三年三月，王茂荫出生在这个村镇里。王茂荫的曾祖王洪烈，年轻时就有壮志，他勇力过人，一次黑夜牵马过桥，马失前蹄坠落桥下，王洪烈即拉住马尾将马提了上桥。乾隆年间考中举人，本想继续试于兵部，因父病需要服侍，才绝意进取。王茂荫的祖父王以和，读了许多书，敦行乐善，不愿为官。王茂荫的父亲王敬庵也是个热心于造桥修路、恤孤怜贫、兴水利、施医药的人。王敬庵生有四子，王茂荫居长，其余三弟都是后母所生。

三、求学

小时候的王茂荫读书非常用功。有时候，王茂荫比他的同学迟到学堂，常流泪自责，因此深得先生的器重。十几岁以后，王茂荫在本县双溪吴柳山先生处求学。吴先生系江南解首，是当时很有名望的学者，门下集有许多有识之士。王茂荫向老师虚心求学，与同学相互切磋，夜晚挑灯攻读，凌晨披衣默诵，严寒酷暑，从不间断，学业进展很快。当时在歙县主讲紫阳书院的太仓钱伯瑜先生，见他很有文才，也深为钦佩，并引为挚友。

1831即道光十一年，王茂荫以监生应试考中举人，第二年又联捷考中进士，这年王茂荫还只三十四岁。王茂荫在科第上这样的早达和顺利，为时人所羡慕。

四、王茂荫和他的祖母

年幼时的王茂荫体质很差，深得祖母的疼爱。一断乳，祖母就和他同睡一起。四岁那年，王茂荫母亲病故，因此，祖母愈加疼爱他，以至形影不离。后来，王茂荫在外求学，祖母很思念他，过一段时间都要把他召回一见。王茂荫当了官，祖母固然为之高兴，但还是谆谆告诫道："吾家虽寒，素粗足自给，愿汝善守身，不愿汝积多金也。"祖母的教诲，对王茂荫往后的为人、生活都有很大影响，所以王茂荫说："我一生清节由此来矣。"

五、为官

在仕途上，王茂荫却是晚达的，成进士后，即官户部主事，这是一个闲官，因此有较多时间回家省亲。成进士后的二十年里，王茂荫曾四次请假回家，比较长时间的在家乡生活，这为王茂荫熟悉社会、了解民情提供了条件，也使他对徽商的发展和要求有更多的体会。王茂荫曾用十年的时间，深入考察了古今各种币制的利弊。这些都对他以后的政治主张和经济思想的形成产生了一定的影响。

从1851年即咸丰元年开始，王茂荫才踏上仕宦坦途，此时王茂荫已是五十三岁的人了。这年六月，王茂荫到户部；七月补授江西司员外郎；八月补授江西道监察御史。九月初二日和二十日王茂荫给咸丰皇帝先后奏陈了理财、用人二折，初显了政治锋芒。皇上审批了这两个条折后，虽无实施结果，但王茂荫却因此引起了政府的注意。1852年7月又任王茂荫兼署福建道监察御史，八月兼署山西道监察御史。

1853年正月，王茂荫针对清政府的银荒铜紧情况，又一次提出币制改革建议。清政府因急于摆脱经济危机，故对王茂荫的建议怦然心动，还特派左都御史花沙纳和王茂荫会同户部很快搞出了一个钞法章程。咸丰皇帝并就币制改革诸问题召见了王茂荫，王茂荫一一做了回答，咸丰颇为满意。三月，朝廷又任王茂荫为湖广道监察御史；四月补授太常寺少卿；六月初一日又擢升太仆寺卿。初二日咸丰再次召见王茂荫，问了他的年纪、家口、京寓地方以及家乡情况，对他颇为嘉奖。因为王茂荫出身于户部，在这三年中又不断地对当时财政情况提出意见，因此这年十一月任王茂荫为户部右侍郎兼管钱法堂事务。

六、币制改革

我们知道，那时全国通用的货币是银子和制钱，由于鸦片的输入和对外战争失利的赔款，白银大量外流；又由于太平天国起义后，云南和北京的交通被阻断，而云南是铜的出产地，铜运不出，铸钱的原料成了问题。王茂荫主张行钞法，发行一定数量的宝钞（纸币），交银号流通；各地方都设收钞处，持钞人可随时兑换银钱。这样，流通就不成问题。但后来的"行钞章程"全是依照花沙纳和户部堂官的主张拟定的，与王茂荫的原意大不相同。王因官职比花沙纳等小得多，无法与之抗争。当清廷任命他为户部右侍郎兼管钱法堂事务时，他自陈才力不及，恳求辞职。咸丰皇帝召见了王茂荫，对他说："汝在户部多年，各事熟悉"，"惟当勉图报，以副委任，毋得畏难辞让"，没有准许。

王茂荫任职后，为新币制的推行进行了极为艰难的斗争。当时清廷发行官票（也称银票或银钞），只是拿这种纸币当作银子给人，却不能兑现，企图以此摆脱经济危机。因此，官票大量投放市场，越发越滥，造成纸币贬值，不能流通。针对这种情况，王茂荫提出补救措施，向清廷建议：除了不再增发官票外，还要允许官票可以兑现，以挽回它的信用。特别提出官票交银号流通时，应给商人相当的利益。这就和清政府发生了严重的矛盾。因此咸丰对王茂荫严加申斥，说他是受商人指使，有损清廷利益，解除了他在户部的任职，调他任兵部侍郎。

不久，王茂荫即以病去职，一直到同治皇帝登位，因念王茂荫志虑忠纯，直言敢谏，又重用王茂荫，先任他为都察院左副都御史，随后又补授工部右侍郎兼管钱法堂事务，第二年又调任吏部右侍郎。因继母死，王茂荫回家守孝，于1865年死于家中，终年六十八岁。

七、行谊品性

王茂荫的行谊品性，据史书记载和民间传说，都认为他一生清廉，直言敢谏。

王茂荫有一位舅兄，因为有些家底，一次来走他的门路，想用钱捐官，买个知县，好来刮老百姓的钱。王茂荫不满地问他："如果不识字的人都可以捐个举人，那以后他的名字由谁去签？如果做官的都是为了刮钱，老百姓又何必要这样的官？"问得舅兄目瞪口呆，狼狈不堪。后来，王茂荫还专门为此给朝廷上了《驳部议捐纳军功举人生员片》，力斥捐功买官"无益于目前，而徒贻讥于后世"，"见者或多窃笑，谈者罔不鄙夷"。

币制改革的失败，是对王茂荫仕途上施展抱负的一大打击，但王茂荫并没有因此消沉，而仍是就社会的各种弊端大胆抨击，诸如朝政之得失，人才之贤否，军事之利害，都知无不言，言无不详。就是对皇帝的过失，王茂荫也都敢直言面谏。一次咸丰皇帝从热河回京，想迁居圆明园，这是劳民伤财的事情，王茂荫当即上疏，指出国计艰虞，民生涂炭，皇上不能这样做。因王茂荫违忤了皇帝的旨意，皇帝愈加对王茂荫有了成见，但王茂荫并没有为此而改变自己的态度。

王茂荫在京城为官三十年，住的都是徽州会馆①，粗衣淡饭，节俭自奉，也没有携带妻子进京侍奉过自己。晚年，他的家由杞梓里迁居濒临新安江的义成（今属雄村镇），只是买了朱家一幢旧房。王茂荫常说："我以书籍传子孙，胜过良田百万；我以德名留后人，胜过黄金万镒。自己不要什么，两袖清风足矣。"王茂荫留下著作《王侍郎奏议》十一卷，他生前告诫过儿子："我之奏疏，词虽不文，然颇费苦心，于时事利弊实有切中要害处。存以垂示子孙，使知我居谏垣，蒙圣恩超擢，非自阿谀求荣中来。他日有人谏垣者，亦不必以利害之见存于心。"如今歙县博物

---

① 编者按：应为北京宣武门外之歙县会馆。

馆珍藏有王茂荫的一枚印章，印文便是"直言敢谏之家"，显然这是王茂荫为子孙治刻的警策之言，以此勉励后人①。凡此种种，都可见王茂荫的清廉公正之一斑。我们可以想见，一百多年前的一个封建官吏，能够如此，也就不易了。

当然，在王茂荫的一生中也有应该否定的一面。由于阶级的局限性，他的言行，很多都是从维护封建统治阶级利益出发的。但以历史唯物主义观点来分析，王茂荫仍不失为那个时代封建官吏中的有识之士，是我国近代的经济改革家。尤其是他的货币观点，在中国近代史上是有一定地位的。

[原载《歙县文艺》1981年11月20日]

---

① 编者按：这方印章并非王茂荫生前为子孙治刻，而是王茂荫谢世后其后人请治印名手治刻的。事情是这样：王茂荫与同时代的著名言官袁甲三、军机大臣柏葰等人一样，不仅资望深，而且性耿直，遇事敢言，犯颜直谏，力持正论，有古大臣之风，朝野曾为之敬仰。王茂荫在同治朝复出之初，有道上谕肯定他，"志虑忠纯，直言敢谏"。同治四年(1865)六月，他在弥留之际一再告诫后人，这八个字是"皇上天语"，不可遗忘，要遇事敢言。他去世后，长子王铭诏遵父遗训，选了一方青田冻石，请名家刻了题为"直言敢谏之家"的印章，印章外满雕云龙纹。该印章原置于王茂荫义成故居王茂荫灵堂之右，以垂示子孙。后传至曾孙辈王桂銎(采南)之手，他将印章转让歙县雄村人曹益丞。"文革"期间，曹氏将印章上交雄村公社。1979年，印章转由歙县博物馆收藏。

马克思提到的一位清代理财官

余心言

安徽省歙县博物馆藏有一枚清代王茂荫留下[①]的图章。图章用青黑色青田冻石雕成，满雕云龙纹，纹细有致。上刻"直言敢谏之家"六个白文篆字。

据博物馆的同志介绍，这枚图章是由王茂荫之孙王采南[②]在抗日战争时期卖给同县的曹益丞，十年"动乱"中，曹益丞将此章交给雄村公社，1979年，由雄村公社转给歙县博物馆。

王茂荫，字椿年，一字子怀，是清代咸丰、同治年间侍郎。他是安徽歙县雄村人[③]。生于清嘉庆三年（1798），死于同治四年（1865）。道光十二年（1832）中进士，授户部主事，升员外郎。咸丰元年（1851），迁御史。咸丰三年（1853）任户部侍郎（相当于财政部副部长）兼管钱法堂。后调任兵部侍郎。咸丰八年（1858），以病免。咸丰十一年（1861），清穆宗即位，曾命议政王奕䜣察看王茂荫。命俟病痊听候简用。现存王茂荫的唯一著作《王侍郎奏议》中，有一道《谢恩折》抄引了当时的《上谕》：

---

①编者按：不是王茂荫留下，而是王茂荫长子王铭诏遵父遗命，请治印名家治刻的。

②编者按：王采南为王茂荫曾孙。王茂荫一族从高祖王文选开始，谱名按"文、德、槐、应、茂，铭、经、桂、自、芳，仁、义、礼、智、诚，恭、宽、信、敏、惠"二十字排辈，王采南谱名王桂銮，为王经守之子，王铭镇之孙，王茂荫曾孙。

③编者按：王茂荫世居歙县旱南杞梓里，咸同间故居毁于兵燹，晚年在歙县水南义成村买下朱姓旧房挈家迁居，住了很短时间便弃世了。义成村昔时属雄村乡、雄村公社，今属雄村镇，但说王茂荫是雄村人，似不妥。

前任兵部侍郎王茂荫，志虑忠纯，直言敢谏。特谕议政王、军机大臣传至军机处察看。据该侍郎自称，精神尚未复原，急切恐难任事，系属实情。若遽令销假，转非所以示体恤。王茂荫著安心调理，一俟病痊，即递折请安，听候简用。钦此。

把"直言敢谏"四个字和王茂荫联系起来的出处，也就在此。王茂荫的孙子王采南曾对别人说，这四个字是同治批在王茂荫奏折上的。他也许别有所本。臧励龢等人1921年编的《中国人名大辞典》，也称王茂荫"直言敢谏"。总之，这四个字已经成为当时和后人对王茂荫的一种评价，这是没有错的。

我们对王茂荫感兴趣，主要是因为马克思在《资本论》第一卷第一篇第三章《货币与商品流通》中有一个注曾经提到他。这是马克思在《资本论》中唯一提到中国人的见解的地方：

清朝户部右侍郎王茂荫向天子上了一个奏折，主张暗将官票宝钞改为可兑换的钞票。在1854年4月的大臣审议报告中，他受到严厉申斥。他是否因此受到笞刑，不得而知。审议报告最后说："臣等详阅所奏……所论专利商而便于国"。（见《马克思恩格斯全集》第23卷第146—147页）

马克思所根据的材料是《帝俄驻北京公使馆关于中国的著述》，这个材料后来被译成德文，于1858年在柏林出版。从这件事也可看出当时欧洲资本主义强国重视对中国调查研究的情况。

马克思所提到的中国历史上关于货币政策的这一场争论，开始于1853年11月。这一年十一月初三（旧历）①王茂荫被任命为户部右侍郎兼管钱法堂事务。他曾经推辞，未被允准。到十一月下旬，就因铸大钱问题和清廷核心人物、内务大臣肃顺发生了矛盾。自从帝国主义将鸦片大量输入中国以来，中国的白银日益外流，清朝政府的财政就已经发生

---

① 编者按：应为十一月初二日。

马克思提到的一位清代理财官

141

了困难。1851年，太平天国革命，席卷东南各省，清政府的收入锐减，而战费支出激增，中央政府的财政出现了危机。户部拿不出别的办法来，于1853年3月提出铸大钱的建议。这本来是中国封建政府搜刮民脂民膏来对付财政危机的老办法。然而历来没有行通过。王茂荫到户部后，对这种做法持不同意见。他曾经考察历代大钱兴废的历史，做了一个节录：

汉元鼎二年，铸官赤仄一当五，赋官非赤仄不用。其后二岁，赤仄钱贱，遂废。王莽钱，自当一以至当五十为六等，百姓溃乱。莽知民愁，改行当一与当十，二品（并行）尽六年，毋得复挟大钱。吴孙权嘉禾五年，铸大钱一当五百，又铸当千钱。钱既太贵，但有空名，人间患之。权闻百姓不以为便，省息之，铸为器物，官勿复出也。宋文帝元嘉七年，以一大钱当两，行之经时，公私非便，乃罢。陈文帝天嘉五年，铸五铢钱，以一当鹅眼十。宣帝大建十一年，又铸六铢，以一当五铢之十。后还当一。后周建德三年，铸大布钱，以一当十。五年，以布钱渐贱，人不用，遂废之。唐肃宗乾元元年，第五琦铸乾元重宝钱，一当十。又铸重轮乾元钱，一当五十。京师人人私铸，物价腾踊，斗米至七千钱。代宗即位，重宝钱以一当二，重轮钱以一当三，凡三日而大小钱皆以一当一。自第五琦更铸，犯法者日数百，州县不能禁止。至是人甚便之。后唐钟谟请铸大钱，一当十。谟得罪而大钱废。宋范雍、张奎皆铸当十钱，民间盗铸者众，钱文大乱，物价翔踊，公私患之，后皆改为一当二。神宗四年，皮公弼铸当十钱，后改当三，又减当二。徽宗二年，铸当十钱。四年，以盗铸多，诏改当五，旋又改当三。明洪武即位，初定钱制当五、当十，凡五等。四年，即改铸大钱为小钱。天启元年，铸当十、当百、当千三等大钱。旋诏收大钱，发局改铸。①

王茂荫对中国货币史的这一番考察，是很有意义的。他的结论是：

① 编者按：在这之后，王茂荫还有话："历考前代大钱，惟汉昭烈入蜀，铸值百钱，史称旬月府库充实，未详所止，意亦愚民一时之计。余则始末具见，盖未有行三年而不改变废罢者，未有不称盗铸云起，物价腾贵，公私非便者。史册所载，彰彰如此，谨略。"

铸大钱之法，"未有行三年而不改变废罢者；未有不称盗铸云起、物价腾贵、公私非便者。"

违背经济规律，老百姓固然要吃苦头，政府也不可能真正得到好处，所以，王茂荫对铸大钱是不赞成的。但是，他到户部时，此事已成定局，他也只能先顾眼前，"庶冀数年之利"。然而，肃顺等人却不以铸了当十、当五十的大钱为满足，他们更进一步要求铸当百、当千的大钱。并且这个要求，已被皇帝认可，朱批说"所奏是。户部速议具奏"。在这种情况下，王茂荫独持异议，是要有相当勇气的。

当时主张铸大钱者的一条最重要的论据是：钱值多少，由国家规定，谁敢违反。王茂荫驳道："官能定钱值而不能定物值，钱当千，民不敢以为百，物值百，民不难以为千。"物价涨上去，钱也就贬了值。无论你规定"当百""当千"，都没有用。王茂荫的这个见解是符合科学根据的。当时，中国资本主义的商品经济并不发达，马克思对欧洲的资本主义经济也正在做科学的研究之中。王茂荫能够认识到货币与商品之间这种不以人的意志为转移的经济规律，这是难能可贵的。但是，王茂荫的意见，当时并没有被接受。

第二年（1854）正月，在上报大钱式样的时候，王茂荫再次上疏力争，明确提出，大钱之行，病国病民，"似可已也"。他的意见，仍旧没有被接受。

这一年四月，在议订发行官钞章程时，王茂荫又与他的顶头上司户部尚书花沙纳发生了争论。王茂荫是主张发行钞币的，他认为这是解决当时财政危机的一种办法。但是，他认为，这种钞币，必须是可兑换的、有限额的。这样，才能为群众接受，真正起到作用。而自1853年腊月开始发行钱钞，到1854年4月已经发了一百数十万。但是，兵丁领了钞，换不到钱；商人领了钞，买不到货。眼看人民经济生活阻滞，钞法也难以维持。王茂荫屡次提出补救的建议，又得不到当时的总理大学士祁寯藻、内大臣文庆的支持，只能再次向皇帝上奏。对于他的意见不能被接受，王茂荫是有思想准备的。所以，他在奏书中同时提出："请旨将臣交部严加议处，以谢天下。"

马克思提到的一位清代理财官

果然，这封奏书一上，就受到皇帝的斥责，说他"为商人指使，不关心于国事"，命恭亲王奕䜣、定郡王载铨复议。议论的结果，认为王茂荫所论"窒碍难行"。于是，又受到"严旨切责"。不久，王茂荫被改调到兵部，不让他管财政了。

王茂荫的意见虽然没有被接受，可是，据《清史稿》称，"其言皆验"，"其后大钱终废，如茂荫言"。这可能也是后来他终于再次被起用，并且受到皇帝称赞的原因。

关于这一场争论的资料，保存在王茂荫的学生易佩绅刻印的《王侍郎奏议》中。

王茂荫的儿子，为人所知的有两个：长子王铭诏，次子王铭慎。但是不知道王采南是谁的儿子①。值得一提的还有，王茂荫在北京做了几十年官，却"未尝挈妻子侍奉"。过去，京官不带家眷的似乎还不少。这也是一个值得后人研究的问题。

[原载《文物天地》1982年第3期]

---

① 编者按：王茂荫生有三子，长子铭诏，次子铭慎，三子铭镇。铭镇去世很早，享年仅三十三岁，王铭镇生子名经守。王茂荫有四个孙男，长孙王经守，由王铭镇出；第二个孙男为王经宇，为王铭诏出；第三、第四个孙男分别为王经宬、王经寀，均王铭慎出。王采南是王经守之子，"直言敢谏之家"印章最后传到王采南之手。王采南死于1945年，他将印章卖予曹益丞当在去世之先。

王茂荫的货币思想

何炼成

清咸丰年间以建议发行纸币而闻名的户部右侍郎王茂荫（1798—1865）对货币和价格的观点，值得我们重视。他于1851年10月曾上《条议钞法折》，提出发行丝织钞票（相当于纸币）的主张，未被采纳。1853年4月他又上《再议钞法折》，主张将官票宝钞改为可兑现的钞票，受到咸丰帝的严厉申斥，马克思在《资本论》中曾提到此事。

王茂荫的货币观倾向金属主义。因此，他虽然主张发行纸币，但认为"纸虚银实"，发钞是不得已的权宜之计，纸币在流通领域只能是次要的，重点仍是金属货币，因此，他提出"用钞以辅银，而非舍银而从钞"，并特别强调要发挥金属货币对纸币的支持作用，认为这是保证纸币流通不可缺少的条件，并把这个条件称之为"以实运虚"，提出了"以数实辅一虚"的具体措施。王茂荫的以上观点和办法，虽然不尽合乎科学，但在当时的历史条件下却是难能可贵的，其基本思想是代表进步方向的，某些具体办法也是切实可行的。

关于纸币的购买力如何决定的问题，王茂荫完全是用纸币数量的多少来解释的。例如他说："造钞太多，则壅滞而物力必贵"，"出愈多，值愈贱"。这种解释，对不兑现纸币来说，有一定的道理，但他谈的是兑现纸币，就不一定是这样了。可见，他是把兑现纸币的流通规律和不兑现纸币的流通规律完全混为一谈了。

王茂荫虽然主张发行兑现纸币，却坚决反对铸大钱。在他看来，"钞法以实运虚，虽虚可实；大钱以虚作实，似实而虚。"意思是说，纸币虽然没有价值，但如果可以兑换金属货币，它也就代表了实际的价值；而大钱本身虽有一定价值，但如果不足值，就会出现一个虚假的价值。可见，他已初步意识到货币作为衡量商品价值的一种手段，本身就应当具有价值，而且应当是相等的价值，虽然他还不了解价值这一范畴。

特别应当指出的是，王茂荫坚决批判了那种认为国家权力可以任意决定货币价值的观点。他写道："论者又谓，国家定制，当百则百，当千则千，谁敢有违？是诚然矣。然官能定钱之值，而不能限物之值。钱当千，民不敢以为百，物值百，民不难以为千。"在这里，他正确指出了国家权力虽然能规定铸币的名义价值，但却不能决定它的实际价值，不能把名义价值变成实际价值；从而批驳了货币名目论的错误，也揭露了封建统治者利用发行不足值的铸币来掠夺人民的实质。

[摘录于《西北大学学报》1982年第4期刊载的《我国近代前期思想家的价格理论评介》一文]

《资本论》中的王茂荫及其货币理论

王同勋

一百多年前，马克思在他的不朽巨著《资本论》的第一卷第一篇第三章中，讲到铸币是价值符号时，举出了强制流通的国家纸币，有代替金来执行铸币职能的内容。在此，马克思做了一个附注，写道："清朝户部右侍郎王茂荫向天子上了一个奏折，主张暗将官票宝钞改为可兑现的钞票。在1854年4月的大臣审议报告中，他受到严厉申斥。他是否因此受到笞刑，不得而知。审议报告最后说：臣等详阅所奏……所论专利商而不便于国。"①这是马克思在《资本论》中所提到的唯一的中国经济学家。在纪念马克思逝世一百周年之际，具体阐述一下马克思所关注的王茂荫及其货币理论，是很有意义的。

一、王茂荫所处的历史时代

在《资本论》第一卷问世后的一个很长时期，我国历史学界和经济学界对王茂荫的情况还不甚了了。1930年，陈启修翻译了《资本论》第一卷第一分册，他竟把王茂荫译为万卯寅。直到1936年，郭沫若才第一个将王茂荫的研究提到历史学家和经济学家的面前。当时，在《资本论》的日译本中，河上肇把王茂荫译为王猛殷，高畠素之译为王孟尹，而郭沫若查阅了有关清代史籍，认为应是王茂荫，但对王茂荫的身世特别是

---

① 《资本论》第一卷，《马克思恩格斯全集》第23卷，第146—147页注83。

他所上的奏折内容尚不清楚。他曾以《〈资本论〉中的王茂荫》为题，提出对王茂荫的情况及其货币理论进行研究①。

不久，在1937年，张明仁发表了《我所知道的〈资本论〉中的王茂荫》，介绍了《清史稿》列传中有关王茂荫事迹的记载②；王璜还亲到王茂荫的故乡，访问了王茂荫的后裔，著文详细介绍了王茂荫的身世及其后代的情况③，并披露了王茂荫所陈奏的官票宝钞章程四条④，为后来研究王茂荫的货币理论提供了可贵的素材。嗣后，王茂荫后代公开了王茂荫奏折的抄本。现传《王侍郎奏议》十卷，就是我们研究王茂荫政治、经济思想和货币理论的最重要的依据。

王茂荫（1798—1865），字椿年，号子怀，安徽歙县人。清道光十二年（1832）进士，授户部主事，升员外郎；咸丰元年（1851），迁御史。历任道光、咸丰、同治三朝，但主要任期是在咸丰年间。咸丰三年任户部右侍郎兼管钱法堂事务，掌管国家财政。他关于货币问题的主张，最先发表于咸丰元年，此后，对于钞法与制钞问题，一再奏陈，成为当时朝中"直言敢谏"之臣。咸丰四年，他坚持改革币制，遭到反对派的攻击和咸丰的不满，以"专为商人指使，且有不利于国而利于商者"⑤的罪名，受到"严行申斥"⑥。虽未受笞杖之刑，却被调离户部，后又为咸丰任为兵部和吏部右侍郎⑦。咸丰八年，因病自请"开缺调理"⑧。同治元

---

① 郭沫若在《〈资本论〉中的王茂荫》（载1936年《光明》杂志卷2，第2期）一文中说，《资本论》注中提到的"官票宝钞"，应"是一种不兑换纸币，是由政府强制使用的，这大约是近代意义的纸币在中国的开始"。又说，"王茂荫是做到卿贰之职的显宦，他的后人一定也还是在的。关于他籍贯生平著作等等，能由他的后人从家乘中抄点出来给我们，我看也是很好的近代经济史的资料。"

② 张明仁：《我所知道的〈资本论〉中的王茂荫》，载1937年《光明》杂志卷2，第4期。

③ 王璜：《王茂荫后裔访问记》，载1937年《光明》杂志卷2，第10期。

④ 王璜：《王茂荫的生平及其官票宝钞章程四条》，载1937年《光明》杂志卷2，第9期。

⑤ 咸丰四年三月初五日谕，见《东华续录》。

⑥ 咸丰四年二月初八日谕，见《东华续录》。

⑦ 编者按：王茂荫受申斥后先是改任兵部右侍郎，不久又转兵部左侍郎。他任吏部右侍郎，并不是在咸丰朝，而是在咸丰死后的同治朝，这是他一生中的最后职务。

⑧ 王茂荫：《请开缺调理折》。《王侍郎奏议》卷九。

年（1862）复授右副都御史之职①。四年（1865），病卒于安徽歙县故居②。

在王茂荫任职的道光、咸丰年间，正是我国近代历史上的一个转折时期。1840年鸦片战争后，外国资本主义的入侵，给我国人民带来了深重的灾难，加以满、汉地主阶级对人民的残酷剥削，使土地和财富愈来愈集中到皇帝、贵族、地主和大商人的手里。在日益加重的地租、赋税、徭役和高利贷的盘剥下，人民饥寒交迫，痛苦不堪。民族矛盾和阶级矛盾的日益尖锐，激起了以农民为主体的广大人民的反抗，先后爆发了三元里的抗英斗争、太平天国的革命运动和小刀会、捻军等武装起义。可以说，当时的清王朝，在政治上已经处于内外交困、危机四伏的窘境。而在经济上，随着鸦片战争的失败和外国资本主义的入侵，国内白银源源外流。由于白银外流引起银贵钱贱的局面，直接加重了劳动人民的负担，也使清政府财政拮据，国库空虚；加以人民革命斗争风起云涌，又使清朝廷的军费开支剧增。这一切，都使清王朝陷入了十分严重的财政危机之中。正如马克思所指出的那样："中国在1840年战争失败后被迫付给英国的赔款，大量的非生产性的鸦片消费、鸦片贸易所引起的金银外流，外国竞争对本国生产的破坏，国家行政机关的腐化，这一切造成了两个后果：旧税捐更重更难负担，此外又加上了新税捐。"③"清王朝的声威一遇到不列颠的枪炮就扫地以尽，天朝帝国万世长存的迷信受到了致命的打击。"④这就是王茂荫任职期间所面临的政治和财政经济形势。

---

① 编者按：王茂荫复出后，同治元年(1862)四月十一日奉旨署理都察院左副都御史，而不是"右副都御史"。同年七月十一日，奉旨补授工部右侍郎兼管钱法堂事务，同治二年二月奉旨调吏部右侍郎。

② 关于王茂荫的生平，可参见：《清史稿》列传二百九，《东华续录》《续碑传集》《碑传集补》及曾国藩为王茂荫之子王铭诏、王铭慎所写的《行状》。

③《中国革命和欧洲革命》，《马克思恩格斯选集》第2卷，人民出版社1972年版，第3页。

④《中国革命和欧洲革命》，《马克思恩格斯选集》第2卷，人民出版社1972年版，第2页。

二、道光和咸丰年间关于货币问题的争议

对当时清王朝的财政危机，王茂荫甚为忧虑。他认为要扭转这一局面，当务之急是善于理财："用人理财，二者固分本末，然当务为急。今日之需才急矣；而理财亦正不容缓。"①他主张理财之道，首先要从改革币制入手。所以，他"历考古来圜法利弊，悉心研究，积思十余年"②，终于提出了一套有关货币改革的方案。

当时，在统治阶级内部，曾展开了一场关于货币问题的争论。各种企图通过铸造大钱及通货膨胀来搜刮民财的议论纷纷提了出来。1838年，广西巡抚梁章钜首先提出铸造当十、当千大钱的主张。他在奏折中说："今日变通之计，莫以铸钱之有余以补银之不足。"他主张铸"当十大钱不必用十钱之铜，当百之钱不必用当百之铜。制造虽精而工本不致过废，铜亦日见有余。此法一行，将民间旧积之私钱并外国所来之洋钱皆当自废。"③1842年，御史雷以诚建议铸一两重的当百钱，以缓和政府"日形支绌"和"银贵钱贱"的形势④。随后，御史张育修⑤、安徽巡抚王植⑥、给事中江鸿升⑦、四川学政何绍基⑧、御史蔡绍洛⑨、户部尚书孙瑞珍⑩等都相继提出铸大钱的主张。刑部尚书周祖培甚至奏请咸丰，为了增加军费，镇压太平天国革命，克服"铜斤短少"状况，建议拆除热河避暑山

---

① 王茂荫：《条议钞法折》，《王侍郎奏议》卷一。

② 曾国藩：《行状》。编者按：正确的表述应为"王铭诏、王铭慎：《子怀府君行状》"。

③ 梁章钜：《建议铸造当十至当千大钱片》，《归田琐记》卷二。

④ 雷以诚：《建议铸一两重当百钱折》，《中国近代货币史资料》(上)，中华书局1964年版，第145—149页。

⑤ 张育修：《建议仿普尔当十钱例铸大钱折》，《中国近代货币史资料》(上)，中华书局1964年版，第150—152页；

⑥ 王植：《请铸大钱折》，《中国近代货币史资料》(上)，中华书局1964年版，第155页。

⑦ 江鸿升：《请铸工本相当之当五十、当百大钱折》，《中国近代货币史资料》(上)，中华书局1964年版，第157—158页。

⑧ 何绍基：《请铸大钱折》，《东洲草堂文集》卷一。

⑨ 蔡绍洛：《请铸大钱折》，《中国近代货币史资料》(上)，中华书局1964年版，第199—200页。

⑩ 孙瑞珍：《请铸当五十大钱折》，《大钱杂钞》。

庄和北海琼岛春阴之铜房，以及圆明园的铜牛铜马等文物，并搜刮"军民之家"的"私蓄铜器"，"以资鼓铸"大钱之用①。

与这种论调相反，咸丰二年（1852），福建总督王懿德上奏，陈述实行大钱之弊，认为大钱（银票）既"不能行于当商者"，又"不能做为谷价者"，所以主张改行钞法，应将票面"两数减少，或一两，或五钱，凡纳粮完课以及征收榷税，莫不通用此票，商民自乐其简易，必将家为宝藏。"②与此同时，左都御史花沙纳也奏请实行钞法，他认为："抑钞法之取信于民，全在权衡出入，收放相均，使人贵钞与贵银钱无异"，但可"不必袭用钞名，即称为票。使商民日用周转，安之若素，如此量为变通，似亦因势利导之法也。"③

清朝政府为了缓和财政困难，就把各搜刮民财的货币措施付诸施行。咸丰三年六月，发行了不兑换的以银两为单位的官票；八月，开始鼓铸当十、当五十的大钞，接着又铸造当百、当五百、当千的大钞；十二月，发行不兑换的以铜钞为单位的宝钞。企图通过各种货币的颁行，来解救燃眉之急。

王茂荫的货币理论，也正是在当时货币问题的争议中提出来的。他一方面力主发行能兑现的钞币（纸币），借以缓和财政危机；另一方面，又坚决反对铸大钱（银票），反对用通货膨胀的办法来搜刮民财。

三、王茂荫的钞币理论

王茂荫关于发行可兑换的钞币的观点，主要反映在他的《条议钞法折》和《再议钞法折》里。

咸丰元年（1851）九月二日，王茂荫向刚刚登基的咸丰皇帝呈奏了《条议钞法折》，建议发行兑现钞币。他说："自汉以来，不得已而为经国之计者有二：一曰铸大钱，一曰行钞币。二者之利同，而其难以经久亦

① 周祖培：《军饷增多帑金不足请拆铜房铜器铸大钱折》，《咸丰邸钞》。

② 《清史稿》卷二一四，《王懿德传》。

③ 《清史稿》卷四十一，《花沙纳传》。编者按：原注有误，《清史稿》卷四十一中并无《花沙纳传》。经查考，《清史列传》四一中有《花沙纳传》。《清史稿》与《清史列传》是同种不同的典籍。

略相似。"①但是，"为两利取重，两害取轻计，钞之利不啻十倍于大钱，而其弊则亦不过造伪不行而止。"他认为"行钞之不能无弊"，但应针对发行中可能出现的弊端，提出解决的方案。王茂荫自称，经过他"深思切究"，解决行钞弊端的办法，有以下十条：

第一，"推钞之弊"。他认为，首先应该总结历史上"推钞"的经验教训，找出可能产生的弊端，然后针对问题，提出解决的办法。

第二，"拟钞之值"。他提出钞币的票面价值"宜以银两计"，并可定为两种："以十两者为一种，五十两者为一种"。

第三，"酌钞之数"。他主张发行钞币要有一定的数量，如果随意滥发，则"似为大利，不知出愈多，值愈贱"。因此，他提出"每岁先造钞十万两"，试行一二年之后，如便于流通，再逐年增发。但钞币的总发行数，最多不超过一千万两。

第四，"精钞之制"。他建议用上等熟丝代替历来用纸制钞的做法，由户部设"制钞局"，派专人精制，使"造伪甚难，辨识甚易"。

第五，"行钞之法"。他提出发行钞币先从京师开始，而且先由殷实的银号带头实行。

第六，"筹钞之通"。他主张国家发给银号的款项，在数十万两以上者，"部库均可酌量以钞搭放"。各省的拨放款项，也应"以银与钞各半发给，领钞者均令就各州县钱粮银号兑换"。

第七，"广钞之利"。他认为，钞币与银钱是完全可以兑换的，由百姓随时向银号兑换行用；各地要设立收钞银号，"有持钞至者，或作交钱粮，或兑换银钱，均即如数兑交"。

第八，"换钞之法"。国家应有人专管钞币之出入及辨别真伪之事，"使民间无换钞需索之虑"。

第九，"严钞之防"。为了防止制钞行钞中可能产生的弊端，必须保证钞币的质量，在制造中"不得渐减工料"；对伪造者要严加惩处。

第十，"行钞之人"。他看到"自来法立弊生"，而生弊之人，不在商民，而在官吏。所以，各级官吏必须奉公守法，才能收到实效。

---

① 王茂荫：《条议钞法折》，《王侍郎奏议》卷一。本段及以下十条的引文，均见此折。

可见，王茂荫行钞方案的中心，是由政府发行钞币，通过银号流通，银号应替政府负银钞兑现之责。这样，用钞币来辅助铸币之不足，以防止通货膨胀所带来的财政困难。王茂荫行钞理论的基本出发点，是"以实运虚"，即"以数实辅一虚"[1]。

所谓"以实运虚"，就是指钞币与金属货币的关系，它是王茂荫对纸币流通规律的认识和运用。王茂荫提出发行钞币的目的，是为了解决由于白银外流、金属货币严重不足的问题。但是，他认为发行钞币，只能是"用钞以辅银，而非舍银而从钞"[2]。因为，钞币是"虚"的，只有金属货币才是"实"的。他总结了中国历史上发行纸币的经验和教训后指出，钞币的发行量要有一定的限度，绝对不能肆意滥发。钞币的发行量越多，"值愈贱……种种扰民，皆由此出"[3]。"造钞太多，则壅滞而物力必贵"[4]。所以，他主张通过限制纸币发行数量并且使它同银保持一定联系的办法，来防止纸币的贬值。

王茂荫"以实运虚"的主要内容，是"以数实辅一虚"。其具体办法是：发行以银两计算的纸币，面额分十两、五十两二种，最高发行额以一千万两为限，并且先造十万两，根据市场上的流通情况，审慎地逐年增加，在若干年内发行到最高限额。同时，钞币发行以后，只能作为金属货币的补充，后者还应以若干倍于钞币的数量在流通中发挥主币的作用。这样，既可以保证纸币在流通中不致贬值，又可用来防止通货膨胀。王茂荫的建议是相当具体的，他说："请仿国初之法，每岁先造钞十万两，计十两者五千张，五十两者一千张，试行一、二年，计可流通，则每岁倍之，又得流通，则岁又倍。极钞之数，以一千万两为限。"[5]为什么要以一千万两为最高额呢？他说："盖国家岁出岁入不过数千万两，以数实辅一虚，行之以渐，限之以制，用钞以辅银，而非舍银而从钞，

① 王茂荫：《条议钞法折》,《王侍郎奏议》卷一。
② 王茂荫：《条议钞法折》,《王侍郎奏议》卷一。
③ 王茂荫：《条议钞法折》,《王侍郎奏议》卷一。
④ 王茂荫：《条议钞法折》,《王侍郎奏议》卷一。
⑤ 王茂荫：《条议钞法折》,《王侍郎奏议》卷一。

庶几无壅滞之弊。"①

不难看出，王茂荫所说的"实"，是"国家岁出入"的"数千万两"白银；所说的"虚"，是总发行量"一千万两"的钞币。在他看来，国家每年收支的白银是实的，而发行的钞币（纸币）是虚的。所以，钞币的发行量不能超出国家握有的金属货币量，这样，在流通中就会有"数实"作基础，去"辅一虚"，使金属货币发挥它对于钞币的扶持作用，以维持钞币的信誉，保证钞币在流通中不致贬值。马克思在《资本论》中曾这样指出："国家把印有1镑、5镑等等货币名称的纸票从外部投入流通过程。只要这些纸票确实是代替同名的金额来流通，它们的运动就只反映货币流通本身的规律。纸币流通的特殊规律只能从纸币是金的代表这种关系中产生。这一规律简单说来就是：纸币的发行限于它象征地代表的金（或银）的实际流通的数量。"②在19世纪中叶的王茂荫，能对纸币的流通规律做出如上的论断，是值得称道的。而他所提出的发行兑现的钞币，而反对发行不兑现的官票宝钞的主张，无疑也是正确的。

然而，咸丰对王茂荫的建议，非但没有予以采纳，反而按照花沙纳提出的方案，发行大面额的银票。花沙纳主张发行的银票，面额高达五千文、十千文、五十千文甚至百千文。第一年发行量，即为一万万两。在花沙纳看来，只要印制银票的铜版一开动，"造十万则十万，造百万则百万"③，可以无限制地随时加印，不断扩大发行数量。清政府采取了这个方案以后，在咸丰三年五月就发行了大量以制银为单位的"银票"（亦称"户部官票"），同年腊月，又发行了以制钱为单位的"钱钞"（亦称"大清宝钞"），都是大面额的钞币。这些不能兑现的官票宝钞，是通过严刑峻法的方式强制发行的。

从形式上看，王茂荫与花沙纳都主张发行钞币，似无区别，但在实际上，却有不同。归纳起来，大致有以下三个方面：

第一，王茂荫主张发行的钞币面额，分为十两、五十两二种，发行

154

① 王茂荫：《条议钞法折》，《王侍郎奏议》卷一。

②《马克思恩格斯全集》第23卷，第147页。

③《清史列传·花沙纳传》。

数量采取审慎地逐年增加的办法。花沙纳则主张发行大面额钞币，最初发行的是二百五十文、五百文、一千文、一千五百文和两千文五种，后又增发了五千文、十千文、五十千文和百千文等多种大钞，而且第一年就发行了一万万两。

第二，王茂荫主张用"以实辅虚"的办法，坚持发钞应有"定数"，其最高发行额必须严格控制在一千万两之内。花沙纳则不考虑虚实关系，主张无限制地扩大发行量。

第三，王茂荫力主发行兑现的钞币，由银号出货，负兑现的责任。花沙纳则主张发行不兑现的官票宝钞，由国家强制发行。

很明显，花沙纳的方案，是一种助长通货膨胀的方案。所以，当大面额的不兑现的官票宝钞发行以后，立即在社会上引起混乱，造成币值惨跌，银铺关门，市场上钞票充斥、百货奇缺，"兵丁之领钞者难于易钱市物，商贾之用钞者难于易银置货"[1]，使通货膨胀的情况急剧恶化。

面对这种经济上的紊乱局面，王茂荫在咸丰四年三月初五日，又向咸丰上了《再议钞法折》，提出了四项挽救措施：

第一，"令钱钞可取钱"[2]，王茂荫指出，官票宝钞发行后，所以引起市民、兵、商对钞票的不信任感并拒绝使用，关键在于不能兑现。他说："查市行钱票与钞无异，而商民便用者，以可取钱也。宝钞准交官项，本自贵重，而人总以无可取钱，用多不便。若于准交官项之外，又准取钱，自必更见宝贵。"所以，应该做到："一则有钱可取，人即不争取"，"一则有钱许取，人亦安心候取"。这里，王茂荫坚决主张让持票人能向国家兑取现钱，这就可以使商民都知道"钞不终虚，自不急取"，则"发钱之日，人心始安"。所以，钱钞之能够兑现，乃是"安人心之最要也"。

第二，"令银票并可取银"。王茂荫还认为："现行银票、钱钞，均属天下通行，而行远要以银票为宜。欲求行远，必赖通商，欲求通商，必使有银可取。"所以，他建议："今若于准交之外，再加准兑取一层，则

---

[1] 王茂荫：《再议钞法折》，《王侍郎奏议》卷六。

[2] 王茂荫：《再议钞法折》，《王侍郎奏议》卷六。以下四项中之引文，均见此折。

钞益贵重。处处可取银，即处处能行用。"

第三，"令各项店铺用钞可以易银"。王茂荫指出，在市场流通中，"宝钞不能易银，即不能置货"，"虽强令行用，将来货物日尽，宝钞徒存，市肆必至成空。"这种局面，不仅"商人自虑，即国家亦不能不代为虑"。因此，必须改变这种状况，使"以票买银者，必准搭钞，则各店铺用钞，亦可易银"，做到"银钱处处扶钞而行"。

第四，"令典铺出入均准搭钞"。王茂荫认为，应改变典铺出入中"取赎者用钞，不敢不收，而当物者给钞，率多不要"的局面，使典铺的出入"均许按成搭钞"，以利钞币周转。

这四项建议的核心，就是准许持钱票的人向国家"取钱"，持银票的人向国家"取银"，而店铺、典铺在流通过程中，则均应做到以钞易银，钞银搭配。这实际上是要把不兑现的纸币——官票宝钞，改为可兑现的纸币，收到"以实运虚"之效。这就是马克思在《资本论》中所说的王茂荫向天子所上的那个奏折，马克思仅用"主张暗将官票宝钞改为可兑现的钞票"这一句话，高度概括了王茂荫四项建议的全部内容。

王茂荫的这些关于币制改革的主张，表明他对于纸币与金属货币之间的关系有一定的认识。但是，他和其他金属主义者一样，并没有真正找到纸币和金属货币之间的联系。我们知道，纸币之所以能够流通，是因为它可以代替货币执行流通手段的职能。而"流通的货币或货币材料的量决定于货币本身的价值。"[1]可见，流通中所需要的货币是有一定限度的。只要纸币的发行量保持在一定限度内，与流通中的商品量相当，即使流通中的货币都由纸币来代替，而没有金属货币作主币来进行流通，也不会贬值。王茂荫的"以实运虚"之法，只是从纸币与金属货币之间的发行量上着眼，并不能解决货币的发行量与流通中产品数量之间的矛盾，因此，它难于确保纸币价值的稳定，也不能从根本上杜绝通货膨胀的发生。

---

① 马克思:《资本论》第一卷,《马克思恩格斯全集》第23卷,第143页。

四、王茂荫对铸大钱论的批判

王茂荫的货币观点，还体现在坚决反对铸大钱方面。在当时货币问题的争论中，王茂荫既主张发行兑现钞币，又坚决反对铸造大钱。他认为，无论发行钞币或铸大钱，都是"不得已而为经国之计者"①，是为了缓和国家的财政困难所采取的权宜之计。二者各有利弊，也都难以持久。但是，铸造大钱，自"汉元鼎迄明，兴者数矣，曾不三五年即废"；而发行钞币，自唐至宋，或以"飞钱"，或以"交子"，皆流行数十年甚至上百年；元代则"皆以钞行"；明初也行之"百年有余"。所以，发行钞币是"不能久中之尚可久者"，其"利不啻十倍于大钱"。善于理财者，必须"两利取重，两害取轻"。因此，他力主发钞币而反对铸大钱。

王茂荫反对铸大钱，在理论上提出的依据是："钞法以实运虚，虽虚可实；大钱以虚作实，似实而虚。"②这说明，王茂荫把大钱和纸币在理论上作了严格的区别和划分。他认为，发行钞币是以金属货币为基础的，只要控制了纸币的面额和发行量，就会"以数实辅一虚"，虽然纸币看来是"虚"的，也可以不致贬值，做到"虽虚可实"；而大钱的发行，面额及发行量均在无限制地增大，大大超过了它所体现的实际价值，所以在流通中必然贬值，是"以虚作实，似实而虚"的。

王茂荫还分析了铸大钱的弊病和它的严重后果，认为铸大钱之弊端有二：一是造成"私铸繁兴"，一是形成"物价踊贵"③。他说："最大之患，莫如私铸"，"若奸人以四两之铜铸两大钱，即抵交一两官银，其亏国将有其不可胜计者。"又说"设奸人日销以铸大钱，则民间将无制钱可用，其病民又有不可胜言者"④。至于铸大钱造成的物价之腾贵，王茂荫在《论行大钱折》中举例说，当时"斗米有至七千"的现实，造成了"民情必深惶惑，市肆必形纷扰"的局面，所以，铸大钱引起的严重后

---

① 王茂荫：《条议钞法折》，《王侍郎奏议》卷一。本段引文均见此折。
② 王茂荫：《论行大钱折》，《王侍郎奏议》卷六。
③ 王茂荫：《论行大钱折》，《王侍郎奏议》卷六。
④ 王茂荫：《再论加铸大钱折》，《王侍郎奏议》卷六。

果，必然是既"亏国"，又"病民"，它既扰乱了市场商品交易的正常进行，又影响到人民的日常生活，陷国家财政于危机中。王茂荫一再提请皇帝注意"信为国之宝"①，应该取信于民，而大钱之铸，是失信于民的措施，是行不通的。他劝谏咸丰说："行钱为人人日用所必需，裕国便民，所关甚重"②，因此，"法不易轻动"，不要听信某些人的主张，轻举妄动地鼓铸大钱。对已铸之大钱，为取信于民，应采取措施，对当百以上的"加嵌银点，以示贵重"③。

王茂荫在向咸丰上书陈奏铸大钱之弊时，还特地将历代大钱的兴废始末，附单列举陈述。他从汉元鼎二年官铸大钱考察起，一直到明朝天启元年铸大钱止，指出历代铸大钱的朝代，都只实行两三年，最多四五年即行废止。所以，他建议吸取历史的教训，对"大钱之铸，似可以已"④，应即下令停止鼓铸。

对于王茂荫的这种裕国便民的陈奏，咸丰并未采纳，大钱的铸造，非但未停，反而越铸越大。就在王茂荫陈奏铸大钱之弊（咸丰三年）和建议停铸大钱（咸丰四年）之后，又加铸了当百、当五百和当千以上的大钱，造成商品奇缺、物价昂贵、民不聊生的局面，使清朝的财政危机达到了不可收拾的地步。咸丰八年（1858），御史征麟在《行使大钱铁钱后百货腾贵异常请饬严限物价》的奏折中说："自钱法数变后……物价不但不能减落，且更逐日任意增长"，"一切日用之类，无一不腾贵异常。"⑤刑部右侍郎袁希祖在《大钱滞碍难行亟宜改铸钱制钱规复旧制》的奏折中说："数年以来……银价日增，百物昂贵……穷民生计维艰，万难存活。"他向皇帝一再进言："今日之铸大钱，不但病民，而实病国。"⑥由此可见，大钱之铸，实在是一种以通货膨胀来搜刮民财的措施，是无法持久的。就在王茂荫提出停铸大钱的建议后不到五六年，无论其

---

① 王茂荫：《论行大钱折》，《王侍郎奏议》卷六。

② 王茂荫：《论行大钱折》，《王侍郎奏议》卷六。

③ 王茂荫：《再论加铸大钱折》，《王侍郎奏议》卷六。

④ 王茂荫：《再论加铸大钱折》，《王侍郎奏议》卷六。

⑤《中国近代货币史资料》（上），中华书局1964年版，第298页。

⑥《中国近代货币史资料》（上），中华书局1964年版，第301—302页。

间又从铸铜制大钱到改铸铁制大钱，都不能挽救清廷经济上千疮百孔的残局，不得不于咸丰十一年停止鼓铸。实践证明，王茂荫抵制铸大钱的主张也是正确的。

五、王茂荫的通商安民主张

货币理论是王茂荫经济思想的核心，已如前述。但在王茂荫任职期间，他向道光、咸丰、同治三帝所上的奏折，载于《王侍郎奏议》[①]的，共九十六篇，其中还有一些其他的经济主张，而最为主要的，就是通商安民之法。

王茂荫认为，市场上商品交易的畅通，十分重要，它不仅可以促进物资交流，还可使市民安居乐业。所以，"必得商贾流通，百货云集，方足以安民生。"[②]当时，由于白银的外流，币制的不稳和通货膨胀的加剧，造成各种店铺不断关闭歇业的现象，而且日益严重，使"民心惶惶，几于不可终日"。对于这种局面，王茂荫认为应速加制止，否则，就可能形成"罢市之势"。

怎么造成这种局面？王茂荫指出，那是由于"买卖之日微，借贷之日紧"形成的。"买卖之日微"来源于"借贷之日紧"，"借贷之日紧"是因为银钱账局的财东"立意收本"，"只进不出，以致各行生意不能转动"之故。当时，各行店铺之中，真正是用自本经营的，仅占十分之一、二，其余店铺，全靠借贷来维持资金的周转。"若竟借贷不通，即成束手，必致纷纷歇业。"王茂荫通过店铺歇业，还进一步看到它对人民生计的严重威胁。因为，店铺之歇业停关，并不单单是店铺本身的事情，还牵扯到广大市民生活的不安定。他说："各行账局之帮伙，统计不下万人。账局收，而此万人者，已成无业之民。各店铺中帮伙，小者数人，多者数十人，一店歇业，而此数人、数十人者，亦即成无业之民。是账局一收，而失业之民，将不可数计也。"失业大军的存在，自然是一个十分严重的

---

① 编者按：王茂荫在道光时期并没上过奏折。
② 王茂荫：《请筹通商以安民业折》。《王侍郎奏议》卷三，以下三段引文均见此折。

社会问题。

如何解决这个问题？王茂荫认为："各行店铺之歇业，患在账局收本"，而各账局之所以收本，则是惧怕各店铺的亏本。店铺一旦亏本，必然影响账局贷款的回收。所以，王茂荫主张，要制止这种局面，必须从两方面着手：一方面，国家应通令各银钱账局，务必"各按旧章，到期收利换券，不宜尽将本银收起，其换券利息，亦不宜较前加增"。另一方面，要店铺亦应照常规，按期归还账局的借贷利息，倘有不能交利者，定要"照律严办"。这样，账局的财东可以有所恃而不恐，不致将店铺的本息全部收回，使店铺能照常营业，市民也可安居乐业。

王茂荫所看到的店铺歇业引起失业和造成民不安生的情况，是较为深刻的。但他没能从根本上指出这种现象的存在，是由于政府财政经济上的危机所造成的。因而，他主张采取的措施，是由国家通过行政命令的强制手段，而不是从根本上去制止通货膨胀的蔓延。这种舍本逐末的办法，是不可能奏效的。

作为封建王朝权臣的王茂荫，他也很懂得安民之要，在于安民之心。因此，在高涨的农民运动面前，他还提出要注意笼络人心，来巩固摇摇欲坠的封建统治。

王茂荫注意到，在太平军所到之处，"安抚市肆"，"市人安之"[1]。而"官兵所至，全无纪律，混肆抢夺，遂至街市全闭"[2]。王茂荫认为这种情况，是关系人心之向背，是大失人心的，"民心一去，天下将谁与守？"所以，当务之急，是要"收人心也"。他奏请皇帝应向官兵传旨："务必使兵与民秋毫无犯。敢有犯者，兵丁立即枭示，犯事地方管带员弁，亦即处斩"，以表示"皇上爱民之心"[3]。

为了笼络人心，王茂荫还向皇帝建议，应暂停对百姓进行捐输。当时，为了镇压农民起义，封建王朝曾不断加重对人民赋税和徭役之征，统称捐输。特别是起义军所到的省份，捐输更为严重，"富民捐资，贫民

---

[1] 王茂荫：《条陈军务事宜折》，《王侍郎奏议》卷二，第十九页。

[2] 王茂荫：《条陈兵事折》，《王侍郎奏议》卷五，第二十三页。

[3] 王茂荫：《条陈军务事宜折》，《王侍郎奏议》卷二，第一九页。

捐力"。沉重的捐输，容易激起人民的反抗，扩大起义军的力量。因此，王茂荫建议暂停对百姓的捐输，以此来表示"皇上保民之心"①。

对于各级官吏，如有借劝捐之名以肥私囊的，则必须严加惩办。他举例说："山西州县有借劝捐为肥己者。如富民愿捐五百，必勒令捐一千，迨至遵捐一千，则又止令书五百，其余五百，但令缴纳，不令登写。明为公捐，暗饱私囊"，甚至江苏省"有假公勒捐致毙人命之事"。凡此种种借劝捐以营私舞弊的，实为"蠹国病民"，为了安定民心，"保卫民生"，王茂荫建议对这些不法官吏，一定要"即行严参治罪"②。

王茂荫所提出的笼络人心的措施，与借助政治上的强权或武力上的镇压迥然不同，它是通过解决群众经济问题、麻痹群众斗志的办法，来达到收买人心的目的。这就表现出他作为一个思想家而不同于一般朝阁大员的特点。他还建议"急筹积储"，"采买杂粮"，以备京城"民食"③；还曾主张各地"劝捐""义仓"，已为"便民"之设④。他甚至从"国计艰虞，民生涂炭"的情况出发，上书咸丰，劝他应以国事为重，不要追求生活上的奢侈和"逸乐"，建议暂缓"临幸圆明园"⑤；停止购觅"优童秀女"和"采办梨园喜好音律"之人⑥。这些建议和主张，都表现出王茂荫主张通过解决群众的经济问题，以达到"安人心固根本"⑦的目的。

六、对王茂荫的评价

总的来说，王茂荫处在一个社会大动荡的时期，他的政治立场和经济主张，既带有历史和阶级的局限性，又具有强烈的时代色彩。可以认为，王茂荫不单是一个政治活动家，又是一个经济思想家。他的经济主

---

① 王茂荫：《条陈军务事宜折》，《王侍郎奏议》卷二。
② 王茂荫：《条陈时务折》，《王侍郎奏议》卷一。
③ 王茂荫：《条陈军务事宜折》，《王侍郎奏议》卷二。
④ 王茂荫：《条陈时务折》，《王侍郎奏议》卷一。
⑤ 王茂荫：《请暂缓临幸御园折》，《王侍郎奏议》卷八。
⑥ 王茂荫：《条陈时务折》，《王侍郎奏议》卷一。
⑦ 王茂荫：《条陈军务事宜折》，《王侍郎奏议》卷二。

张，虽然是从治理封建财政的角度出发，但他的做法，却不同程度地反映了人民的意愿，并多少符合了当时历史发展的趋向。

王茂荫反对铸大钱或铸低值钱币，反对用通货膨胀的办法搜刮人民的财富，这是与封建社会的最高统治者及其代言人的观点针锋相对的。而他提出发行有限额、可兑换的钞币的办法，显然又难以满足封建统治者搜刮民财的贪欲。所以，他的办法遭到议驳，证明他的货币理论并不符合统治者的口味。至于咸丰斥责他"只知以专利商贾"①，恰好说明他货币主张的特点，反映了他经济思想的进步倾向。

从明代中叶起，我国经济领域内已经出现了资本主义的萌芽，但一直没有得到发展。直到1840年以后，由于西方资本主义的长驱直入，才使我国的自然经济趋于瓦解，资本主义近代工业迅速出现。在这种新的形势面前，对待具有资本主义性质的工商业的态度，可以说是衡量进步或落后的一个尺度。

虽然，在王茂荫的钞币方案中，提出让银号为国家承担兑现的责任，是想借助银号的力量，为国家分担一部分财政困难。这固然多少加重了银号经济上的负担，但他却是力图通过银号、钱庄和商人来推行他的币制改革的。可以说，在王茂荫的思想中，是很重视工商业的发达以及发挥它们在国计民生中的重要作用的。

王茂荫经济思想的可贵之处，还在于他同其他先进思想家一样，重视向西方学习，以寻求救国救民的道理。在王茂荫之前，林则徐通过虎门销烟，认识到西方船坚炮利，提出了只有向外人学习，才可以实行自卫的主张。林则徐辑录了《四洲志》和《华事夷言》，希望通过对西方社会的介绍，来引起大家对西方的重视。林则徐被撤职后，魏源在这个基础上，编辑出版了一部庞大的《海国图志》，在该书序言中，他提出著述的目的是："为以夷攻夷而作，为以夷款夷而作，为师夷长技以制夷而作。"②王茂荫对《海国图志》一书，推崇备至，他说："计五十卷，于海外诸国疆域形势、风土人情详悉备载，而于英吉利为尤详"，其中"守之

①《清文宗实录》卷一百二十三。

②魏源：《海国图志·序》，道光甲辰古微堂聚珍版，五十卷本。

法，战之法，款之法，无不特详"。所以，他专门奏请咸丰应重视此书，并"重为刊印，使亲王大臣家置一编，并令宗室八旗以是教，以是学，以是知夷难御而非竟无法之可御"①。可见，王茂荫是主张向西方学习先进经验的人物之一。而学习西方，只能是促进资本主义因素的增长，对于封建的自然经济，客观上必然起瓦解的作用。所以，无论是王茂荫的货币理论或者是向西方学习的建议，都不可能为封建王朝的最高统治者所采纳。咸丰皇帝指责他"只知以专利商贾之词，率行渎奏，竟置国事于不问"并给予"严行申斥"②，当然是从封建统治阶级的根本利益着想的。

尽管王茂荫是一个封建王朝的显贵，但他的经济思想，特别是他的货币理论，则带有时代的色彩，包含了一定的进步因素。马克思之所以对他和他的货币理论给予关注，很可能也是从这一点出发的。因此，在中国近代经济思想史上，我们对王茂荫经济思想的研究是不应予以忽视的。

[摘录于陶大镛主编《马克思经济理论探索——纪念马克思逝世一百周年学术论文集》，上海人民出版社1983年2月]

---

① 王茂荫:《请刊发海国图志并论求人才折》，《王侍郎奏议》卷九。
②《清文宗实录》卷一百二十三。

略论王茂荫的币制改革

高鸿志

今年（1984）是伟大革命导师马克思逝世一百周年。马克思生前对中国人民的命运非常关怀，清代财政学家王茂荫的币制改革主张曾引起马克思的关注，他在《资本论》中特地提到王茂荫[1]。

王茂荫（1798—1865）字椿年，号字怀[2]，安徽歙县人。道光十二年壬辰科进士，任职户部多年，咸丰元年升陕西道监察御史，后历任户部侍郎兼管钱法堂事务，兵部侍郎、吏部侍郎等职。鸦片战争后，随着外国资本主义入侵，鸦片大量输入与白银源源外流，人民反抗清廷腐朽统治的斗争，此起彼伏，清王朝的统治风雨飘摇，岌岌可危。正是在这种情况下，王茂荫提出了他的改革币制的主张。

1853年，太平军攻克南京，清统治者军事上一败涂地，财政危机极其严重。为了解决财政困难，清王朝的大臣们抛出各种救急方案，进行了激烈争论，在这场争论中，王茂荫就币制改革问题发表了许多精辟见解。

1851年（咸丰元年）秋，王茂荫提出了第一个发行钞币方案。该方案是基于他对历代行钞利弊与清代财政深入研究的结果，作为一种货币思想，它的产生不能说同当时流行的货币思潮全然无关，它的确曾受王鎏钞币理论的影响。但王茂荫的发行钞币方案并非源于王鎏的钞币学说，

---

[1] 马克思：《资本论》第一卷（郭大力，王亚南译）1963年版，第108页。

[2] 编者按：是号子怀，而不是号"字怀"。

也非在主要之点上"师承王鎏"。如果我们仔细比较一下两者的行钞方案，就不难看出，两者的钞币理论在主要之点上有显著分歧。王鎏的钞币理论具有浓厚的货币名目主义色彩，例如他认为国家可以任意确定货币价值及其流通数量，他说："凡以他物为币皆有尽，惟钞无尽，造百万即百万，造千万即千万"[①]，主张清廷无限制地发行钞币，换取民间白银，"百姓有万亿之银，国家造万亿之钞以易之。"[②]民间只准用钞和制钱，禁止用银，在他看来，只要禁用银，则银自贱，而钞自贵。王鎏显然混淆了金属货币与纸币的根本区别。清廷一旦实施王鎏的钞币方案，必然引起人民普遍不满和抵制，造成物价狂涨，促使清政府的财政全面崩溃。

在这个问题上，王茂荫远比王鎏高明。他不同意王鎏的上述论点，他意识到纸币本身并无任何价值，用他的话来说是一种"虚"的东西，这种无价值的东西，所以能充作流通手段，是因为它以"实"为基础，换言之，它代表着一定数量的白银。王茂荫反对王鎏滥发不兑现钞币的观点。他说无限制地发行钞币，表面看来"似为大利"，实则"出愈多，值愈贱"，结果是钞币"壅滞而物力必贵"。王茂荫的这些见解是符合纸币流通规律的科学观点，基于这些见解，在发行钞币问题上，他主张：

（一）以实运虚。王茂荫不同意王鎏禁止用银的观点，他强调，他的币制改革方案是"用钞以辅银，而非舍银而从钞"。具体地说，发行以银两为单位的银票，同时白银照旧流通，以免在民间引起混乱。

（二）坚持"行之以渐，限之以制"的原则，努力控制钞币发行量。每年先造钞十万两，计十两面额者五千张，五十两者一千张，试行一二年，能流通无阻时，方可增加发行量，据他估计，清廷每年收入约数千万两，所以银票最大发行额亦应以一千万两为限，做到"以数实辅一虚"。

（三）利用民间商业资本。清政府应将印好的钞票分发各地银号钱

① 王鎏：《钞币议》，见葛世濬：《皇朝经世文续编》卷48，第1页。
② 王鎏：《钞币问答三十》，见葛世濬：《皇朝经世文续编》卷48，第8页。

略论王茂荫的币制改革

庄，给予每库平十两，仅令缴市平五十两的微利①责令其代政府发行，人民获钞币后，可用以捐官或缴纳钱粮。

（四）全国各州县均设一收钞银号，人民欲兑换银钱或缴钱粮均可赴该处办理。从王茂荫这个方案看，他是主张发行银行券之类的信用货币的。

继王茂荫之后，咸丰的宠臣左都御史花沙纳也提出发行钞币方案。花沙纳主张发行票面额一两至五十两的银票四种，先行造一亿两，以后如遇急需，还可任意添造，"造十万则十万，造百万则百万。"②国家用严刑峻法强制发行。这无疑是一种通过通货膨胀，残酷榨取民财的措施。咸丰对花沙纳的方案非常欣赏，花沙纳的方案上达后，即"下部议行"，而王茂荫的币制改革主张却遭到冷遇。咸丰三年（1853）春，王茂荫又上疏清廷，力言钞票必须兑现，他说："行钞首在收发流通，惟收之能宽，斯发之不滞。"③这封奏疏亦未引起咸丰重视，接着清廷遂正式谕令花沙纳、王茂荫会同户部堂官筹议发钞事宜，咸丰既对花沙纳的方案表示满意，善体上意的户部堂官们，在筹议发行钞票时，自然拥护花的方案，因而咸丰三年清廷发行的银票，除在枝节上参考过王茂荫的意见外，从票面额、印制量到发行方式，均以花沙纳的方案为指南。同时，大量铸造当百、当五百、当千大钱，拼命减低大钱重量，一枚当五百大钱仅用铜一两六钱，当千大钱用铜二两（清初一文铜钱的标准重量当一钱二分，铸一千铜钱，需铜一百廿两）。显然，这又是一种穷凶极恶地搜刮民财的措施。倡议发行低值大钱的官僚们否认金属铸币具有不依人们意志为转移的内在价值，他们认为货币价值是法律的产物，统治者可以任意确定币值，"国家定制，当百则百，当千则千，谁敢有违"。王茂荫对这

---

① 编者按：这里关于"微利"的文字表述有误，正确的表述应为：每库平五十两者，止令缴市平五十两；库平十两者，止令缴市平十两。库平是我国古代国库出纳所用的天平，为全国统税的标准衡，市平即社会上一般用的标准衡。库平1两等于1.1936两。照此标准计算，10两的微利即11.936两，50两的微利即59.68两。

② 《清史稿·花沙纳传》。编者按：原作所注有误，《清史稿》中并无《花沙纳传》，应为《清史列传·花沙纳传》。

③ 《王侍郎奏议》卷三。

种唯心主义的货币名目论观点进行了有力的驳斥，他指出"官能定钱之值，而不能限物之值；钱当千，民不敢以为百，物值百，民不难以为千。"①这就是说，政府只能规定货币的名目价值，货币的购买力（或实际价值）不是政府所能规定的。政府能粗制滥造低值大钱，奸商当然也能照此办理，大量私铸，牟取暴利。王茂荫断定低值大钱大量发行，必然造成"盗铸云起，物价腾贵。"②他反对发行当百、当五百和当千等低值大钱，请求清廷维护货币信用，"信为国之宝"，应取信于民。

王茂荫虽以户部侍郎兼管钱法堂事务的资格，参与官票宝钞发行③，但他的币制改革主张却始终未被清廷采纳和重视。咸丰四年（1854）春，他又上疏清廷，对他在咸丰元年《条议钞法折》中的币制改革计划，做了进一步补充与阐述。在这篇著名的《再议钞法折》中，他提出了四点防止现行钞币贬值的办法，其重点在第一、二条，概而言之，即银票宝钞实行兑现。他建议责成户部筹足一笔巨款，准许人民持钞取钱，以维持钞币信用。坚持钞币兑现与维护货币信用，是他第二个币制改革方案（也即《再议钞法折》）的主要内容。正如马克思指出王茂荫企图"……把帝国纸币转化为可以兑现的银行券"④。试将王茂荫第一个币制改革方案同第二个方案稍做比较，就可明显看出，发行银行券是王茂荫的一贯主张。在当时远远落后于欧洲的中国货币思想领域，王茂荫能提出这些科学见解是难能可贵的。

在《再议钞法折》的最后部分，他向咸丰诉苦说现行银票宝钞，虽非出自他原拟之法，而言钞实由他始，"今兵丁之领钞而难行使者多怨臣，商民之因钞而致受累者多恨臣"，请将他交部议处，以谢天下云云。这封奏折上达后，咸丰大为不满，指责王茂荫"受商人指使……有不便

---

① 《王侍郎奏议》卷六。

② 《清朝续文献通考》卷二十《钱币考》二。

③ 编者按：说王茂荫是"以户部侍郎兼管钱法堂事务的资格，参与官票宝钞发行"，此语欠妥。他岂止是以什么"资格""参与"，他是在咸丰三年十一月初二日堂堂正正地"奉旨补授户部右侍郎兼管钱法堂事务"，为主管清廷财政货币事务的要员之一，只是当时他的顶头上司户部尚书是花沙纳。

④ 马克思：《资本论》第一卷（郭大力，王亚南译）1963年版，第108页。

于国而利于商者，亦周虑而附于条款之内"，甚至给他扣上"细审汝心，实欲钞之不行"①的大帽子。咸丰谕令将王茂荫的奏折交恭亲王奕䜣、定郡王载铨核议，核议的结果当然又是鹦鹉学舌地臭骂王茂荫一顿。

有同志认为王茂荫的货币理论"是从商人利益出发的"，咸丰斥责他"只知以专利商贾"，正好说明了他的币制改革主张的本质。这实在是只见树木，不见森林。

列宁指出："在分析任何一个社会问题时，马克思主义理论的绝对要求，就是要把问题提到一定的历史范围之内。"②王茂荫的币制改革主张是在太平天国革命蓬勃发展，清王朝反动统治朝不保夕、危如朝露的情况下提出的，这项币制改革计划同他的政治主张密切相关。王茂荫坚定地站在维护封建地主阶级统治的立场，对清王朝竭忠尽智，献计献策，条陈各种镇压太平天国革命的办法：他建议修筑城堡，坚壁清野，以阻遏太平军前进；奖励地主阶级办团练，"有能倡办团练以保乡里者，立予顶戴，有能杀长发贼一级来献者，按级加赏"③。他的币制改革主张也是为其上述政治目的服务的。他希望通过发行钞币等搜刮民财的途径，改善清廷财政，增强镇压革命的力量，这是一项旨在牺牲广大商民利益以维护封建地主阶级统治的措施。就从王茂荫的币制改革方案看，也难以得出"从商人利益出发""专利商贾"的结论。例如，他主张政府采用强制手段，将钞币交民间银号钱庄代为发行，名义上，银号领钞可获小利，事实上，他们必须按领钞数目将现银如数交与政府，也即用他们的现银，换取政府的钞币。王茂荫在《再议钞法折》中提出钞币兑现，也只是一种"将欲夺之，必固与之"的以退为进的办法。他主张户部筹足三十万串钱，作为换取宝钞之用。据他估计清政府的宝钞发行量已达一百多万串，三十万串钱显然不够支付，怎么办呢？他的设想是，只要商民见有钱可取，就不一定急着取，这样"每年虽似多费数十万之钱，而实可多行百余万之钞"④，对清王朝仍十分有利。再以反对铸大钱而论，能不能

---

① 《东华录》咸丰朝卷26。
② 《列宁文选》第二卷，第512页。
③ 《王侍郎奏议》卷二。
④ 《王侍郎奏议》卷六。

够说王茂荫为了商人利益反对铸大钱呢？我认为是不可以的。王茂荫只是不同意滥发当百、当五百与当千三种大钱，但并不反对发行当十和当五十大钱。他不赞同发行当百以上低值大钱，也因预计到上述三种大钱出笼后，"民情必深惶惑，市肆必形纷扰"①，难以通行，不仅三种大钱行不通，而且银票宝钞与当十、当五十大钱的骗局也会随之被戳穿，那时"一样不行，各样皆废，挽回无术，悔将何及？"②他认为已发行的当十和当五十大钱，"月既省铜数万斤，又多获钱数万串"③，对清政府的财政收入不无小补，只要清廷尽量维持银票、宝钞和大钱信用，在他看来"可冀数年之利"。可见，王茂荫处处都在为封建统治阶级利益着想，怎么能够说他的币制改革主张"从商人利益出发"，"专利商贾"呢？王茂荫虽受申斥，并未受任何处分，相反，就在他受申斥后的第四天，清廷即任命他为兵部侍郎，紧接着，咸丰又特地召见他，向他征询发行钞币的意见④。从咸丰对王茂荫的态度看，这也是他的币制改革主张代表封建统治阶级利益的佐证。

　　王茂荫与咸丰在发行钞币和铸大钱等问题上立场完全一致，只是在发行的方式方法上意见略有分歧：一个只顾目前，主张大刀阔斧的掠夺，一个却瞻前顾后，赞成细水长流的搜刮；一主激进，一主缓进，形似分道扬镳，实则殊途同归。我们既要看到王茂荫币制改革主张代表封建统治阶级利益的实质，也要充分肯定他的货币学说中的"合理内核"。他的货币学说别具特色，远胜王鎏，在中国近代货币思想史上应占重要地位。

[原载《安徽史志通讯》1984年第1期]

---

①《王侍郎奏议》卷六。

②《王侍郎奏议》卷六。

③《王侍郎奏议》卷六。

④编者按：查《子怀府君行状》可知，王茂荫受"申斥"改任兵部右侍郎后，咸丰帝并未"紧接着""特地召见他"。而是在咸丰四年，他被派专司马馆事务后于闰七月廿九日上疏言事，咸丰帝才召见他，且此次召见并非"征询发行钞币意见"，而是询问衙门事务及王氏家乡情形，十月，他奉旨转补兵部左侍郎。

略论王茂荫的币制改革

169

王茂荫货币理论在中国货币理论史上的地位

——答王毅同志

叶世昌

王毅同志的《王茂荫货币理论述评》①，对拙著《中国经济思想简史》下册中关于王茂荫货币理论的评价提出两条商榷意见。我认真阅读了王文，觉得所提的两条意见都难以成立，为了分清理论上的是非，有必要作一答辩。又考虑到王毅同志在评述王茂荫的货币理论时，没有联系中国古代货币理论的成就，把不属于王茂荫首创的货币理论当作了王茂荫的创见，既拔高了对王茂荫的评价，又贬低了中国古代思想家在货币理论上所取得的成就。因此，本文想从于王茂荫货币理论有关的先行资料说起，以有助于更恰当地评述王茂荫的货币理论。

一

王毅同志认为，王茂荫"对于货币问题的某些分析是十分中肯的，达到了当时所能达到的最高限度。在19世纪中叶，我国还基本不了解西方国家货币制度和货币学说的情况下，他能够有这样的认识是很可贵的。"从这段评价中可以看出，王毅同志对中国古代货币理论史大概了解不多，因此只拿王茂荫的货币理论同西方的货币学说相比，以为在西方货币学说传入中国以前，中国就没有什么深刻的货币理论了，以致作出了王茂荫"对于货币问题的某些分析……达到了当时所能达到的最高限

---

① 《王茂荫货币理论述评》，《人文杂志》1984年第6期。

度"的结论。实际上，在中国历史上还有许多王茂荫的先行者，他们的某些货币理论早已超过了王茂荫的货币理论。

中国是文明古国，有数千年的商品生产和货币流通的历史。王茂荫讨论的不足值大钱和纸币都不是什么新东西。大钱如果从元狩四年（前119）汉武帝铸造白金币算起，到清咸丰年间已经有一千九百多年；如果从居摄二年（7）王莽铸造大泉五十算起，也已经有一千八百多年。纸币从北宋初年的私交子算起，则已经有八百多年。这样悠久而复杂的货币流通，为中国古代货币理论的发展创造了条件。特别是纸币理论，明中叶以前中国居于世界独一无二的地位。不了解中国古代的货币理论，就不可能对中国近代货币理论的发展做出恰如其分的评价。本文不可能详细介绍中国古代货币理论的成就，只能选择一些足以用来同王茂荫货币理论进行比较的典型理论，作一扼要的介绍。

中国的纸币产生于北宋初年的四川，名为"交子"，起初由商人发行。仁宗天圣元年（1023）改为官营。官交子流通的初期是稳定的，可以兑现，每三年（实足两年）为一界，界满换发新交子。当时规定交子每界的最高发行额为一百二十五万六千三百四十贯，备本钱（兑现准备金，三十六万贯，占发行额的百分之二十八强。这一早期的纸币流通实践就告诉人们，兑现纸币的流通不需要有十足的现金准备。徽宗崇宁四年（1105），政府为了收回蔡京当政时铸发的当十铜钱，还曾发行称为"小钞"的纸币。大观元年（1107）改交子为"钱引"。

大观年间，正式产生了纸币流通不需要有十足现金准备的理论。这是周行己在《上皇帝书》[①]中提出来的。他肯定纸币应该兑现说："前日钞法（即小钞）、交子之弊，不以钱出之、不以钱收之，所以不可行也。"但他又指出现金准备只要占纸币发行量的三分之二就够了，"盖必有水火之失，盗贼之虑，往来之积，常居其一。是以岁出交子公据，常以二分之实，可为三分之用"。他分析纸币常有三分之一不来兑现是由于"水火之失"（纸币毁于水火）、"盗贼之虑"（纸币被偷或被抢）和"往来之积"。这"往来之积"实际上说的是有一部分纸币要经常处于流通中，因

[①]《浮沚集》卷一。《上皇帝书》共两篇，这里指第二篇。

此不会被拿来兑现。也已经认识到了一部分纸币不来兑现具有客观必然性。我们可以拿周行己的理论来同王茂荫的理论进行比较，这一点留待后面再谈。

南宋发行的纸币更多，其中最主要的是流通用于东南的会子，于高宗绍兴三十年（1160）发行。南宋除继续有多人坚持纸币必须兑现外，还产生了反映不兑现纸币流通规律的理论。宋孝宗是南宋比较重视稳定纸币币值的皇帝，采取了很多措施使已经贬值的会子兑钱数重新达到接近于它的名义价值。淳熙十年（1183）孝宗说："大凡行用会子，少则重，多则轻。"①这提法后来成了中国纸币流通的基本定理。宁宗嘉定年间（1208—1224）会子已经贬值。嘉定初袁燮在《便民疏》②中说："我孝宗皇帝颁楮币（纸币）于天下，常通而不壅，常重而不轻，无他道焉，有以收之而已……盖楮之为物也，多则贱，少则贵，收之则少矣；贱则壅，贵则通，收之则通矣。"这些论断同王茂荫所说的"造钞太多，则壅滞而物力必贵"，"出愈多，值愈贱"③，意思是一样的，但时间尚早了六百多年。王毅同志说："可以肯定，王茂荫对于纸币和金属货币的关系以及纸币流通规律，是已经有了某些认识的。"这评价也同样适用于宋孝宗和袁燮等很多人，王茂荫不过是复述了前人的理论。

元朝于世祖中统元年（1260）发行纸币中统元宝交钞，在各路设立平准行用库，用金钱（主要是银）作准备金来维持纸币币值。在发行中统钞初的十几年间，币值比较稳定。至元二十三年（1286），刘宣总结这一时期纸币流通的经验说："稍有壅滞，出银收钞。恐民间疑惑，随路桩积元（原）本金银，分文不动，当时支出元（原）本宝钞未多，易为权治。诸老讲究扶持，日夜战兢，如捧破釜，唯恐失队（坠）。行之十七八年，钞法无少低昂。"④后来取消了准备金，又不能控制发行量，中统钞就贬值了。这一历史经验后来凡是懂得点货币史的人都是知道的，魏源在撰写《元史新编》时，就将刘宣这段话的意思写进了《食货志》。

①《皇宗中兴两朝圣政》卷六。淳熙十年正月辛卯。
②《历代名臣奏议》卷二七三〇《便民疏》共两篇，这里指第一篇。
③《王侍郎奏议》卷一《条议钞法折》。
④ 吴澄：《草庐吴文正公集》卷四三《刘忠宪公行状》。

明初的叶子奇也强调了纸币的兑现，他说："必也欲立钞法，必使钱货为之本，如盐之有引，茶之有引，引至则茶盐立得。使钞法如此，乌有不行之患哉？"他对纸币流通作了一生动的比喻："譬之池水，所入之沟与所出之沟相等，则一池之水动荡流通而血脉常活也。借使所入沟虽沟，所出之沟既塞，则水死而不动，唯有涨满浸淫（渐至）而有滥触之患矣。"①市场上所能容纳的纸币数量有一定的限度，就像池塘的容积一样。超过了这个容积，池水就会泛滥。要想不使池水泛滥，必须给多余的水以出路。纸币的投放好比入水沟进水，纸币的回笼好比出水沟泄水，两者缺一不可。只要调节好纸币的投放和回笼，纸币就能正常流通。

至于铸造减重的钱币或不足值大钱会引起物价上涨，则更是很早就已形成的观念。西汉贾谊指出："或用轻钱，百加若干。"②意思是说如果用减重的铜钱购买商品，值一百钱的东西要用一百多个钱才能买到。历代史书中有许多因通货贬值而导致物价上涨的记载，如《旧唐书·食货志上》就说萧宗乾元二年（759）铸造当五十的重轮乾元重宝大钱后，"谷价腾贵，米斗至七千，饿死者相枕于道"。上面提到的周行己，在《上皇帝书》中也批评了大钱，他说："臣窃计自行当十以来，国之铸者一，民之铸者十；钱之利一信，物之贵两倍。是国家操一分之柄，失十分之利，以一倍之利，当两倍之物。"明丘濬也批评大钱说："日中为市，使民交易以通有无，以物易物，物不皆有，故有钱币之造焉。必物与币两相当值，而无轻重悬绝之偏，然后可以久行而无弊，时君世臣徒以用度不足之故，设为罔利之计，以欺天下之人，以收天下之财，而专其利于己。是岂上天立君之意哉，宜其卒不可行也。"③"虚实相权"的概念产生于元初。至元二十四年（1287）赵孟頫在讨论以新发行的至元通行宝钞计赃的量刑标准时，曾说："始造钞（中统钞）时，以银为本，虚实相权。"④但他又把银和钱称为"二虚"，可见这里的"虚实相权"还不一定指纸币和金属货币的关系。以南宋至明，谈到纸币和金属财币的关系

①《草木子·杂制篇》。"滥触"原作"滥觞"，据《古今图书集成·食货典》卷三五六校改。
②《贾谊集·谏铸钱疏》。
③《大学衍义补》卷二六《铜楮之币上》。
④《元史·赵孟頫传》。传中说是至元二十三年的事，误。

时，大多套用"子母相权"的概念。到鸦片战争时期，"虚实相权"的概念才渐流行，如包世臣说："行钞以虚实相权者也，银钱实而钞虚。"①

对照以上的先行资料，可以看出在中国货币理论史的长河中，称得上是王茂荫提供的新理论的主要有二。第一，王茂荫对大钱的必然失败作了富于哲理性的论述："然官能定钱之值，而不能限物之值。钱当千，民不敢以为百；物值百，民不难以为千。"②至于其中所包含的实质性思想则仍是古代已有之的。第二，提出了纸币流通要"以数实辅一虚"③的概念。这说明王茂荫主张对纸币的发行作更严格的限制。从宋至明的国家纸币流通，虽然有时有短时期的稳定，但结果都导致严重贬值。王茂荫主张对纸币的发行作更严格的限制，有其历史原因。但是就理论谈理论，则王茂荫对纸币流通规律的认识并没有超过前人，比起有些人（如叶子奇）还显得逊色。"以数实辅一虚"也不如"虚实相权"的提法更具有普遍意义。

根据以上分析，不难得出这样的结论：王茂荫的货币理论并没有达到西方货币学说传入中国前的中国货币理论的"最高限度"。

二

现在再来回答王毅同志对我的两点商榷意见：

第一，王毅同志说："王茂荫所阐述的兑现准备金无须十足的原因，虽然还不能说是很科学的分析，但是，如果像叶世昌同志那样，把它说成完全是'从人们的心理上找原因'，则是不尽恰当的。"为什么不恰当呢。王毅同志在分析了货币作为流通手段的特点后接着说："如果王茂荫关于纸币兑现的主张实行了，票可取银，钞可取钱，钞票的信誉恢复提高了，流通正常而稳定，全国范围内（叶按：当时太平天国已经建立，'全国范围内'的提法不妥），处处能行用，谁还一定要持钞票去兑银钱

①《安吴四种》卷二六《再答王亮生书》。

②《王侍郎奏议》卷六《论行大钱折》。

③《王侍郎奏议》卷一《条议钞法折》。

呢？所以，王茂荫的分析正是反映了流通手段职能本身的特点，并不是单纯'从人们的心理上找原因'。"

我们知道，研究一个人的思想一定要从这个人的思想实际出发，决不能把不属于他的思想强加于他。王毅同志的分析符合不符合王茂荫的思想实际呢？这只能从王茂荫自己的论著中去找。王茂荫在分析一部分纸币不来兑现的原因时说："有钱可取，人即不争取"；"有钱可取，人亦安心候取"①"不争取""安心候取"，都是人们的心理活动。为什么会有这样的心理活动呢？因为纸币有兑钱的保证，纸币持有者感到放心。这种分析是游离于商品流通过程以外的，根本没有说明纸币流通的客观规律本身就决定了纸币不可能被全部拿来兑现。因此我说王茂荫"从人们的心理上找原因，还是比较肤浅的"②。王毅同志认为"王茂荫的分析正是反映了流通手段职能本身的特点"，可是客观反映不等于主观认识，从王茂荫自己的分析看他的主观认识，则只能被认为是"从人们心理上找原因"。

我们还可以拿周行己的分析来进行比较。周行己也认为纸币不会全部被拿来兑现，他分析的原因有水火之失、盗贼之虑和往来之积三条。特别是第三条，明确地指出总有一部分纸币要经常处于流通中。显然他的认识要比王茂荫深刻，由此更可看出我对王茂荫的上述评价并不是无的放矢。

第二，王毅同志说："叶世昌同志指出：'在一定条件下，国家权力确能保证价值符号按它的名义价值正常流通，则是王茂荫所没有认识的。'这种评论，我是不能同意的。"接着，他分析了不能同意的理由。首先，他引用了马克思在《政治经济学批判》中的如下一段话为依据："国家固然可以把印有任意的铸币名称的任意数量的纸票投入流通，可是它的控制同这个机械动作一起结束。价值符号或纸币一经为流通所掌握，就受流通的内在规律的支配。"然后王毅同志对这一段话进行解释并对我的观点进行批评。其批评部分说："因此，如果出现了'价值符号按它的

---

① 《王侍郎奏议》卷六《再议钞法折》。
② 《中国经济思想简史》下册，第71页。

王茂荫货币理论在中国货币理论史上的地位——答王毅同志

175

名义价值正常流通'的情况，决不能看作是'国家权力的确能保证'的结果，而只是说明国家制定的货币政策，主要是国家投入流通中的纸币量没有超过流通中所需要纸币所代表的金属货币量。也就是说它是符合纸币流通规律的要求的。如果国家投入流通中的纸币量超过了流通中所需要的纸币所代表的金属货币量，而在短暂的时期出现似乎是'价值符号按它的名义价值正常流通的情况'那也只是说明违背客观经济规律所造成的恶果还没有明显地暴露出来，决不能看作是国家权力'确能保证'这样数量的价值符号可以按它的名义价值正常流通，相反地，违背客观经济规律的货币政策必不可免地要受规律的惩罚。所以，我认为，王茂荫的观点是正确的。"

下面谈谈我对这一问题的看法。

王毅同志所引的马克思的话说得非常深刻，我也很喜欢这段话。在1963年出版的拙著《鸦片战争前后我国的货币学说》中，我就引这段话来批判王鎏的货币学说。在近年出版的拙著《中国经济思想简史》下册中，我再次引用这段话来批判王鎏。既然如此，我为什么又要说"在一定条件下，国家权力确能保证价值符号按它的名义价值正常流通"呢？两者没有矛盾？我的回答是：没有矛盾。

王毅同志在上述批评中，撇开了我所说的开头六个字："在一定条件下"。这是不可缺少的前提。有这个前提和没有这个前提，情况大不相同，甚至意思可能完全相反。

我说"在一定条件下，国家权力确能保证价值符号按它的名义价值正常流通"这句话没有错，至少可以做三层意思的说明。

第一层意思，这是针对王茂荫货币理论的不足之处说的，王茂荫认为只有兑现纸币能够正常流通，而且还要"以数实辅一虚"。事实上在一定条件下不兑纸币也可以正常流通，这一点王茂荫显然没有认识到。奇怪的是，王毅同志却坚持说"王茂荫的观点是正确的"。

第二层意思，所谓"在一定条件下"，最重要的条件就是纸币发行量不能超过流通中所能容纳的纸币流通量，这也就是王毅同志所说的纸币发行不能违背客观经济规律。违背了客观经济规律，国家的权力就不能起作用了。王毅同志可能会说国家权力不能违背客观经济规律，怎么能说"在一定条件下，国家权力确能保证价值符号按它的名义价值正常流通"呢？这个问题很容易回答。在纸币发行量符合流通需要的前提下，仍需要国家权力来保证。试问，如果离开了国家权力，即使不兑现纸币的发行数量很少，能否被人们所普遍接受？为什么一般钱铺、商店或个人不能发行不兑现纸币，而国家却能？这就是国家政权力量的保证作用。

第三层意思，从宋以来，许多货币思想家都强调注意纸币的回收是保证纸币正常流通的必要条件，如前面提到的袁燮就是如此。回收的办法有经济的和超经济的。经济办法主要是用金属货币或商品回收纸币。超经济办法主要是用赋税回收纸币。超经济办法比经济办法用的更多，更经常。征收赋税是国家权力的体现，如果这一政策执行得好，既可以保持纸币回笼渠道的畅通，有效地调节纸币发行数量，又可以增强人民对纸币的信任，从而保证纸币的正常流通。这也说明：在一定条件下，国家权力确能保证价值符号按它的名义价值正常流通。

[原载《人文杂志》1986年第1期]

王茂荫货币理论在中国货币理论史上的地位——答王毅同志

王茂荫

孙树霖

一、王茂荫与咸丰朝的货币改革

王茂荫（1798—1865），字椿年，号子怀，安徽歙县杞梓里村人（后迁居义成村）。祖、父皆经商北通州，开设森盛茶庄。王茂荫中进士前，曾在他家经营的茶庄管理过店务。1831年，王茂荫在北京以监生应考，中举人，次年（1832）会试联捷成进士，官户部主事。1847年升任贵州司员外郎，1848年丁父忧回籍，三年服满回朝时，道光皇帝死，咸丰皇帝继位，太平天国农民起义爆发。

为镇压农民起义，清王朝的财政支出迅速增加，而财政收入则因统治地区的缩小而急剧减少，与此同时，作为币材的铜因为主要产地云南受战争影响运输受阻，这就使第一次鸦片战争后清政府本已存在的财政和货币危机日甚一日，清政府的财政越发左支右绌，难以为继了。

1851年6月，王茂荫到京述职，八月升任陕西道监察御史，在户部任职多年的王茂荫对清王朝面临的困境深感忧虑，于9月上《条议钞法折》，主张发行纸币，提出了他的第一个货币改革方案，从此，他就被视为咸丰朝主张发行纸币的著名人物。

王茂荫认为"粤西之军务未息，河工之待用尤殷，国家经费有常，岂能供额外之用?""理财亦正不容缓"①,补救财政困难的办法,从历史上看"不得已而为经国之计有二:一曰铸大钱,一曰行钞币"②。针对当时有人建议开捐例和铸造大钱来解决财政困难,王茂荫认为还是钞法比较有利。王茂荫的奏折呈上以后,咸丰帝朱批大学士会同户部议奏,便无下文。但王茂荫却因这一奏折而为皇帝所注意,他的历代行钞知识也为皇帝所赏识了。

1852年6月和9月,福建巡抚王懿德和署镶红旗蒙古都统花沙纳也分别上疏请行钞法,此时,太平军农民起义也迅速发展,清王朝正苦于筹措军费困难,在王茂荫、王懿德、花沙纳三人的相继奏请之下,清朝廷决计施行。1853年初,在太平军占领武昌之时,咸丰就旨派左都御史花沙纳和陕西道监察御史王茂荫会同户部堂官,速议钞法章程,奏明办理。王茂荫和花沙纳都主张发行纸币,但方法完全不同。王茂荫的发钞主张是一种力图防止通货膨胀的有限的行钞计划,而且按照他的审慎发行,逐步增加的办法,需要很长时间才能达到最高限额一千万两,这对当时财源枯竭而需用又急的清政府来说,根本不能满足需要,因而他的方案没有被采纳,被搁置一旁。而花沙纳的行钞主张,则是一个无限制行钞计划,极为清政府所赏识,并很快付诸实施。

1853年3月,太平军攻占南京,并建立了以南京为首都的太平天国农民政权,5月起,分兵北伐和西征。清王朝在镇压太平天国的战争中已耗军费近三千万两。据咸丰三年6月户部密折言:"自广西用兵以来,迄经三载,经臣部奏拨军饷及各省截留筹解,已至二千九百六十三万余两……户部库银,截至本月十二日止,正项待支银仅存二十二万七千余两。"③清王朝的财政已陷入濒临崩溃的境地。

为应付财政急需,清政府迫不及待地将诸多通货膨胀措施相继出笼:1853年6月,发行以银两为单位的"银钞"("官票"),12月发行以制钱为单位的"钱钞"("宝钞"),1853年5月开始鼓铸"当十"大钱,8

---

① 王茂荫:《条议钞法折》,《王侍郎奏议》卷一。

② 王茂荫:《条议钞法折》,《王侍郎奏议》卷一。

③ 清代钞档:管理户部事务祁寯藻等人的密折(沥陈库款窘迫军饷难筹情形)咸丰三年六月十六日。

月铸"当五十"大钱，1854年4月又铸"当百""当五百"以至"当千"大钱，以后又铸铁钱、铅钱等等，名目繁多，混乱不堪。通货膨胀的举措大量出笼，自然就需要这方面的舆论的配合。在嘉庆时，曾有侍讲学士蔡之定奏请发行纸币，嘉庆皇帝还粉饰太平地加以申斥说："前代行用钞法，其弊百端。小民趋利若鹜，楮币较之金银，尤易作伪，必致讼狱繁兴，丽法者众，殊非利用便民之道。且国家经费量入为出，不致遽形匮乏，何得轻改旧章，利未兴而害已滋甚乎？"①而今已是罗掘具穷，山穷水尽，咸丰皇帝也顾不得掩饰国运衰微的形象，于是就一反祖先讳言发钞的口气，改口说："用楮作币，历代通行。"②以此为罪恶的通货膨胀政策开道。

由于王茂荫是咸丰朝第一个主张发行纸币的人，同时他又是户部司员出身，对户部事务较为熟悉，尽管在行钞上他与户部堂官有不同意见，咸丰皇帝还是在咸丰三年十一月擢升他为户部右侍郎兼管钱法堂事务，成为清政府主管财政货币的大臣之一。他知道现行钞法完全不是按照他的建议发行的，恳请辞职又不蒙允许，于是带着忧心忡忡的态度，走上了户部右侍郎兼管钱法堂事务的职位。然而上任伊始，就遇上当权大臣奏请添铸当百、当五百、当千三种大钱的奏折，皇帝竟朱批："所奏是，户部速议，具奏。"王茂荫不顾皇帝批示，上《论行大钱折》，表示反对，他还附上一份历代大钱兴废的材料，恭呈御览。此奏被置之不理。1854年2月，王茂荫在看到当百以上三种大钱式样后，再次上书《再论加铸大钱折》，他说："臣职管钱法，惟当力求铸造精工，期能行，以仰副圣意，何容更有所言，顾臣于此事夙夜筹思，实觉难行。"③他还说："方今官票宝钞，其省远过大钱，其利亦远过大钱，有一能行，利已无尽，大钱之铸，似可以已。"④此折呈上，结果仍是被置之不理。

王茂荫反对铸大钱的意见不被采纳，而这时又遇到了因滥发钞票而引起的经济恐慌。先是颁行官票的消息刚刚传出，京城内的市面立刻混

①《清朝续文献通考·钱币考一》。

②咸丰三年九月庚申,谕内阁:"……用楮作币,历代通行……"《咸丰东华录》卷二十四。

③王茂荫:《再论加铸大钱折》,《王侍郎奏议》卷六。

④王茂荫:《再论加铸大钱折》,《王侍郎奏议》卷六。

乱，商铺纷纷歇业关闭。"民间于钞法不知其利，而喧传其害，竟畏之如虎。十余日来钱铺已关闭三十余处。昨日内外城一昼夜间陡然关闭者又不下二百余处之多。即素日资本富厚，最著名之钱铺亦皆关闭。粮店亦间有关闭者，街市扰攘，人人惊危。"①在官票发行阻滞的情况下，又发行宝钞数百万，结果是"兵丁之领钞者难于易钱市物，商贾之用钞者难于易银置货，费力周折，为累颇多"②。"去年（咸丰三年）官票之不行，即由敝乡茶商持向崇文门纳税，不收，因而各商疑惧。"③"以钞票买物者或坚执不收，或倍昂其价，或竟以货尽为词。"钞票竟博得"吵票"④的绰号。

面对市场混乱，争端纷起，兵民咸怨，朝野骚然的情况，身为户部右侍郎兼管钱法堂事务的王茂荫不能不"夙夜焦急，刻思有以补救"⑤。他虽是户部主管财政货币大臣之一，然而"凡有所见，必取决于总理祁寯藻、尚书文庆，乃所商多未取决，而设法更已无方"⑥。为了制止已经发生的严重通货膨胀，他"不得不上陈于圣主之前"⑦，提出了他的第二个行钞方案，这就是1854年3月的《再议钞法折》，也就是郭沫若讲的著名的"章程四条"。《再议钞法折》提出四条解决问题的办法，归总一个主张，就是官票和宝钞都可以向政府兑现。

王茂荫是首倡行钞之人，但现行钞法却不是他的主张，可他又被朝野人士指为现行钞法的始作俑者和负责者，因此，他在这个奏折最后满怀怨愤地写道："现行官票宝钞虽非臣原拟之法，而言钞实由臣始。今兵士之领钞而难行使者多怨臣，商民之因钞而受累者多恨臣，凡论钞之弊而为患者莫不归咎于臣，凡论钞之利而迫欲畅行者又莫不责望臣。"⑧集怨恨咎于一身，为明辨责任与冤屈，王茂荫向皇帝请求："臣蒙恩擢升户

① 罗尔纲藏钞本《道咸奏稿》。
② 王茂荫：《再议钞法折》，《王侍郎奏议》卷六。
③ 鲍康：《大钱图录》。
④ 鲍康：《大钱图录》。
⑤ 王茂荫：《再议钞法折》，《王侍郎奏议》卷六。
⑥ 王茂荫：《再议钞法折》，《王侍郎奏议》卷六。
⑦ 王茂荫：《再议钞法折》，《王侍郎奏议》卷六。
⑧ 王茂荫：《再议钞法折》，《王侍郎奏议》卷六。

部，业经数月，一无筹措，上负天恩，下辜人望……相应请旨，将臣交部严加议处，以谢天下，而慰人心，庶几浮言稍息。臣虽废黜，不敢怨悔。"①

《再议钞法折》呈上，咸丰帝看后大为恼怒，先是在朱批中斥责说："王茂荫身任卿贰，顾专为商人指使，且有不便于国而利于商者，亦周虑而附于条款内，何漠不关心国事至如是乎？并自请严议以谢天下，明系与祁寯藻等负气相争，读圣贤书，度量顾如是乎？……看伊奏折，似欲钞之通行，细审伊心，实欲钞之不行。且有挟而求，必应照伊所奏，如是欺罔，将谓朕看不出耶？此折着军机大臣详阅后，专交与恭亲王奕䜣、定郡王载铨速复议，以杜浮言。"②三天后又发上谕："王茂荫由户部司员，经朕浡擢侍郎，宜如何任劳任怨，筹计万全。乃于钞法初行之时，先不能和衷共济，只知以专利商贾之词，率行渎奏，竟置国事于不问，殊属不知大体，复自请严议，以谢天下，尤属胆大……王茂荫着传旨，严行申斥。"③四天后，王茂荫被调离户部，任兵部右侍郎，解除了他对币制的发言权。

王茂荫被咸丰帝传旨严行申斥，是他一生政治经历中的一件重要的事，也是当时轰动朝野的一件大事，他的同乡鲍康就说："顷闻子怀少农有筹商运发钞本之奏……俾积成大钱以供换取……都下钞本过多，部库复如悬磬……而且前市肆情形又几不可终日，众怨攸归其情自迫。惟未见原奏，闻所陈琐屑……准商人持票赴各州县倾镕钱粮之银号取银……且自请严议以谢天下，语尤失当，朱批训斥，宜矣。"④这一事件也被当时俄国外交人员搜集了去，向沙皇政府做了报告，写进了《帝俄驻北京公使馆关于中国的著述》。马克思《资本论》第一卷的一个底注中说："清朝户部右侍郎王茂荫向天子上了一个奏折，主张暗将官票宝钞改为可兑现的钞票。在1854年4月的大臣审议报告中，他受到严厉申斥。他是

---

① 王茂荫:《再议钞法折》,《王侍郎奏议》卷六。
②《咸丰东华录》卷二十六。
③《咸丰东华录》卷二十六。
④ 鲍康:《大钱图录》。

否因此受到笞刑，不得而知。"①指的就是这件事。

在兵部侍郎任上，王茂荫仍保持直言敢谏积极言事的品格。1855年4月，他以时势艰危，奏请皇上暂缓临幸圆明园，又一次触怒咸丰皇帝，被斥为"身任大员……以无据之词登诸奏牍，着交部议处"。并将"原折掷还"②。第二次鸦片战争中，当英、法侵略军在1858年4月北上进犯天津时，王茂荫连上四道奏折条陈夷警事宜。他批评投降派说："论者谓夷情务在主讲（和谈）"，而申述了自己的看法，认为"我不为备，则明启戎心，而'讲'愈难。我诚有备，则隐戢贪谋，而'讲'亦易"③。1858年6月，清王朝与英、法等侵略者签订《天津条约》后，王茂荫认为"抚虽已就，而难实未已"。他建议咸丰皇帝"重为刊行"魏源的《海国图志》，"使亲王大臣家置一编，并令宗室、八旗以是教、以是学、以是知夷难御，而非竟无法之可御"④。不久，他告病开缺。

1862年，同治帝继位，王茂荫复出，署左副都御史，改授工部侍郎。翌年调任吏部侍郎，旋丁继母忧回籍。1864年夏旧疾复发，次年逝世。

1851年，王茂荫任监察御史后所写的奏折，汇集为《王侍郎奏议》一书，凡11卷，是研究王茂荫货币思想的主要文献。

二、王茂荫的货币改革方案

1851年9月，王茂荫上的《条议钞法折》，是他的第一个货币改革方案，针对历史上发行纸币失败的教训，王茂荫提出了九条办法：（一）拟钞之值；（二）酌钞之数；（三）精钞之制；（四）行钞之法；（五）筹钞之通；（六）广钞之利；（七）换钞之法；（八）严钞之防；（九）行钞之人。这九条办法的内容主要是以下几点。

第一，建议发行以银两为计价单位的纸币以"拟钞之值"。他说："元以前未尝用银，故钞皆以钱贯计。今所贵在银而不在钱，则钞以银两

---

① 《马克思恩格斯全集》第23卷，第146页注83。
② 王茂荫：《请暂缓临幸御园折》，《王侍郎奏议》卷八。
③ 王茂荫：《条陈夷警事宜折》，《王侍郎奏议》卷九。
④ 王茂荫：《条陈夷警事宜折》，《王侍郎奏议》卷九。

王茂荫

计……请定为两种：十两者为一种；五十两者为一种。十两以下，则可以钱便之者也。"①银以库平足色银为准。

第二，钞币发行数量以国家每年岁出岁入的银两流通量为参照来"酌钞之数"。他说："钞无定数，则出之不穷，似为大利，不知出愈多，值愈贱……国家岁出岁入不过数千万两"②，据此他认为"极钞之数，以一千万两以限"③。他以此来防止纸币发行过量，避免纸币贬值。

第三，钞币发行采取审慎而逐步增加的办法，做到"行之以渐"。他说："仿国初之法，每岁先造钞十万两……试行一二年，计可流通，则每岁倍之；又得流通，则岁又倍之"④，直到发行量达到一千万两为止。

第四，钞币发行原则是"用钞以辅银，而非舍银而从钞"⑤，钞币发行以后，并不停止现银的流通，而是银、钞并行，并且以银为主，现银的流通应是钞币的几倍，以"数实辅一虚"来保证纸币流通的稳定性，从而做到"庶无壅滞之弊"⑥。

第五，钞币通过殷实私人银号发行，先自京师始。银号领钞，准与微利，库平五十两，止令缴市平五十两。银号领钞后，次月随同库上收捐时，将银缴库。银号领钞后，须在钞币背面加图记花押，听各处行用。并凭图记承担钞币兑现责任，持钞人需用现银，则可赴各银号兑现。地方推行纸币，办法亦与京师同。

从上述王茂荫所拟定的货币改革方案可以看到，他建议的是以银两为基础的一个周密而慎重的发行纸币的方案。这个方案的特点是：

第一，充分肯定以银为主要货币的事实，这种以银两为单位的钞币思想同"舍银从钱"的落后货币思想相比，是符合于商品经济发展要求的。

第二，规定了纸币发行的最高限额。以"酌钞之数"严格限制政府

① 王茂荫：《条议钞法折》，《王侍郎奏议》卷一。
② 王茂荫：《条议钞法折》，《王侍郎奏议》卷一。
③ 王茂荫：《条议钞法折》，《王侍郎奏议》卷一。
④ 王茂荫：《条议钞法折》，《王侍郎奏议》卷一。
⑤ 王茂荫：《条议钞法折》，《王侍郎奏议》卷一。
⑥ 王茂荫：《条议钞法折》，《王侍郎奏议》卷一。

的发行纸币数量，从而保证纸币流通的稳定性，对防止严重的通货膨胀有着积极的作用。如若照王茂荫慎重投放的意见办理，是有利于维持纸币流通的稳定性的。

第三，规定钞币可以向代理国家发行的银号兑取现银，发行钞币的国家不设立发行准备金，本身不承担直接兑现的责任，它实质上是一种不兑现纸币。

正知前文所述，王茂荫的这个有限的行钞计划并没有被采纳，清王朝在应付财政急需的情况下，滥发纸币和铸造大钱，造成了严重的通货膨胀，为制止已经发生的严重通货膨胀，王茂荫提出了他第二个货币改革方案——《再议钞法折》。

《再议钞法折》的主要内容是四项建议，即：（一）拟令钱钞可以取钱；（二）拟令银票并可取银；（三）拟令各项店铺用钞可以易银；（四）拟令典铺出入均可以搭钞。在这四项建议中，最重要的是前两条，前两条是关于"银票""宝钞"的兑现问题。后两条是商人同顾客之间扩大钞币的使用问题。兑现问题能够解决，钞币的扩大使用也就不会有更多的障碍。因此，前两条是整个方案的关键。

第一，"拟令钱钞可取钱也"。他说："查市场行钱票，与钞无异，而商民便用者，以可取钱也。宝钞准交官项，本自贵重，而人总无可取钱，用多不便。若于准交官项之外，又准取钱，自必更见宝贵。"[1]这条建议的具体内容是：每月从户局解送户部的现钱中扣留十余万串，三个月可积下三十余万串，作为兑现准备金，此款专供兑现钱钞之用。

第二，"拟令银票并可取银也"。他说："现行银票钱钞，均属天下通行，而行远要以银票为宜。欲求行远，必赖通商，欲求通商，必使有银可取。……既可准其抵交，何妨准其兑取？……今若于准交之外，再加准兑一层，则钞益贵重。"[2]这条建议的具体内容是：各省钱粮兑税所收的现银，由办解钱粮的银号用作兑现准备金，凡要求兑现的人皆可向这些银号兑换属于国家的现银。

---

① 王茂荫：《再议钞法折》，《王侍郎奏议》卷六。

② 王茂荫：《再议钞法折》，《王侍郎奏议》卷六。

使"钱钞"可以向国家取钱,使"银票"可以向国家取银,而用来兑现的制钱和白银已多少具有发行"准备金"的意义。王茂荫没有明确的兑现"准备金"的概念,但他显然明白发行兑换纸币并不需要十足的准备金。如他谈到"钱钞"兑现时,就认为可以用三十余万串钱,来运行百余万之钞,他说:"此法每年虽似多费数十万之钱,而实可多行百余万之钞。"①他还认识到有了兑现准备金,会加强官票宝钞的信用,人们会不来取钱。他说:"有钱可取,人即不争取,彼钱店开票,何尝尽见取钱?……有钱许取,人亦安心候取。……经过一次发钱,人知钞不终虚,自不急取。"②"各省之钱粮关税皆现银也。……处处可取银,即处处能行用,而不必取银。"③这表明王茂荫对兑现准备金的作用已经有了较为明确的认识,这虽然不是王茂荫的创见,但论述的清晰却是前人所不及的。

王茂荫提出的两个货币改革方案,其内容和性质是不相同的。王茂荫的第一个货币改革方案,实际上是发行不兑现的纸币方案,在这个方案中,王茂荫强调纸币发行数量应严加限制,就是为了防止不兑现纸币的贬值。因为只有不兑现纸币在超过流通中货币需要量时,才会"出愈多,值愈贱",造成通货膨胀和纸币贬值。而第二个货币改革方案则是使钞币成为兑现纸币,让国家发行的"银票""宝钞"像市行钱票一样,随时允许兑现,即马克思所说的"暗将官票宝钞改为可兑现的钞票",这种兑现纸币实质上已是一种银行券了。兑现纸币其发行是不会有问题的,因为过多的纸币通过兑现回到其发行者手里,兑现纸币对国家发行纸币有很强的约束力,它可以防止和制止通货膨胀,但在当时清王朝财政已经破产的情况下,王茂荫企图以政府兑现的办法来刹住已经发生的严重通货膨胀,是根本不可能实现的空想。王茂荫反对通货膨胀的货币改革方案,也是与清王朝肆行搜刮民财以筹措镇压农民起义军费的目的相违背的。虽然王茂荫一心为清朝效忠,却仍然不免遭到严厉申斥。

---

① 王茂荫:《再议钞法折》,《王侍郎奏议》卷六。

② 王茂荫:《再议钞法折》,《王侍郎奏议》卷六。

③ 王茂荫:《再议钞法折》,《王侍郎奏议》卷六。

三、王茂荫发行纸币方案的理论基础——"以实运虚"论

王茂荫发行纸币的主张，是有其理论基础的。在中国古代的货币思想和货币理论中，早就有"纸虚银实"的观点，这是一种货币金属主义观点，这种观点认为，纸币不过是没有价值的纸片，它不能作为货币来流通，只有本身具有价值的金属，特别是贵金属，才能作为货币来流通。持这种观点的人还认为，纸币如果能流通，那也只是在随时可以同金属货币兑换的情况下，也就是在"以纸取钱"的情况下。他们不仅认为纸币没有价值，而且完全否定纸币能够代替金属货币流通的可能性。他们只承认"以纸取钱"（兑现），而根本不承认"以纸代钱"的不兑现纸币的流通。货币金属主义观点是一种不尽科学的观点，它只承认货币是商品，但它不了解货币是特殊商品，不懂得在符合流通所要求的范围内，用什么做币材都是可以的，货币金属主义观点完全不能说明纸币的起源和纸币的流通现象。

王茂荫的货币观点基本上也是货币金属主义的，他也持"纸虚银实"的观点。但他不像一般货币金属主义者那样，把纸币和金属货币完全对立，根本否定不兑现纸币流通的可能性。相反，他力求寻找纸币和金属币之间的联系，他认为纸币虽然是"虚"的，但在把它同"实"币，也就是同金属货币保持某种联系的条件下，借助金属货币的支持，纸币是能够流通，而"无壅滞之弊"的。这就是王茂荫说的"以实运虚，虽虚可实"①。

"以实运虚"是王茂荫主张发行纸币的基本理论观点，是他的货币改革方面主张的基本立足点。可是，怎样实现"以实运虚"呢？在他的第一个货币方案中，"以实运虚"是通过"以数实辅一虚"来实现的。

他认为，只要在流通领域中仍以金属货币为主，就可以发行一定数量的纸币来辅助金属货币的不足，使"银钱处处扶钞而行"来保证纸币的流通。王茂荫指出：当时清王朝财政岁入四千万两，如果把钞币发行

① 王茂荫：《再议钞法折》，《王侍郎奏议》卷六。

的最高限额定为一千万两，也就是以四倍的金属货币来支持纸币的流通，就是"以数实辅一虚"了。

这里，王茂荫说的"数实"是指国库中每年通过财政手段征收的银两，而不是实际货币流通中的全部现银。国库不可能每年征收流通中的全部现银，因而流通中的全部现银肯定还不止四千万两，流通中的"实"与"虚"的比例，肯定比4：1大。

在这个方案中，王茂荫还提出了"行之以渐"，意思是一千万两纸币，并不是一次发行，而是在若干年内每年只发行一部分。这样，在纸币发行量达到最高限额以前，"虚"币即纸币在货币流通中所占比重更小。

采取这样审慎的手段严格限制纸币的发行数量，纸币是不致贬值的，至少是不会严重贬值的，发行"以纸代钱"的不兑现纸币，是可以流通而无"壅滞之弊"的。

纸币是价值符号，它本身是没有价值的，它可以代替金属货币执行流通手段的职能，也就是说它可以"以纸代钱"。但是，"以纸代钱"是有条件的，这个条件就是纸币只能代替流通中需要的货币量，如果纸币发行量超过了流通中货币的需要量，那么，每一单位的纸币则会贬值，纸币发行量超过流通中需要的货币量越多，贬值的程度就越严重。这就是纸币和金属货币之间内在的、本质的联系，也是纸币的流通规律。

王茂荫力求在"以实运虚"的货币理论和"以数实辅一虚"的办法基础上对纸币发行数量进行严格限制，这表明他对纸币和金属货币之间的联系，有了一些粗浅的认识，但他没有也不可能对纸币与金属货币之间的联系做出正确的说明。王茂荫不懂得纸币流通规律，所以，他也不知道，纸币是否贬值，并不在于它是否与金属货币同时流通。"酌钞之数"来限制纸币的发行数量，实行起来是可以避免通货膨胀的，是具有防止纸币贬值的效果的，但它并不是保证纸币稳定的必备条件。只要纸币发行量不超过流通中所需要的货币量，即使完全由纸币来流通，金属货币完全为纸币所代替，纸币也不会贬值。

在王茂荫的第二个货币改革方案中，"以实运虚"主要是通过兑现来实现的，王茂荫认为有了兑现准备金，纸币的发行额可以大于准备金的数额，王茂荫把这个也称为是"以实运虚"之法，实质上兑换纸币与不兑现纸币是性质完全不同的东西。兑现纸币如同"市行钱票"一样，是一种信用纸币，它已不是真正意义上的"虚"币了。

王茂荫"以实运虚"的行钞之法，在总结前人发行纸币经验的基础上提出了一个当时所能提出的较好的改革方案，他在货币改革方案中所阐述的货币观点，比之魏源、包世臣、许楣等人都大大前进了一步，达到了前人所未有的水平。

四、王茂荫反对铸大钱的理论依据 ——"似实而虚"论

王茂荫主张发行纸币，但对铸大钱则坚决反对。他认为历史上铸大钱"兴者数矣，曾不三五年即废"[①]，而行钞则是"不能久中之尚可久者也"[②]。铸大钱会比发钞造成更大的弊害，而"钞之利不啻十倍于大钱"[③]，"两利取重，两害取轻"[④]，他以为还是发钞比铸大钱更为有利。清政府不采纳王茂荫的意见，于咸丰三年六月始，相继铸造发行各种名目的大钱，王茂荫即两次上疏，表示强烈地反对，并以"似实而虚"的论点作为反对大钱的理论依据。

王茂荫主张发行纸币，为什么认为完全是"虚"的纸币，能够发行和流通，而对比纸币较"实"的大钱，却坚决反对呢？对这一问题，他仍然运用"虚""实"概念来解释。他说："大钱虽虚，视钞票较为实……不知钞法以实运虚，虽虚可实；大钱以虚作实，似实而虚。"[⑤]

王茂荫提出的"钞法以实运虚，虽虚可实；大钱以虚作实，似实而虚"这一论点，大体正确地指出了纸币和不足值铸币（"大钱"）之间的区别：纸币是价值符号，它自身是"虚"的，没有价值的，但它在发行量不超过货币流通需要量的前提下，是可以代替金属货币（"实"）

① 王茂荫：《论行大钱折》，《王侍郎奏议》卷六。
② 王茂荫：《论行大钱折》，《王侍郎奏议》卷六。
③ 王茂荫：《论行大钱折》，《王侍郎奏议》卷六。
④ 王茂荫：《论行大钱折》，《王侍郎奏议》卷六。
⑤ 王茂荫：《论行大钱折》，《王侍郎奏议》卷六。

流通而不致贬值的，所以是"虽虚可实"。大钱是货币，它只能按自身的货币金属含量所体现的价值流通。如果"大钱"的金属含量不足，它的名义价值超过了实际价值，那就是"以虚作实"，它在流通中只能按其货币金属含量所体现的价值流通，就必然贬值，所以是"似实而虚"。纸币流通的规律和货币流通的规律是不同的。

依据这种认识，王茂荫提出了可以发行纸币，但坚决反对铸大钱的主张："故自来行钞可数十年，而大钱无能数年者，此其明征也。"①

王茂荫还针对为铸大钱辩护的货币名目主义观点作了有力的批判，货币名目主义也是一种不正确的的货币理论。它夸大货币作为流通手段的职能，把货币的本质与货币流通手段等同，抹杀货币和价值符号的本质区别，认为货币自身无价值，货币的价值可以是人赋予的一种名目，国家权力可以任意创造货币价值，这种货币名目主义观点往往成了统治阶级实行通货膨胀政策的理论基础。鸦片战争前王鎏的货币理论，就是这种货币名目主义观点的典型代表。王鎏说："钞直（值）有一定，商贾不得低昂之"②，"凡以他物为币皆有尽，惟钞无尽，造百万即百万，造千万即千万，则操不涸之财源。"③

王鎏的货币名目主义观点，在鸦片战争前后广为流传，道咸时主张铸大钱的人，也以这种货币名目主义观点，宣扬大钱能够按照国家权力赋予它的名义价值流通。王茂荫严厉批驳了这种观点，他说："论者又谓，国家定制，当百则百，当千则千，谁敢有违？是诚然矣。然官能定钱之值，而不能限物之值，钱当千，民不敢以为百，物值百，民不难以为千。"④王茂荫这里说的"钱值"是指钱的额面价值（名义价值），"物值"则是指钱的购买力，国家虽然可以任意规定铸币的名义价值，但却不能任意提高货币的购买力，人们不能改变货币的名义价值，但人们可以变动商品的价格，从而使货币的实际价值依然没有变化。王茂荫把货币的名义价值（额面价值）和货币的购买力分得很清楚。王茂荫的这一批判

---

① 王茂荫：《论行大钱折》，《王侍郎奏议》卷六。

② 王鎏：《钱币刍言·钱钞议一》。

③ 王鎏：《钱币刍言·钱钞议一》。

④ 王茂荫：《论行大钱折》，《王侍郎奏议》卷六。

触及了货币名目主义混淆价格标准和价值尺度的错误理论的要害，批驳了货币名目主义的主题，有力地驳斥了认为国家权力可以任意规定货币价值的谬论，也是对统治阶级实行通货膨胀政策的有力打击。历来反名目主义货币论者，包括鸦片战争前后的魏源、许楣等人，都没有就货币名目论的主题进行反驳，只有王茂荫清楚地指出了货币名目主义的错误。

五、王茂荫论银号、钱庄在发钞、行钞中的作用

清咸丰帝指责王茂荫的发钞方向案为"专利商贾""置国事于不问""实欲钞之不行"，这些指责未免冤枉了王茂荫。王茂荫希望发钞既能解决或减轻清王朝的财政危急状况，又希望防止因发钞而引起严重的通货膨胀，导致更剧烈的社会动荡，这就是他为自己的发钞方案所规定的双重目的："有益于国""无累于民"。这正是他对清王朝的耿耿孤忠，怎么能说他"置国事于不问"呢？

他自然也不是专利商贾。但是，王茂荫的确不愿意通过发钞来损害商人的利益，而且，还极力企图借助商人，尤其是银号、钱庄等旧式金融行业的经营活动，推行货币改革，将国家发行的纸币投入流通，并使商人在这种活动中得到某些实际经济利益。

王茂荫的设想主要有以下几点：

第一，使国家发行的纸币经过银号、钱庄而投入流通。

在1851年《条议钞法折》中，王茂荫认为历代发行纸币的弊端之一，是"官吏出纳，民人疑畏而难亲"[1]。他也深知清朝官吏"需索扣减"贪污腐败难以杜绝，所以他的行钞主张，"力为设法，不经官吏之手"[2]。他认为："自来法立弊生，非生于法，实生于人。顾生弊之人，商民为轻，官吏为重，商民之弊，官吏可以治之；官吏之弊，商民不得而违之也。"[3]为此，他极力主张将发行的纸币交由"殷实之银号"具领，以银

---

[1] 王茂荫：《条议钞法折》，《王侍郎奏议》卷一。
[2] 王茂荫：《条议钞法折》，《王侍郎奏议》卷一。
[3] 王茂荫：《条议钞法折》，《王侍郎奏议》卷一。

王茂荫

号为纸币发行的中介，行钞各项事宜交银号办理。他说："立法必自京师始，如部中每岁制钞十万，请先以一万颁五城御史，令传属内殷实之银号，当堂将钞酌为颁发，取具领状，由城移送银库。"[①]"银号领钞后，许加字号图记、花字于钞之背面，听各处行用，并准兑与捐生作捐项，与银各半上兑。"[②]他还说钞币"利轻赍与行运……于民为便"，使人民咸知，从而"听民人等向银号兑换行用"。他看到银号在民间有较多的信誉，"凡民畏与官吏交，而不畏与银号交"[③]。行钞由银号办理，就"疑畏之弊益除矣"[④]。纸币就能顺利地进入流通。

在《再议钞法折》中，王茂荫进一步强调纸币流通"非有商人运于其间皆不行"[⑤]，"现行银票、钱钞，均属天下通行，而行远要以银票为宜，欲求行远，必赖通商"[⑥]。他对私营银号、钱店在发行纸币中的作用的认识和信赖，超过了对国家政权力量的信赖。

第二，纸币通过银号、钱庄投入流通，符合民间商业习惯。

王茂荫认为私营银号、钱店是货币流通的枢纽，以私营银号、钱店作为纸币发行的中介，就能有效地推进钞票的流通。他说："查银钱周转，如环无端，而其人厥分三种：凡以银易钱者，官民也；以钱易银者，各项店铺也；而以银易钱，又以钱易银，则钱店实为之枢纽焉。各店铺日收市票（私商钱票）均赴钱市买银，而钱店则以银卖之"[⑦]。他的第一个货币改革方案，就是企图让银号接收国家纸币后，以其作为银号的市行钱票使用，从而使纸币稳妥地进入流通过程。《再议钞法折》则是主张纸币兑现的同时，再让银号将纸币搭配市票使用，就更没有障碍了，"今请令钱市，凡以票买银者，必准搭钞，则各店铺用钞，亦可易银，而不惮于用钞矣。各店铺不惮用钞，则以银易钱之人，无非用之于各店铺，

---

① 王茂荫：《条议钞法折》，《王侍郎奏议》卷一。
② 王茂荫：《条议钞法折》，《王侍郎奏议》卷一。
③ 王茂荫：《条议钞法折》，《王侍郎奏议》卷一。
④ 王茂荫：《条议钞法折》，《王侍郎奏议》卷一。
⑤ 王茂荫：《再议钞法折》，《王侍郎奏议》卷六。
⑥ 王茂荫：《再议钞法折》，《王侍郎奏议》卷六。
⑦ 王茂荫：《再议钞法折》，《王侍郎奏议》卷六。

凡令钱店开票者，亦可准令搭钞矣。各钱店开票，亦可搭钞，则以银买各店铺之票，亦不惮于用钞矣。凡此三层关节为之疏通，使银钱处处扶钞而行"①。王茂阴对货币周转的具体环节做了细致的分析，认识到钱店是纸币周转的枢纽，疏通钞法需要获得商人的支持，在货币周转的三个环节上都疏通了，使纸币像平时使用钱店市票一样，在官民、店铺、钱店之间"银钱周转，如环无端"地周转流通，纸币的发行也就顺畅了。

第三，借助银号、钱庄流通纸币，必须予银号、钱庄以经济利益。

王茂荫不仅认为钞币发行"非有商人运于其间皆不行"，而且认为"非与商人以可运之方，能运之利，亦仍不行"②。上述通过银号、钱庄发钞、收钞的各项措施，是王茂荫设想的给他们营运方便的条件，也就是为商人设计的"可运之方"。由于王茂荫实际上是想借银号的商业信用的力量来保证纸币的疏通，所以王茂荫也以商业的原则，给予商人一定的实际利益，在王茂荫的第一个货币改革方案中，他虽然规定银号须以现银向国家缴纳钞价，并承担钞币的兑现，这看起来似乎是要银号承担双重责任，但如果银票能流通畅行，事实上是不会有兑现问题的，银号左手收兑，转手可以发出或借捐例解缴交还官府。银号倒是可以按"每库平五十两者，止令缴市平五十两。库平十两者，止令缴市平十两"③的规定，从库平与市平之间的差额获得一定的利益，这就是王茂荫考虑的给商人以"能运之利"。当然，银号代行纸币的发行流通，也绝不是毫无风险的，王茂荫第二个改革方案，主张纸币兑现，就是为商人和私营银号、钱店摆脱风险考虑的，从这个意义上，咸丰皇帝的指责也不是完全没有根据的。

事实上，王茂荫的货币改革方案，重视发挥商人的作用，注意不损害他们的利益，把银号和钱店作为钞币流通的枢纽，都是站在封建统治阶级的立场上，利用商人为缓和国家的财政危机效劳的，反映了商人资本和私营金融业在当时已经成了一个不可忽视的重要力量。王茂荫对票

---

① 王茂荫:《再议钞法折》,《王侍郎奏议》卷六。
② 王茂荫:《再议钞法折》,《王侍郎奏议》卷六。
③ 王茂荫:《再议钞法折》,《王侍郎奏议》卷六。

据业务的熟悉，是基于他的家庭就是徽州商人的一员，他本人也和徽州商人有着密切的联系和交往。

从本文的全部分析可以看到：王茂荫承认"纸虚银实"，从这点看，他是一个货币金属主义者，但他同时又承认不兑现纸币在金属货币的辅助下"虽虚可实"，可以流通。他没有用"纸虚银实"的说法来简单否定不兑现纸币，而且还企图从理论上说明纸币和金属货币之间的联系，从这个意义上，可以说，王茂荫是一个特殊的货币金属主义者。"纸虚银实"的货币金属主义的本质，决定了他不能找到纸币与金属币的本质联系与区别，"虽虚可实"则又体现了他货币金属主义的特殊性。他的"特殊性"就在于他开始突破货币金属主义保守性框框，从而比货币金属主义者如魏源、许楣、许槤等人前进了一步。

王茂荫的货币思想仍然属于中国传统货币思想的范畴，而没有跨入中国近代经济思想的门槛。他对西方的货币金融制度和货币金融思想还没什么了解。他的货币思想是在继承中国传统货币思想的基础，依据当代中国财政和旧式金融业务的发展状况独立地得出来的。王茂荫是中国传统货币思想的最后一位代表人物，他的货币思想是中国传统货币思想的终结。在王茂荫以后，中国谈论货币问题的人，就再没有完全从中国传统货币思想的范围中考虑问题，而没受西方资本主义影响的人了。也可以说，在他以后，人们对货币问题的谈论，就尽属中国近代经济思想的范畴了。

在王茂荫的晚年，他也提出了刊印魏源的《海国图志》令群臣学习的主张，这表明他也开始受到了"师夷长技""借法自强"时代思潮的影响。当然，这还不能证明他的货币思想或经济思想已发生了性质方面的变化。

[本文为赵靖主编《中国经济思想通史续集（中国近代经济思想史）》第三章第1至第5节，北京大学出版社2004年7月第1版]

日常生活与货币思想
——王茂荫《霁月轩往来信件》研究

王振忠

一、王茂荫私人信稿简介

抄本《霁月轩往来信件》一册，是清咸丰五年至九年（1855—1859）间王茂荫的相关信稿。该抄本属于徽州文书中的"信底"。所谓信底，也就是将个人寄出之信或彼此来往信函抄誊成册所形成的稿本或抄本。

在传统时代，人们手誊信底有着各种不同的目的。大致说来，商人出于商业经营上的需要，主要是作为备忘，以便在需要时翻阅、参考及查对账目；而文人则借此积累个人资料，为日后整理成文，编写家训、遗言乃至形成文集准备素材。作为晚清时期著名官僚，《霁月轩往来信件》中的一些文字曾广为流传。

由于有些信函是作为家训、遗言的形式呈现，因此，不排除作者在撰写和誊抄时就已有考虑。在流芳百世的自我期许或心理暗示下，行文时往往会正襟危坐，或在誊抄定稿后又加润饰。不过，从《霁月轩往来信件》所收诸函来看，其中有不少涉及家世闺阃隐秘，应属于较为原始的"信底"。

另外，该册抄本的名称，与王茂荫当时寓京的地点有关。推测王茂荫可能一度寓居北京西山的卧佛寺，而"霁月轩"则是卧佛寺中的一个院落，所以《霁月轩往来信件》应是清咸丰五年至九年（1855—1859）

间王茂荫寓居卧佛寺霁月轩时的来往书信。

二、太平天国时期京官王茂荫的日常生活

《霁月轩往来信件》一书收入的82通信,为王茂荫及其兄弟、儿子等人与亲朋好友的书信往来,其中涉及的内容极为丰富,除了国事及家庭琐事之外,更多的书信则侧面地反映了咸丰年间王茂荫及其家人在北京的日常生活,以下分别论述:

(一)代人捐官

明清政府为了解决财政问题,推行捐纳制度,出卖各种与做官有关的资格。《霁月轩往来信件》中最多的书信,便是有关捐官的内容。

例如抄本中的第5封信,是千秋关督守、满洲人阿麟保的来信,他说自己的儿子宝印想要加捐通判一职,并指定要分发到山东省候补,希望王茂荫的弟弟王茂蔼为他专主捐办,代垫银两,并保证一旦获得执照,即将如数分季归还。在清代,报捐者本人如果没有足够的报捐资金,会向山西票号或北京其他的金融机构(如钱庄、银号等)借贷。不过,对于阿麟保的请求,王茂蔼非常客气地回复说:自己每年置办货物寄往北京,卖出后将白银寄回徽州家中。但因最近几年南北交通不畅,生意寥落,家中没有货物送往北京,而北京也没有银两寄回到徽州,故而阿麟保所希望的通融银两、代捐官职之请求,实在是无从措手。另外,当时北京的银价涨落不定,江南与北京又相隔数千里,书信往来动辄需要数十天,声气无从随时互通,故而更是难以处置。由上述二信的内容来看,王茂蔼每年都通过长途贩运,将家乡的茶叶、文房四宝等土特产运往北京,出售后再兑银回家。另外,从当时北京代办捐纳的基本情况来看,代办机构和个人通常还会为捐纳者代垫银两,所以阿麟保才会提出上述的请求。

从这一点上看,作为京官王茂荫的弟弟,王茂蔼的确是个职业性的为人代办报捐的商人。只是因为他可能手头银两的确有限,所以拒绝了

阿麟保的请求。当然，更大的可能则是因为对方是位满人，为之做这桩买卖会有一定的风险。

有关捐官事宜，《霁月轩往来信件》收录的第13封信，是咸丰七年（1857）王茂荫从北京写给自己的亲戚汪尔昌的，信中提及当时所捐各官的利弊、候补捐官竞争之激烈，并开明捐官的价码。他谆谆告诫说，一旦准备出来做官，宦海沉浮往往身不由己，必须自我拿捏。关于汪尔昌的捐官，《霁月轩往来信件》的第29函，是汪氏写给王茂荫并于1858年寄往北京的，信中提及自己已凑足1500两，并打算通过盛泽镇王永义绸布店向北京汇兑。对此，王茂荫从北京的回信（第30函）中，除了谈及捐官的具体情形之外，还指出：只要手头有银两，就不必担心汇兑不到北京。这显然说明——在19世纪50年代，即使是在战乱期间，徽州与北京之间的汇兑仍然颇为畅通。

关于捐纳与汇兑，第21函是1857年鲍恩祺写给王茂荫长子王铭诏的信函。信中提及王茂荫曾为鲍恩祺的朋友捐办实职，办妥后，由绩溪信客寄上624两。其中的600两，是办理捐纳实际花费的银钱，而24两则是每月一分、共计四个月的利息。可见，王茂荫及其家人通过垫资代人捐官，也获得了相关的收益。此后的第22函，应是王铭诏寄给一位叫"云友"的长辈之信函，其中提及已收到绩溪信客带来的银两，稍后会寄信通知远在北京的王茂荫。这些都说明，王茂荫在京师为人代捐官职，而其在歙县的家中则收取捐官者的银两。

除了同乡友人的捐官外，王茂荫的至亲中也不乏捐官者。第36函是王茂荫写给大女婿洪承基的信函。在信中，王茂荫首先表态说，自己不赞成洪承基捐官。他认为，做官有两种境界，一种是做为国为民的好官，另一种则是只为个人私利而做官。在他看来，做官就要为国为民，不应当只为个人私利。说完这些大道理，王茂荫接着具体分析了洪承基的实际情况。他认为，洪氏当时尚未有子嗣，肯定要带家眷前来北京，做京官显然相当不利，而若捐纳外官则亦有很大问题。当时，去"平安省分"（亦即没有战事的那些省份）候补者人满为患，若想得到官缺，需要等待很长时间。在这种情况下，每年在省会的吃用以及相关应酬，都要由自己家中贴补、赔累。而若去"军务省分"，差使官缺虽然较易获得，但却相当危险，有时会让人进退维谷，弄不好则会丢了小命，或是被朝廷问罪。当时，洪承基在外地拥有店业，在家乡则置有田产，是典型的徽商之家。有鉴于此，王茂荫认为，大女婿系殷实之家，与那些"债里生债里死"的官场投机者不同，完全不必要通过捐官冒险营生。

除了大女婿之外，王茂荫的表弟洪亮采也有捐纳的意愿。《霁月轩往来信件》第37函，是他从北京写给洪亮采的信函。该信附件中提及这位表弟所托的捐监，当时，洪亮采等人通过万丰店汇往京师50两，对此，王茂荫说明了费用的详细开支。这一例子亦说明，捐纳的费用，也是通过北京和江南两地之汇兑得以转输。

在《霁月轩往来信件》中，不仅有专门的捐官价码清单，而且在各个信函中，也时常可见这方面的讨论。由此可见，王茂荫对于捐纳以及相关的银钱比价，有着极为清晰的了解。

（二）诉讼请托

中国是个人情社会，而在重视乡情族谊的徽州，王茂荫作为二品京官，免不了受人之托，为亲朋好友办事。

以王茂荫的至亲为例，他的家族——歙县杞梓里王氏，与同县三阳坑洪氏世代互通婚姻。与王家相似，洪氏亦为徽商世家，在苏北通州、泰州一带从商者为数不少。《霁月轩往来信件》中提及的两桩诉讼案件，即与此背景有关。

其中之一是"洪怡盛茶店案"。洪怡盛茶店开设于泰州，是三阳坑洪氏祖传的店业，一向由该家族中的长、次二房合开。1835年，两房共同立有合同，议定轮流分别经营，每房以十年为期。咸丰年间，二房经理人洪在中病故，店业由洪在中之子继承。长房获知，洪在中在外颇多亏空，此时有多达万余两的亏空，即便是将洪怡盛茶店的全部资产作为抵押，也仍然有很大的缺口。由此长房深感不安，唯恐洪在中之子会将店业用以抵债，自己则血本无归。在此背景下，他们只能苦思应对良策。由于长房之洪本准是王茂荫的表弟，他希望王氏出面为之做主。经过商议，洪本准方面提出的说辞是：洪怡盛茶店为洪家的祖业，长房在其中有一半的股份。此前，洪本准在泰州以东的姜堰镇另开一爿小店，因资金紧缺，本钱一时无法周转，已于1852年将洪怡盛茶叶店所持股份的一半，典押给了表兄王茂荫。在这种情况下，产权关系便增加了第三方，希望借此迫使二房方面在抵债时能有所顾忌。在这一过程中，王茂荫通过家人，多次写信给苏北的地方官，反复强调自己在此一诉讼中的利害关系，以期得到必要的照顾，保护表弟洪本准的相关权益。

除了"洪怡盛茶店案"外，王茂荫家人还插手苏北的另一桩商业纠纷。19世纪20年代初，王茂荫的亲戚洪承铭，曾在姜堰镇购得洪大元布店的产权，后因故与他人发生纠纷。《霁月轩往来信件》中就有两封信，是王茂荫的弟弟写给一位在当地做官的亲戚。在信中，他很巧妙地抬出京官王茂荫，说因其远居北京，鞭长莫及，所以只能求助于这位地方官员，这当然也是暗中施压的一种手段。另外，他还写信给洪承铭，悄悄告诉他自己已托人打通关节，只是此一诉讼请托，切莫对外声张。

综上所述，洪氏家人在苏北发生经济纠纷时，作为至亲的王茂荫，曾直接或间接地介入，除了自认店业股份之外，还设法请当地官员对自己的亲戚作出公正的处理。

（三）借贷与存款

王茂荫出身于徽商世家，因代人捐官，与许多人都有银钱交涉。《霁月轩往来信件》中，就有一些反映他与亲朋好友彼此之间的债务。如很久以前，家在浙江衢州开有典当铺的吴樾山，曾向王茂荫借钱，并立有借据。吴樾山死后，王茂荫还向其子追索债务。此份借据，迄今尚存于王氏后人手中。

另外，同治二年十二月廿五日（公历1864年2月2日），王茂荫将白银300两存于吴珥彤钱庄，该项存款定、活两便，月利率为八厘。吴珥彤生于1815年，其高祖吴永评于乾隆年间进京经营茶业，后开设了多家茶庄，并兼营钱庄。王茂荫的300两银子，便是存入吴氏在北京的钱庄。

由此可见，王茂荫在京期间，曾将手头的闲钱，或是借与他人，或是存于钱庄，此类活动都有相当的利息收益，这与当时活跃于全国各地的徽商之常见做法并无二致。类似的活动以及相关举措，都从一些侧面加深了其人对于商业环境的了解。这些，显然也有助于我们理解19世纪中叶王茂荫的货币主张。

三、王茂荫的家世背景、日常生活与其货币主张

19世纪中叶的币制改革，是以发行纸币和大面额铸币为其主要内容。作为主管中央财政的官员，王茂荫的货币主张颇为引人注目。对此，相关的探讨为数不少。在我看来，其中以历史学家吴晗的观点最值得重视。吴晗认为："王茂荫生长在徽商的社会里，又长期家居，他的生活和思想意识深受徽商的影响，在政治上自然而然成为商人阶级的代言人，特别是以开钱庄、典铺为主的徽商的代言人，卫护他们的利益，在讨论官票宝钞和大钱的时候，处处为商人特别是开钱庄、典铺的徽商说话。"不过，吴晗仍是以《王侍郎奏议》为中心展开讨论，他的这一分析是基于其历史学家身份的敏锐判断，并无更多直接的史料佐证，因此也受到不少学者的批评，后者认为这只是他个人的一种"联想"。当然，即使是批评者所利用的史料，也仍然都是《王侍郎奏议》之类的官样文章。

近十数年来，随着民间文献的大批发掘，有关王茂荫的新史料亦层见叠出。《霁月轩往来信件》应是新史料中最系统的文献。由此，我们可以更为细致地了解王茂荫的生存环境及其日常生活实态，从而更好地认识其货币主张之时代及地域背景。

（一）王茂荫与华北的徽州茶商

清嘉庆三年（1798），王茂荫出生于安徽歙县杞梓里，其祖父王槐康、父亲王应矩都是徽州茶商。从现有的文献追溯，至迟自19世纪晚期

的乾隆时代，王槐康就与族人一起在北京一带经商，并在通州创设了森盛茶庄。

明清时代，徽商无业不居，无远弗届，他们经营的重点区域虽然是在"无徽不成镇"的长江中下游，但在华北也有不少商人活跃其间。早在明隆庆年间，在北京的歙县人就成千上万。据粗略统计，及至清乾隆时代，在北京的茶行有7家，从事银行业而又列名歙县会馆捐款册子的有17人，茶商各字号共166家，银楼6家，小茶店数千。在北京永定门外五里多的石榴庄，还建有歙县义庄。这一专门处置旅外人士尸骸的慈善组织，大约兴建于明嘉靖四十年（1561），与北京歙县会馆的创设年代差不多。

咸丰年间，王茂荫长年寓居歙县会馆，他与活跃在北京的诸多徽商有着相当密切的联系。例如，与王茂荫家族有着姻亲关系的歙县礴溪方氏，家族中就有不少人也在华北从事茶叶贸易。根据抄本《杂辑》的记载，清代徽商方氏所开的广信茶行，在北京顺治门外花儿市拥有的房产竟多达五六百间，分设茶铺三十余班，可见规模相当不小。书中还提到北京的大小部员，都与广信行经理方子青过从甚密。由此不难想见，在北京的徽州官、商之间有着颇为良好的互动。另外，歙县礴溪方氏家族中的方汝铸，与王茂荫的表弟洪本耀是姻戚。此人在太平天国以前就在江苏南通一带做茶商，及至咸同兵燹之后，则前往北京从事茶叶贸易。可见，王茂荫的家族及其姻亲，与以北京为经营中心的华北各地茶商，有着极为密切的联系。

王茂荫虽然髫龄就学，但他在科场上却并非一帆风顺。直到1830年，王茂荫北上潞河，准备弃儒经商。适逢翌年北闱恩科取士，他以监生的资格应京兆试，不意中举。次年会试，又高中进士，并备官户部。由此经历可见，王茂荫之步入官场，实际上颇为偶然。在此之前，他已做好了从商的准备，因此，其人应掌握了基本的经商知识。在北通州，他曾参与森盛茶庄的经营，从这个意义上说，王茂荫就是一位徽商出身的中央级官僚。此后，为官仕宦期间，其家族在华北的茶叶贸易仍未停歇，他与活跃在北京的徽商仍然有着频繁的互动，这也使他对于19世纪的商业运作以及商人疾苦，有着深刻的认识。

(二)日常生活与王茂荫的货币主张

从《王侍郎奏议》一书来看，王茂荫写过不少要求保护商人的奏折。对于维护徽商的利益，他更是不遗余力。这些，当然与其徽商家庭的背景密切相关。而从《霁月轩往来信件》来看，王茂荫的社会交往活动颇为频繁。其中，代人捐官、借贷、诉讼请托以及其他的人情往来，有不少都与经济利益息息相关。借贷自然是个人的经济活动，诉讼请托亦涉及相关家族的商业利益，而捐官在清代，则早已作为一种重要的营生。

在清代，山西票号专门为人代办捐纳，早已是众所周知的事实了。据《都门纪略》记载，宝兴、同丰银号在北京西河沿东果子巷北口东路南，就是专门负责代捐的商号。19世纪50年代，清政府为了筹集军饷，大开捐纳之门，不少山西票号借此居间揽办。当时，代办报捐在山西票号的日常业务中占有极大的比重。根据规定，捐买官衔的银两，在各省是交给布政使司，而在北京则交与户部等衙门。不过，各地捐纳者为了加快进度，往往委托在京亲友直接向户部交纳捐项。在这种背景下，王茂荫及其家人为亲朋好友代办捐纳，显然是近水楼台先得月。

根据旅日学者伍跃教授的研究，在代办报捐时，商人要向报捐者收取大约10%的手续费，这一费用相当可观。由此推测，王茂荫及其家人为亲朋好友代办报捐，显然不可能完全是义务的行为。其实，即使是各种人情往来，在富有商业传统的徽州，为他人办事，无论彼此关系如何，通常也是一种营生。在王茂荫后裔收藏的资料中，有《道光二十一年新定常捐银数单》《酌定章程》和同治二年（1863）的《大捐印结银数单》，都是与捐纳有关的参考资料。这些，与《霁月轩往来信件》中的相关内容可以比照而观。此类资料成为家传之秘，应当都与王茂荫及其家人为人居间捐官的活动密切相关。

根据伍跃的研究，在清代，报捐手续中的所有环节都可以代办。代办者会向报捐者提供各类建议。例如，捐纳何种官职最好，为了得到某一官职首先捐纳何种"虚衔"最好，为了尽快得到实官实职捐纳何种"花样"（参加铨选时的优先权）最好，如何避开被分发到不愿意去的地方（例如边远省份等）。从《霁月轩往来信件》来看，王茂荫本人就经常为人捐官，他熟悉其中的所有环节，故而对于各类弊端亦了如指掌，常常为欲行捐纳者释疑解惑。从前述信函来看，特别是捐纳中常常要涉及彼此之间的汇兑，而这与王茂荫提出的货币主张密切相关。

根据中国经济史的研究，18世纪末的乾隆晚期，随着商品交易量的扩大，金融信贷迅速扩张，具体的一个表现是钱庄业务已经突破单纯兑换银钱的范围，而逐渐发展成为存放款信贷、往来客户融通款项的机构。作为信用票据的钱票、会票，开始在不同地区间交换和流通，具有货币替代物的职能。与山西票号相似，徽州的汇兑事业亦极为发达。

三十多年前，安徽休宁渭桥乡曾发现徽商谢氏收藏的康熙年间会票23张，这说明早在17世纪末，徽商之间办理汇兑已颇为常见。另外，根据我对两淮盐业的研究，在18世纪后期，汉口与扬州之间也有着极为频繁的汇兑。这些都表明：当时的一些商铺已附带办理汇兑业务，而商用会票满足了彼此之间金融信贷的需求。对于此类由来已久的汇兑业务，王茂荫显然极为熟悉，在《霁月轩往来信件》前引的信函中，有不少相关的记载。从中可见，他和家人就经常利用会票从事与捐纳相关的业务，清偿彼此之间的债务。

事实上，华北徽商与南方的诸多汇兑，商号起了很大的作用。一直到20世纪前期，身处北京的著名学者胡适，与其家乡绩溪的汇兑，也时常是以胡开文墨庄为其中介。因此，出自徽商家庭的人，往往对此类的运作极为谙熟。由此看来，王茂荫提出的货币主张，显然与他的家世背景与日常生活密切相关。

从实际功能来看，会票是异地兑现的凭证，但有的可以流通支付，这也就相当于钞票的角色。所以从性质上看，在传统时代两者并没有太大的差别。

咸丰年间，中国的铸钱铜材严重匮乏，遭遇了前所未有的"银荒"和"铜荒"。为了摆脱困境，清朝官员曾陆续提出过各种方案。咸丰元年（1851），王茂荫上《条议钞法折》，他首先回顾了钱币发行的历史，认为：为了解决财政困难，历代的经国大计，不外乎铸造大钱或是发行钞币。二者的利弊大致相同，但两害相权取其轻，以发行钞币较为合适。他建议发行由民间银号出资同时肩负兑现责任的丝织钞币，以解决当时的财政困难。此一奏折后来虽被议驳，但从其中所提出的十条建议来看，王茂荫对钞法的推行，有着极为细密的通盘考虑，远远超出了前人的见识，这显然与他的丰富商业知识储备密切相关。咸丰三年（1853），王茂荫出任户部右侍郎兼管钱法堂事务，此后，他先后提出了自己的货币主张。

概括说来，王茂荫货币思想的要点在于：一是保障纸币的流通和发行，"以实运虚"，也就是用有价值的金属货币来保障纸币的流通，通过纸币与金属货币之间的相互兑换，来增强纸币的信誉。二是对纸币的流通和发行，需要有宏观上的控制，以免引起货币贬值。三是主张在推行这一改革的过程中，应以商人（特别是从事钱庄、票号经营的金融商人）作为纸币发行的中介，给商人以一定的报酬，以调动他们的积极性。其中，尤其是"以实运虚"，是王茂荫货币思想的核心。针对当时发行的户部官票和大清宝钞的贬值现象，他反复强调只有虚、实之间可以相互兑换，才能提高纸币的信用程度，抑制日益恶化的通货膨胀。这一主张，实际上与同时代徽商们常见的汇兑并无二致。也正因为如此，咸丰皇帝认定王茂荫"为商人指使，不关心于国事"。为此，他被"严旨切责，寻调兵部"。

揆诸史实，王茂荫与徽商的关系极为密切。同为歙县同乡的鲍康，在其所编的《大钱图录》中，对王茂荫的奏疏有一段评论。鲍康将当时财政的混乱全都归罪于王茂荫一人，但他实际上并没有读过王氏的奏稿原文，只是听说王茂荫主张允许商人兑换手头的钞票。这段记载之后还有一个注文称：1853年，歙县茶商拿着官票在北京重文门纳税，税务部门竟拒绝接收，由此引发诸多商人的怀疑和恐慌，从而使得官票宝钞的信誉丧失殆尽，在各地皆难以流通。对照咸丰皇帝的上谕，所谓"专为商人指使"，可能亦与茶商的重文门纳税事件有关。值得注意的是，《大钱图录》的上述评论中，既提到官方的"宝钞"，又提及民间的"私票"。他说，当时因政府发行的宝钞过多，北京市场陷入恐慌，商贾皆视钞法为畏途，职官兵丁所得者大半都是钞票，都想尽快花出去，这引发了许多争端。"以国家一千元之宝钞，不过抵民间五百元之私票"。这里提到的民间私票，当然也就包括会票。关于民间的私票，王茂荫曾指出："向来钞法，唐、宋之飞钱、交子、会子，皆有实以运之。"这里提到的"以实运虚"，也是王茂荫一向的观点。不过，以往的研究者大多纠结于纸币的相关问题，而没有对明清之际新兴的汇兑事业更为关注。而在实际上，王茂荫提出的货币主张之最核心的问题——可兑换的纸币模式，这与当时蓬勃发展的会票，实有异曲同工之妙。

四、结语

咸丰币制改革，是在空前"钱荒"的新形势下所实施的一次货币改革，其中，王茂荫的角色举足轻重。正是因为这一点，他的货币思想格外引人注目。

王茂荫出身于徽商世家，他的祖父、父亲以及兄弟亲戚中的许多人，都在华北经商，家庭环境的耳濡目染和长期的商业实践，以及亲朋好友的交际往来，亦使他对中国社会有着较为深刻的认识。在这种背景下，他是以当时商业运作的习惯性思维，希望借助民间早已存在的商业网络，借鉴当时新兴的商业会票之信贷方式，提出解决19世纪中叶货币危机的方案。

应当指出的是，在当时，并不是所有人都认识到汇兑活动在社会经济发展中的重要意义。直到19世纪60年代初，因战时交通阻塞，清政府不得已允许京饷、协饷交商汇兑，但仍有一些官僚对交由商人汇兑的做法提出反对意见，这种情况先后发生过多次。从这一点上看，王茂荫的货币主张具有一定的前瞻性和重要的时代意义。不过，由于太平天国时期的清政府已财源枯竭，政府发行纸币和大面额铸币的目的是为了填补财政亏空，向老百姓转嫁财政危机，特别是在无力建立发行纸币和大面额铸币信用的前提下，发行不能兑现的强制流通纸币，王茂荫的主张与清政府的根本意图背道而驰，这就注定了他的主张不会被重视及采纳。

[原载《文汇学人》2016年9月9日，题为《日常生活与货币思想》，系作者于2016年5月30日在法国社会科学高等研究院召开的"Chinese local history and beyond"会议上的演讲。收入本辑时略有修改]

政治・人才

浅谈王茂荫的人才思想

孙树霖　鲍义来

马克思在《资本论》中提到唯一的中国人王茂荫，是我省歙县人，他在清朝咸丰、同治时期任过户部、兵部、工部、吏部右侍郎等重要职务。王茂荫不仅是一位出色的理财家，有着进步的货币观点为马克思所赞赏，而且他的人才思想也为人们所称许。

"治国之道，用人尤重。"王茂荫很重视人才在国家管理中的作用。他在给皇帝的奏折中写道："治国之道，在用人理财二端，而用人尤重。用非其人，财不可得，顾用人必贵得人"，"为巨室必使工师，治玉必使玉人"，说明只有任用内行的人才能把事情办好。同样，军队打仗也要选用贤将良才，他说："军旅大事，安得不任能者？军中得一能人，未必即足济事；而任一不能人，则必足以误事。"所以，他说："百年之计，莫如树人。"

"天下之大，安得无才。"那么，有没有人才可选？王茂荫认为，人才有的是，"天下之大，安得无才？亦在地方有司之留心察访耳"，"天地生才，不在上，则在下"，"但按名位委任，势必至于误事"。名位委任者，即论资排辈也，如此这般，当然发现不了人才，也必然要埋没人才，乃至误事。

有了人才，还有一个谁去选和怎样用的问题。不是伯乐识不了千里马，选举人才的人必须是有识之士的真才，不然，有才者会被埋没，无才者会得侥幸。王茂荫是懂得这一点的，他说："必先使选举之士，皆属真才。"只有这样，才能"于各途考试之中严行核实，于各途考试之外更切旁招。使有才者不终淹，而无才者无所幸"。有了人才还要会用，要交给会用的人去用。王茂荫说："以有将才之人而交于无才之人用，上既不知所以用，而下又不乐为用，则有用亦归于无用矣。"他还认为，有了人才，一般地使用不行，还要大胆放手使用。他说："方今能者不易得，若得之而不用，用之而不使各路之兵皆为所用，则必不济……终亦与不用同。"

"广保举，以求真才。"他还主张广开才路，不仅要选在职的，也要选在野的，因为"已登仕版，则才具终有表现之时；若伏处在野，或不工制义，或力难应举，则虽有怀奇负异之士，恐终淹没。"于是王茂荫希望各省州县"留心察访，或博通古今，才识非常；或专门名家，精通一艺；或膂力过人，胆勇足备者"，只要访求事实，无论士民，都要按才取用。

这里必须破除资格论的世俗偏见。王茂荫认为选拔人才必须"不论名位，但问其能，再试其胆，有能杀贼敢向前者，即用以带兵"。他要州官发现"如有才兼文武，胆识出众之士，自应随时采访……据实保奏"。王茂荫自己就先后保举过十多人。

"奔竞之风，宜杜其渐。"王茂荫在同治元年给皇帝上了一个《条陈时务折》，就改变社会风气提了一些建议。"奔竞之风，宜杜其渐"，就是反对当官走后门。当时通商衙门的行走司员皆由各衙门"一概优保"，而无考核制度，他遂担心"恐有流弊"，"恐奔竞之风日开其渐，不可不防也。"

除此，王茂荫还极力反对清朝政府规定的可以钱买官的弊政，他认为，出这种点子的人以为可替朝廷筹钱，"故甘冒千古之不韪而不辞，其用心固亦良苦。而考之未详，虑之未深，将来无益度之，而徒伤国体，恐诸大臣之终将悔之而已无及也。"他经常告诫子侄：日后子孙中非有安邦定国之才，不必出仕，只可读书，博取小功名而已。王茂荫亲属中无一人因其高官而显贵。

当然，我们要看到王茂荫人才思想的时代和阶级的局限性。但我们也不要去苛求古人。既然马克思能慧眼识其货币观点，我们当也可借鉴其人才思想。

[原载《安徽日报》1983年1月10日]

王茂荫《条陈时务折》的现实意义

王　珍

王茂荫——自马克思在《资本论》中提及后，经郭沫若、吴晗撰文介绍，自1936年迄今（1990）50多年来我国经济史界多人对他进行研究。但是，大家都只知道他是一位优秀的理财官、杰出的经济学家，而尚不了解他还是一位有胆识、敢做敢言的谏官。他在京城当了二三十年的京官，洞察世情，深知时弊业生，政治腐败。可是早先他官卑职小，难以进言。道光二十八年（1848）他记名御史用，后在家中就提及："欲得补实（指御史），将胸中向来想说的话略行陈奏，坐以两年为期即行告归，既不想京察，亦不愿截取，并无贪恋名位之心。"由此观之，王茂荫的奏疏是经过深思熟虑，能切中时弊要害。现在，我们仅将其咸丰二年及同治元年两次上奏《条陈时务折》略述于后（以下简称两折）。

一、两折上奏的时代背景

鸦片战争不仅打破了清朝的闭关自守，且由于赔款勒索和封建赋税的加重，残酷的压榨，使劳动人民无法忍受，遂不约而同地为生存而奋起斗争。1842年，蒙、亳、颍、涡一带先后形成分散的捻军。1853年联合推张乐行为盟主。1851年，洪秀全又在金田发难，建太平军。当时国内形势动荡不安，内忧外患频发，呈现在全国人民面前的局面是："河决未合，吏治不振，盗风不戢，人才不兴，庶务不治……"可是咸丰皇帝，并未以国家艰危为念，反沉沦淫乐。处此情况下，王茂荫不避艰险，于咸丰二年七月十四日上《条陈时务折》。

1858年，英法联军直逼天津时，王茂荫任兵部左侍郎，极力主张抗击。连上五个奏折，揭露夷人居心叵测，建议积极密筹防备，并上《守备四策》。可惜这些都未引起咸丰的重视，而主政大臣又多倾向和议。王茂荫乃负气辞官，申请开缺。由于清廷之疏于防卫，致引出1860年英法联军直捣北京，酿成"火烧圆明园"的历史悲剧。

1861年8月，咸丰驾崩于热河。同治即位后授命军机处，起用王茂荫，王以身体尚未复原、急切恐难任事为由辞谢。时王茂荫年已六十有四，但敢言之风丝毫未改，于同治元年元月初八日又上《条陈时务折》，用他自己的话来说就是："因思报国，惟有进言，臣力无以效犬马之劳，而臣言或可为刍荛之献。"

二、两折的主要内容

咸丰二年七月十四上奏的《条陈时务折》，一共提出四个问题：

（一）请密饬内大臣传谕以息浮言也。当时京城流传咸丰喜好音律，采办梨园之说，王茂荫建议暗修慎独，遵"止谤莫如自修"的古训，用实际行动证明没有此事，以息浮言。实际是王茂荫巧妙地借用群众议论以图制止咸丰采办梨园也。

（二）请于军机大臣责以重大而宽其琐细也。军机大臣原以为参画机要、辅佐皇上为务，而其时军机大臣皆管部务，且有兼两部者。一部之务日恒近百件，若户、刑两部事务更繁，则日恒数百件。不阅而画，则心难安，阅而后画，则势难遍。王例举汉陈平唯兵刑不知、钱谷不对，故能出奇计以制胜。房杜虽日不暇给，而唐太宗反责他难以助朕求贤，指出军机大臣应着重处理枢密重大之务，减少琐细之事纷扰。复建议军机大臣唯管部务事关紧要之事，其余放手司员办理。然后集中精力"采访舆论，体察人才，访求吏治"。宽其琐细，正可责以重大。

（三）请责臣工以令之必行也。王茂荫认为"令出推行"则国治，所谓令重则君尊。故凡人君发号施令，唯当慎持于未出之先，不宜轻格于既出之后，此其一。行令必先思能行之法，如不能行当更求可行之方，要必期其能行，且行之有效，此其二。令行必始自京师，由近及远，一方行而四方皆可渐行，一事举然后百事可渐举，此其三。

鉴于当时有令不行，任凭皇上谕详告诫，部议科条极其严密，但终因上下轻玩未能实行。举"崇俭禁奢"为例，虽然皇上肫切晓谕，礼部颁行条规，而京城奢靡之风毫未少易。在礼部认为将规条一颁，告示一出，即无余事。在各衙门不过添一层案牍，多一番转行，于风俗安有整顿？

为此，王茂荫提出令出唯行之议。每令必提出切实可行之法。破欺饰，要务实。使臣工莫敢怠忽，黎庶莫敢轻玩，而整顿庶几有基。

（四）请严禁州县假冒劝捐以肥己也。咸丰元年户部奏请准商民出资助饷，而州县吏胥，藉劝捐肥己。民捐一千，令书五百，另五百不登记暗饱私囊。缘民多畏累不敢轻露，地方人士又无从得其实在证据，是以未便指参。蠹国病民，莫此为甚。且东南各省连年灾难，劝捐劝赈，已甚拮据。如不惜养余力，则富亦立穷。因此，王茂荫建议皇上严饬督抚，凡州、县有抑勒贪婪情事，即行严参治理。

同治元年三月初八日，王茂荫又上《条陈事务折》。该折提出五个问题。

（一）天象示警，急宜修省也。星象变异，风霾屡作，雨泽愆期，此乃天象。王茂荫实借星象变化等自然现象，劝皇上暨两宫皇太后进行修省。

（二）责任重大，务宜专一也。时军机处总管衙门事务，而事务又集中议政王一人。每日庶务纷至沓来，几于应接不暇。而皇上以诸凡重务必议政王管理方可放心，这样却极大地浪费了他的精力。

查同治登基，以恭亲王奕䜣为议政王，掌军机处。权倾天下，各部事无大小，都取决于他。因此，王茂荫建议议政王宜专心机务，其余事件综其大纲，集中精神周察于各将帅、督抚与各部院大臣之间，则天下自能治矣。

（三）言官宜务优容也。御极以来，广开言路，优奖谏臣。然诸臣所忌不敢尽言。古者立谤木欲闻己过。唐宪宗以谏臣多谤讪朝政，欲谪其尤者一二人，以儆其余。李绛曰：人主孜孜求谏，犹惧不至，况罪之乎？王茂荫更指出人之学识心术，原自不一，正可因言以知其人，分其贤愚而后用，且谏官论政乃朝廷之益，故应优奖言官也。

（四）府尹不宜兼部务也。咸丰谕旨：顺天府尹石赞清，兼署刑部侍郎。王茂荫认为顺天府管辖廿四州县，事务殷繁。贤能之员犹恐未能周到，况且刑部事务亦繁，若不存心部务，则虽添一员亦如无有。若将部务存心，则一心难以两用。其次，两署之事，处理、要求未必尽能符合。府尹又为堂官，实非慎重公事之道。故建议不兼署。

（五）奔竞之风宜杜其渐也。通商衙门行走司员皆从各衙门选送，因系办理洋务事件，故破惯例一律优保，今年竟有到署不久亦得保者。王茂荫以为过于优异恐有流弊，各衙门当差人员皆以营求保送为得计，于本衙门事件悉皆抛荒。恐奔竞之风日开其渐，不可不防也。

三、两折上奏后的效果

咸丰二年的《条陈事务折》上奏后，毫无反应。咸丰未做任何批示，也无丝毫改进。政治玩忽仍然如故，此奏折未起任何作用，不过增添一层案牍而已。

同治元年，王茂荫的《条陈事务折》上奏后，引起了清廷极大的关注。东西两宫及其恭亲王（因同治年幼）审议后，作了长达1200余字的谕旨，逐条做了解释、答复，并提出了具体措施，大意是：

（一）接受意见，认真修省。

（二）议政王于一切政务当综其大纲。

（三）广开言路，不见责言官。仍着各据实直陈，无稍徇隐，朝廷将细察其才识兼言论，破格优奖。

（四）刑部右侍郎着吴存义署理，石赞清署毋庸兼署。

（五）总理各国事务衙门的优保取消，今后一律按定章办理。

总之，该折对澄清当时吏治起到一定作用，该折上奏后33天，王茂荫被任命为左副都御史。

四、两折的现实意义

王茂荫虽然是一个封建王朝的官吏，可是他有治国之心，敢于进谏，通过社会调查，提出时弊所在以及改革的建议。他提出的许多纠正措施，有的和当前政策吻合，如优容言官正是我们党倡导的开展批评与自我批评和发扬群众智慧，建言献策。奔竞之风亦是不正之风，也在反对、防止之列。有的仍有取用意义，如"令行禁止"这个问题于吏治至关重要，看一看王茂荫这方面的论点，不无启发。因此，深入研究两折，有重大的现实意义。

[原载《徽州社会科学》1990年第1期]

王茂荫人才思想探析

曹天生

王茂荫是马克思在《资本论》中唯一提到的中国人，他的经济思想特别是货币理论十分丰富。随着新史料的发现，我们认为王茂荫的政治思想等同样十分丰富。本文在前人研究的基础上，依据新发现史料，对王茂荫的人才思想进行深入探讨。

一、衡量人才的标准：“德、才、识、存心”

第一，王茂荫衡量人才标准的提出。王茂荫关于衡量人才的标准并不是在他的奏议中表达的，而是出自他为其二姑父、二姑母七旬寿所作双寿序内王茂荫的二姑父、二姑母《恭祝例授儒林郎、貤封奉直大夫梅庵姑丈大人，列封安人、貤封宜人、从洪门二姑母大人七旬双寿序》内。在序文中，他说：

世之论人者，每重士大夫，而轻商贾，以托业为尊卑。意殊不谓，然夫人亦论其才识与存心耳。才、学、识三者并重，然学成于人，而才、识必本诸天生。而才、识优者，则学焉，而益以扩之；生而才、识短者，虽学亦适成迂腐。彼寻章摘句，兀兀穷年，置世务不问，并不能治一身者，固不足论。即技擅雕龙，文高倚马，身处人上，机而所见出市井下者，岂少也哉。至存心不正，则才、识虽优，适为天下患矣。若姑丈之才、识，则诚有过人者，其治事则用人理财无不曲当；其论事则烛照数数计罔不符合。茂荫随侍之余间，有所请必举事理之事非，人情之诚伪，时势之难易，曲折从容，推阐至尽。私心窃计，以此佐国家，议庶政，所谓谟明弼谐非耶，即不然而治一方一邑，亦必有可观者。独惜早膺家计，不获卒业于学为世用耳。然其立心之仁厚，持躬之端谨，居家之孝友和顺。上事父母，承颜养志，中处兄弟则友克恭，子侄数十人共爨而居，秩然蔼然；周邻里，济孤贫，必酌理势之可行，而不务为名高。固已所谓施于有政，是亦为政矣。[①]

他接着又说：

姑母幼敏慧，奉伯祖母命，以先祖母为母，先祖母亦子之，与先大夫亲爱如同胞。先大夫夜读书，姑母在侧，恒举所读与讲解，辄能通其意，且记之不忘，以故明大义、识大体。于归后，所以事舅姑、处妯娌者能敬且和，勤以持家，俭以约已，而于拯匮资无，嘘枯吹槁，则尤若性生。建新亭以荫暍人，修古路以利行旅。诸凡善举，姑丈力行之，姑母实力赞之，故诸颂仁风仰惠泽者，尤称盛焉。凡三纳侧室，生三子鞠育顾复，皆以其身任之，诸子不知非所出。盖生之者，其母而饮之、食之、教之、诲之者，皆姑母也。今且以抱子者抱孙矣。[②]

王茂荫的这篇祝寿序文，写得很有特色。开头祝贺语后，便切入议论议题。其关于人才思想的论述，新颖透彻。归纳起来，为"才、学、识、存心"四个方面，但他认为，四个方面并非并列关系，前三者构成人才的才的方面，后一者构成人才的德的方面，但前三者又最终归结到最后一者。

第二，作为人才的才的方面，按王茂荫的论述，有"才、学、识"

① 王茂荫：《恭祝例授儒林郎、貤封奉直大夫梅庵姑丈大人，列封安人、貤封宜人、从洪门二姑母大人七旬双寿序》，载《王茂荫集》，中国档案出版社2005年版，第178页。
② 王茂荫：《恭祝例授儒林郎、貤封奉直大夫梅庵姑丈大人，列封安人、貤封宜人、从洪门二姑母大人七旬双寿序》，载《王茂荫集》，中国档案出版社2005年版，第178页。

三个并重的方面。"才",在王茂荫那里,并不完全是我们现在所指的才能、才干等。如按我们现在所讲的"才",无论"才能"还是"才干",都不是天生的,主要是指通过后天的学习、实践形成的。如果做这样的理解,就违背了王茂荫的原意,与上下文连贯起来看也解释不通。王茂荫认为,"才"是"必本诸天生"的,即一定要有天分、天智、才华、才气,或者说是人才之所以成为人才的与生俱来的内在潜质。关于人才的天分等,我们已经不再认为是唯心论,而是承认人的才正如人的外貌一样,在内在潜质上,在天分、悟性等方面也是有差别的。王茂荫对于人才的天生的因素是看得较重的,将之作为人才标准的重要方面之一。

"学",即学习、实践。王茂荫虽然没有在这里专门就如何学习做出论述,但显而易见,学对于有"才""识"的人来说,是不可或缺的重要方面之一。不学,"才""识"就无以体现,这应是王茂荫人才标准论中的题中应有之意。从这篇序文的上下文和王茂荫在其他著述中的有关表述来看,他认为,才、识是学的前提条件;只有通过学习、实践,才能使人更有才、识。

"识",我们现在通常理解为"知道""懂得""认识""记住"等,但在王茂荫那里也是与我们现今的理解有所区别的。他认为,"识"和"才"一样,也是"必本诸天生"的。按此,我们理解,这里的"识"除了含有"知识""才能"等含义外,还有天生的一些方面,如人的机敏程度、记忆能力、理解程度等。

以上"才、学、识"三个方面,"才""识"被王茂荫连带表述,而且都是"必本诸天生"的方面,这样看来,"学"在王茂荫那里,是连接"才"和"识"的桥梁,是实现"才"和"识"的手段。这样就构成了"才、识"和"学"的一对关系。王茂荫认为二者的关系是:"而才、识优者,则学焉而益以扩之;生而才、识短者,虽学亦适成迂腐。彼寻章摘句,兀兀穷年,置世务不问,并不能治一身者,固不足论。即技擅雕龙,文高倚马,身处人上,机而所见出市井下者岂少也哉。"这就是说,只有"才""识"优者才可以学习,才可以造就。反之,"才""识"短者虽学无成,或成就不大。

王茂荫还批评一些说法，认为那种论人才"每重士大夫，而轻商贾，以托业为尊卑"的观点是不正确的，认为"意殊不谓，然夫人亦论其才识与存心耳"。也就是说，只要具备"才、学、识、存心"四者的，便都是人才。这里隐含了人才的层次性的观点和人才无处不在的观点。他十分敬佩其姑丈的才、识过人之处，赞颂他的"姑丈之才、识，则诚有过人者，其治事则用人理财无不曲当，其论事则烛照数数计罔不符合。茂荫随侍之余间，有所请必举事理之事非，人情之诚伪，时势之难易，曲折从容，推阐至尽。私心窃计，以此佐国家，议庶政，所谓谟明弼谐非耶，即不然而治一方一邑，亦必有可观者。独惜早膺家计，不获卒业于学为世用耳。然其立心之仁厚，持躬之端谨，居家之孝友和顺。上事父母，承颜养志，中处兄弟则友克恭，子侄数十人共爨而居，秩然蔼然；周邻里，济孤贫，必酌理势之可行，而不务为名高。固已所谓施于有政，是亦为政矣。"在王茂荫的眼里，他姑母的才、识也非同一般女性。"姑母幼敏慧……先大夫夜读书，姑母在侧，恒举所读与讲解，辄能通其意，且记之不忘，以故明大义、识大体。"王茂荫认为，人才是有天分和潜质的人，通过努力学习和实践，形成现实的见识和能力，真正的人才作为才的方面必须才、学、识三者并重，不可偏废。

　　第三，作为人才的德的方面，按王茂荫的论述，为"存心"之说。王茂荫在论述了人才的方面即才、学、识后，紧接着说"至存心不正，则才识虽优，适天下为患矣"。这就是说，一个人才如果存心不正，即使才识是上等的，反而成为社会的祸患。这个思想是十分可贵的。他将人才德的方面引进了人才标准，构成了王茂荫衡量人才的全面标准。

　　在封建社会里，人们关于人才的观念是十分局限的，主要是用官本位作为坐标来衡量一切。从官本位的立场来观察人，当然官位高的就是大人才，职衔低的就是小人才，无官无衔的芸芸众生，何谈人才？王茂荫不同意传统的以官本位作为衡量人才的人才观，他说："世之论人者，每重士大夫，而轻商贾，以托业为尊卑"，他认为这样是十分不公平的，所以他认为不能按照人所从事的职业来判断谁是或不是人才，只要具备了才、学、识、德，谁就是人才。就像他的姑丈，也是人才，因为他无论是在地方上"治事",还是在持家上,都是值得称道的,只不过是由于家庭贫寒,未能考试入仕而已,他并且相信,如果他的姑丈一旦做了官,也一定能做出像样的成绩出来。这种看法,是一种大大区别于传统的人才思想。

二、看待人才的眼光:人才"世所不乏""用人尤重"

王茂荫所处的时代是清政府政治危机和经济危机交迫最盛、国事艰难的时代,治盛世赖文臣,处乱世思武将,文臣武将,就是人才。王茂荫作为心气耿直和对朝廷负有责任感的谏官,对于"朝政之得失,人才之贤否,军事之利害",真正做到了"知无不言,言无不尽"①。当咸丰初年太平天国起义爆发,清朝财政危机日益严重时,王茂荫认为,当务之急是要扭转清廷的颓势,以实现平乱求治,治国安邦。而要达到平乱求治和治国安邦的目的,就必须起用人才和理财,其中又以人才最为紧要。

王茂荫认为,人才"世所不乏",也就是说,任何国家,任何时候,不是有没有人才的问题,而是怎么发现人才和选拔人才的问题。当然,只有发现了人才才能去选拔人才。

咸丰元年九月初二日,王茂荫给咸丰帝上奏折《条议钞法折》。在其最后一条中,特别强调了理财关键在于人才的问题。他说:

自来法立弊生,非生于法,实生于人。顾生弊之人,商民为轻,官吏为重。商民之弊,官吏可以治之;官吏之弊,商民不得而违之也。今于商民交易,虽力为设法不经官吏之手,然官吏果欲牟利,从而需索、扣减,亦复何难?商民兑换,一有扣减即不敢用,将使虚名徒悬,而利不通于上下。论者因以为钞不可行,似非钞之不可行也。保甲、社仓,

---

① 李鸿章:《诰授光禄大夫吏部右侍郎王公神道碑铭》,载《王茂荫集》,中国档案出版社2005年版,第253页。有的文献标作者为方宗诚,见缪荃孙《续碑传集》卷11,此亦对,该文实为方宗诚为李鸿章代撰。

良法具在，苟非良吏，亦终不行，是岂法之过与？州县得人，则商民奉法；督抚得人，则官吏奉法。是在圣朝洞鉴之中，又不独钞为然矣。唯是明臣丘濬谓："钞不可行，以用之者无权也。"故行钞尤贵称提之法。称提之法，则在经国大臣相时之轻重而收发操纵之，庶几可以经久。①

王茂荫在《条议钞法折》中所奏理财问题谏议十条，前面九条论述理财的问题，但他最后谈到人才问题，强调了人才问题的重要性，因为离开理财的人才问题，一切均归于空谈和空想，所以，王茂荫在《条议钞法折》中实际上指出了一个理财与人才的关系问题。如果说，在这份奏折里我们还不能看到王茂荫关于人才的直接的有关论述的话，那么，在咸丰元年九月二十日《振兴人才以济实用折》中，他的论述就更直接明了，他向咸丰帝奏道：

治平之道，在用人理财二端，而用人尤重。用非其人，财不可得理也。顾用人必贵得人，而得人尤必先赖作人。作人者何？举天下聪明材力而鼓舞振兴之，俾务为有用之学，以济用也。聪明材力，世所不乏，务于有用，则用得其力；务于无用，则用不得其力。②

这里，王茂荫不仅指出了在理财与用人之间"用人尤重"的观点，而且指出了任何时候人才都是不缺乏的，只是在于发现人才和正确使用人才的问题。由此可以看出，王茂荫在咸丰初年国家内忧外患、财政经济十分窘迫的情况下，仍然认为选用人才更重于理财，进而又认为人才"世所不乏"是很深刻的。

在中国的历史上，重视人才的事例是非常之多的。三国时代，有刘备三顾茅庐的故事，因为刘备得了诸葛亮这个人才，才有了三足鼎立、天下三分的局势。唐太宗李世民在总结他取得天下的经验时也认为"致安之本，惟在得人"。与王茂荫同时代的睁开眼睛看世界的第一人魏源也

① 王茂荫：《条议钞法折》，载《王茂荫集》，中国档案出版社2005年版，第5—6页。
② 王茂荫：《条议钞法折》，载《王茂荫集》，中国档案出版社2005年版，第5—6页。

王茂荫人才思想探析

曾说"财用不足，国非贫，人才不竞之谓贫"。总之，历史上一切有作为的政治家和有识之士都十分重视人才。王茂荫亦十分重视人才在治国安邦中的作用，他论述到：

> 臣见今日之天下，似未可作晏然无事观也。外则英夷之祸心包藏，而未知发于何日也；内则粤省之贼势滋蔓，而遂以至于今日也。山野则有匪，河海则有盗，隐匿讳饰所不能尽者，月或数闻焉。治盐，而盐之利未可必兴；治漕，而漕之费未能尽革；治河，而河决又见告矣。此犹得谓无乏才之虑乎？①

这里，王茂荫深表了他对时局的忧虑，同时又表达了他对"乏才"的感叹。需要向读者指出的是，王茂荫此处所谓"乏才"，与前所提人才"世所不乏"是不矛盾的，因为从王茂荫的前后表述来看，这里所指的"乏才"，实际上是指没有把真正的人才选用到相应的职位上去，是尸位素餐的庸才、蠹材当道。非但如此，王茂荫还对当时朝廷得人难发出了深深的叹息：

> 臣尝见夷务亟时，成皇帝诏访才能出众、深通韬略之人，而下无以应矣。夫急而求之，缓而置之，此孟子所谓"苟为不畜，终身不得"也。臣又尝见，内外臣工每遇盘错，辄曰无法。夫国家所以重赖臣工而宠异之者，为其有法耳。若皆以为无法，即何不思访求有法之人而用之？为天下得人难。②

每当王茂荫看到清政府国势趋弱，国内外矛盾尖锐复杂，危及清政府统治之时，王茂荫总是认为要选用真正的人才去解决危机，以保持封建王朝江山社稷的稳定。他不断地向咸丰帝上奏，谏议皇帝能够重视人才选拔和任用的问题。如咸丰六年太平天国起义的势力范围已经延伸至

① 王茂荫：《振兴人才以济实用折》，载《王茂荫集》，中国档案出版社2005年版，第7页。

② 王茂荫：《振兴人才以济实用折》，载《王茂荫集》，中国档案出版社2005年版，第7页。

东南数省，清军在强大的太平军面前显得十分孱弱，不堪一击，节节败退。是年八月，王茂荫上了《荐举人才折》，他强调说："方今所急在将才，尤在吏才。盖得一将才，可以平乱；而得一贤督抚，则该省自不乱；得一贤牧令，则该州县自不乱。"①

王茂荫不仅能充分认识到人才的重要性，认识到人才与处理急务之间，人才更为根本的重要性，而且还认为人才"世所不乏"，这就是说，任何时候，人才总是不缺乏的，问题在于如何发现人才，如何使用人才。这就给我们以两方面的启示：中华民族是一个充满智慧的民族，任何时候都有各种各样的人才，任何时候都不能抱怨缺乏人才，这是一方面；另一方面，人才在于发现，在于培养，在于如何任用，这就要求发现和培养人才的人更要有智慧，世所谓"千里马常有，而伯乐不常有"就是这个道理。当然，人才的选拔和任用主要还是由阶级和一定的社会制度所决定的，这就决定了对于人才的认定、培养和选用是有一定的阶级的标准的，伯乐的眼界当然就更受自己阶级性、智慧程度和知识结构的限制。在剥削阶级社会里，由于社会制度自身的局限性，发展到一定历史阶段而走向衰亡的必然性，因此，即使正如王茂荫所期望的那样发现和起用大批"世所不乏"的人才，他们也无回天之力，以挽回颓局。但无可否认的是，一定阶级中的有识之士，确实有时也能够推迟或延缓这种颓势。无论如何，王茂荫关于人才"世所不乏"的观点，对于我们现今发现、培养和选用人才还是有着启迪意义的。

三、培养人才的目的："蓄以待用""以济实用"

王茂荫本人是靠科举成功而成为封建高官的，但奇怪的是，他作为一个得益于科举之人却对科举制度提出了较多的批判。也许正因为王茂荫对科举制度太熟悉，太了解，所以能看到常人所看不到、看不透、看不全、看不深的关于这个制度的弊端。王茂荫认为，科举取士的人才，主要不是实用人才，他十分痛惜许多人为了科举功名，其聪明才智全部

① 王茂荫：《荐举人才折》，载《王茂荫集》，中国档案出版社2005年版，第122页。

专攻于与民族进步无多大关系的摹墨卷、作小楷上，而将许多有用之书束之高阁，无暇攻读。为此，他主张要培养人才"蓄以待用"，"以济实用"。

"蓄以待用"，是指要造就各种各样的后备人才，后备人才造就了，一旦国家需要，可以随时起用；"以济实用"，实有两方面的含义，一是培养的人才一定要任用，二是要培养实用型人才。如何实现人才培养的目的呢？

第一，改革科举制度。他认为，旧有的科举制度弊端百出，靠科举选拔的人才即使是真才，也是极少的一部分，科举取士多不实用，实际上不知遗漏了多少人才。他说：

> 后汉臣诸葛亮，亦有"学须静""才须学"之言。今一专功于墨卷，则群书遂束之不观；专功于作字，则读书直至于无暇。二者之废学，以作字为尤甚。而士子之致力，则于作字为尤专。合天下之聪明材力，尽日而握管濡毫，尚安得济实用？[①]

废除科举制度，这是不可能的，也是不可想象的。因此，他主张改革科举考试内容：

> 请定五门发题，曰博通史鉴，曰精熟韬钤，曰制器通算，曰洞知阴阳占候，曰熟谙舆地情形。以士子兼通为难，专门较易，照从前本经之例，于册内分别填注。[②]

这就是说，科举人才作为未来的官吏，应当掌握有用的知识和掌握切实的才能，即历史学识、军事学识、工艺制造和数学计算、天文和地理知识等关乎国计民生的实用知识。

改革科举制度的另一重要内容是殿试朝考重文义。因为当时的殿试

① 王茂荫：《振兴人才以济实用折》，载《王茂荫集》，中国档案出版社2005年版，第6页。

② 王茂荫：《振兴人才以济实用折》，载《王茂荫集》，中国档案出版社2005年版，第8页。

朝考选取的依据主要不是放在试卷答案的文义上，而是"但传其字体之工，曾不闻以学识传者；考列在后之卷，又但闻某书极劣，某笔有误，曾不闻以文艺黜者"。他认为，这是"士子所以专务作字"的原因。并指出："作字必无间断而始工，读书遂以荒芜而不顾。士习空疏，实由于此。"王茂荫愤愤然说："至考试试差，以重司衡之选。使非学业素裕，安能衡鉴不迷？乃臣闻，考差者专于诗字求工，而文艺似可不讲。考官如此，士子可知；制义且然，策问更可想。应请令阅卷大臣一并以文义为重，庶几能拔真才。"[1]为此他谏议一定要改变这一状况：

> 请嗣后令读卷、阅卷大臣，勿论字体工拙，笔画偶疏，专取学识过人之卷进呈。钦定以后，即将前十卷与一等卷所以过人之处，批明刊发，使天下晓然于朝廷所重在文不在字，庶士子咸知所向。[2]

第二，广开保举之路以求真才。王茂荫指出，虽然上一年特旨命内外大臣各行保举人才，但大臣们推荐的均是已经登仕版的人员，也就是说，这些被保举的人员都是将要当官或已经做了小官的人，这样的保举，实际上是将人才保举的对象仍然限定在了原来的官吏或士大夫的队伍中，"而草野未及"。王茂荫认为，已经登仕版者，他们的才能最终都有发挥表现的机会，但那些"伏处在野，或不工制艺，或力难应举，则虽有怀奇负异之士，恐终淹没"[3]。因此他请皇帝下命令，让各级官员到"草野"去访求、考察人才，得到真才就推荐，同时主张对保举真才有功的人要视情给予奖励，反之，如果滥加保举，也要给予议处。

> 拟请令各省州县并教官留心察访，或博古通今，才识非常；或专门名家，精通一艺；或膂力过人，胆勇足备者，访验的实，无论士民，准于学政按临时备文，将该生所长申送考试。学政就所长考试得实，文则

---

① 王茂荫：《振兴人才以济实用折》，载《王茂荫集》，中国档案出版社2005年版，第9页。
② 王茂荫：《振兴人才以济实用折》，载《王茂荫集》，中国档案出版社2005年版，第8—9页。
③ 王茂荫：《振兴人才以济实用折》，载《王茂荫集》，中国档案出版社2005年版，第9页。

奏明送国子监，武则奏明送督抚标，均许官给盘费廪饩。国子监与督抚标考试一年，果有过人之能，奏明送部引见，随材酌用，不称者发回原籍，州县教官与民最亲，访察试验既易真确，学政考试犹在一时，国子监与督抚标则期以一年，才之真伪，断难朦混。抑臣更有请者，进贤受上赏，所进果有才能，应视其才能之大小，酌予议叙，以示奖劝。倘所进漫无一长，则必加以议处，以杜干请之弊。①

　　第三，主张造就宗室、八旗人才以济实用。既要说明问题，又要皇帝接受自己的意见，王茂荫在这个问题的谏议上先是彰扬了一下清朝立朝的光辉历史，王茂荫说，清朝以武功开基，"其时，宗室、八旗将相林立，文能安邦，武能定国，战无不胜，攻无不取，用能威震四夷，勋垂万世，曾不屑以笔墨矜能。"②然后再话锋一转，切入议题，说到他目睹"近日"（一种隐讳的口气）宗室和八旗人士"沾染时习，或以吟咏夸风雅，或以书画竞品题"的情况，认为要培养造就人才，造成在全国的影响，"必先贵近"，即从皇族宗室抓起。至于抓什么，王茂荫当然不敢在当朝皇帝面前指指点点，只是提到嘉庆帝的上谕，"八旗满洲，首以清语、骑射为本务。其次诵读经书，以为明理治事之用。"③且认为嘉庆帝的上谕是"圣虑周详，至深且远"④。这也就是说，宗室和八旗人士要学习的"实用"之术，就是经世济国之策，掌握文韬武略之才。

　　王茂荫的这一谏议，尤得刚刚登基不久的咸丰帝的重视。咸丰帝在上谕中先是肯定了王茂荫"请造宗室、八旗人才，历陈近来积习，自系实在情形"。然后要求宗室、八旗、大小臣工"益当奋勉砥砺，求为有用之学，以备国家腹心干城之选"⑤。

---

①　王茂荫：《振兴人才以济实用折》，载《王茂荫集》，中国档案出版社2005年版，第9—10页。
②　王茂荫：《振兴人才以济实用折》，载《王茂荫集》，中国档案出版社2005年版，第10页。
③　王茂荫：《振兴人才以济实用折》，载《王茂荫集》，中国档案出版社2005年版，第10页。
④　王茂荫：《振兴人才以济实用折》，载《王茂荫集》，中国档案出版社2005年版，第10页。
⑤　王茂荫：《振兴人才以济实用折》，载《王茂荫集》，中国档案出版社2005年版，第11页。

四、选拔人才的原则:"唯才是举""用贵得人"

王茂荫认为"用贵得人"。理财要用善于理财的人才,打仗要善于选将用兵。从王茂荫一生举荐的人才来看,所举荐的理财的人才十分鲜见,而举荐的军事人才却有几十位。这可能是因为当时处于内外交困的时代,军事问题是第一位的问题所决定的。王茂荫举荐人才的原则是唯才是举,并力图使之成为清政府选拔人才的原则。

王茂荫举荐人才主要表现是利用自己作为言官上书谏言的条件和机会,积极举荐人才。在谏议中公正评价人才,主张该奖则奖,该罚则罚。同时自己做到以身作则,不徇私情。例如,据王茂荫家乡人的口口相传,一次,王茂荫的舅兄找到他,想通过他捐个举人,并再筹一些钱活动活动,捐一个知县做做。王茂荫便笑着回答:"你也想做官吗?做官有什么好处,我看你还是多读几本书再来做官,否则你的名字找谁去签呢?"他的舅兄还以为王茂荫是和他开玩笑,便笑笑说:"现在的县长有几个书读的多的,告诉你一个笑话,徽州府的府官还叫师爷替画'行'字呢?只要有官做,有钱刮,识字不识字,那又有什么关系?你看我弄钱包比你会,书呆子做官哪里知道弄钱?做官不弄钱,又何必做呢?""县官是专门为刮钱才来的吗?那百姓又何必要这个官呢?"王茂荫这句话说得他舅兄哑口无言。此事虽不见正史记载,但传说甚广,根据王茂荫一贯的行事原则,应该是可信的[①]。

王茂荫为清廷大力推荐人才。曾国藩曾评价王茂荫"以时事方殷,人才为重,故于宏奖风流尤注意焉。前后荐剡,不下数十人。凡所敷陈,多蒙采纳;凡所推荐,多蒙录用"[②]。这里就着重以他举荐军事人才为例来具体说明王茂荫是如何身体力行"唯才是举"和"用贵得人"的主张和原则的。

---

① 参见孙树霖、鲍义来:《〈资本论〉中唯一提到的中国人》,载安徽著名历史人物丛书之《科坛名流》,中国文史出版社1991年版,第384页。

② 曾国藩:《皇清诰授光禄大夫吏部右侍郎加二级谕赐祭葬显考子怀府君行状》,参见《王茂荫集》,中国档案出版社2005年版,第250页。

王茂荫认为："三军之命，系于一将。将得其人，则军用命；不得其人，则军不用命，将行军必以选将为先。"①他为此谏议皇上令各旗营大臣，"或选择曾经出师、历过行阵之员，以资教导，兵丁虽年纪已老，亦堪重用；或延访素习武略、谋勇兼优之士，以资讲求调度，虽出自草野，亦许保举。"②王茂荫站在维护封建统治阶级的立场上，向最高层举荐了一批具有军事谋略之才的人物。

举荐李文安。王茂荫对李文安十分了解，他们二人具有公谊私交上的深厚关系。一是王茂荫与李文安（字式和，号玉泉，别号愚荃）有"三同"关系：二人同为安徽老乡。李文安的家乡为庐州（今称合肥）。乡谊之情在旧时是被十分看重和注重的，一般地很自然地产生密切关系。二人为同朝进士。李文安于道光十八年（1838）中进士，只是比王茂荫晚6年而已。二人同在道光、咸丰两朝为过官。李文安于道光二十三年（1843）就职刑部郎中直至咸丰朝，后经王茂荫的推举后又赏加御史衔。所不同的是王茂荫的任职多，职迁快，职衔高，而李文安则长期担任一职。王、李之间的这种"三同"关系，很容易地产生公谊私交，彼此相互了解和相互信任。二是王茂荫与李文安有着保举与被保举的关系。根据王茂荫的禀性，不是他十分了解和信任的人，他是不会轻易地保荐任职的，更何况，在那个时代，保举人是要承担责任的。《王侍郎奏议》中之《保本籍人员回省带勇折》就有王茂荫保举李文安的记载：

　　窃臣恭阅日抄，安徽桐城、舒城相继失守，工部侍郎吕贤基殉节，贼氛逼近，庐州情形甚为危急。该郡为南北要冲，关系中原大局。现闻巡抚江忠源在六安抱病，郡城大员唯藩司刘裕珍，余俱未到任。兵饷俱无，待援孔亟。此时急筹防御之法，惟有督率练勇，协力剿防，事或有济。但该外督带练勇，仅翰林院编修李鸿章一员，万难济事。臣同乡刑部郎中、记名御史李文安，即李鸿章之父，老成练达，为守兼优，籍隶合肥，情形甚为熟悉，乡里素所推重。该处团练整齐，皆该员于上年寄

① 王茂荫：《论怀庆兵事折》，载《王茂荫集》，中国档案出版社2005年版，第53页。
② 王茂荫：《选将练兵折》，载《王茂荫集》，中国档案出版社2005年版，第38页。

信回里，劝谕乡人先为思患预防之计。若令回籍督带练勇，呼应必灵。

又：已革江苏巡抚杨文定，前因镇江失守，奉旨革职治罪。该革员获罪甚重，臣何敢代为乞恩。唯该革员籍隶凤阳，素敦乡谊，甚得乡人之心。该处人情强悍，散则肆为捻匪，集即可为劲旅。该革员正月间曾遣其亲属回籍，招募壮勇赴江防堵，业已集有成数。若令该革员与李文安一同回籍，带罪自效，协保庐、凤，当可以资得力。以上二员，皆臣素所最悉，属在同乡，理应避嫌。第当此时势艰危，保守庐、凤，即所以保守国家，而保守庐、凤之方，再四思维，更无良策。为此不揣冒昧，吁恳饬令刑部郎中李文安，迅速回籍，带勇协剿。

接着向咸丰帝建议："此时安省情形难以悬揣，李文安系曾蒙记名御史之员，带过引见数次，现在御史又尚空有数缺，可否赏加御史衔，俾得便宜奏事，恭候宸裁。"此建议得到咸丰帝的批准。咸丰帝的上谕："王茂荫奏保本籍人员回省带勇防剿一折，刑部郎中李文安著准其回籍，督率练勇，协力防剿。所请赏加御史衔，准令奏事，殊属非是，著无庸议。"可见，王茂荫对李文安是十分信任的，其关系也是非同一般。

实践证明，王茂荫举荐李文安，可以说，为清朝政府立了一大功。咸丰四年二月，李文安到合肥办团练，与于1853年在庐州办团练的儿子李鸿章会合，后有张树声兄弟、吴毓兰兄弟相率加入，势力渐大，李文安与其子率部在庐江白石山阻击自巢湖来攻的太平军。李文安因这项功劳而被记名知府，并得以号令四乡团练。后于1855年7月暴病而亡。李文安的死，激起了李鸿章的新仇旧恨，1853—1857年近五年的团练生涯的"磨炼"，为李鸿章统率淮军提供了经验，使李鸿章成为清朝举足轻重的人物。从前因后果来看，李鸿章的发迹，与王茂荫推荐李文安不无关系。

推荐上阅林昌彝的著作《军务备采十六条》。咸丰三年九月十六日，王茂荫在太仆寺卿任上奏，举荐福建举人时为候选教授①的林昌彝所著

---

① 教授：宋、元、明、清学官名。清制，于府学设教授一人，掌训教府学生徒。辛亥革命后，始以教授为大学教师的职称之一。

《军务备采十六条》并绘图式。"福建举人林昌彝，近因呈进《三礼通释》，奉旨著以教授归部铨选。该员学问固属优长，而于济时之务，尤多究心。前因英夷滋事，曾著有《破逆志》四卷、《平贼论》二卷及《平夷十六策》。近见粤匪肆扰，又拟有《军务备采十六条》。该员体质荏弱，难任差委，谨将《十六条》抄录，恭呈御览。请首发交大将军以备采用。"①在王茂荫后人保存的资料中，就有誊抄留存的林昌彝《军务备采十六条》，请见笔者点校整理之《王茂荫集》。

咸丰帝阅折后，发布上谕，命将林昌彝《军务备采十六条》交巡防王大臣阅看，以备采择。王茂荫虽然对林昌彝的《十六条》十分欣赏，至少他认为是可行的，因此谏议皇上令各军作为作战参考之用，但王茂荫并未因此而举荐林昌彝出来做官，带兵作战，因为他了解到林昌彝"体质荏弱，难以差委"②。

举荐胡林翼。胡林翼在中国近代军事思想史上占有一席之地，与曾国藩并称"曾胡"，著有《胡文忠公遗集》。咸丰四年十二月初四日，王茂荫举荐胡林翼复到贵州剿除当地的农民起义。他先是历数了胡林翼的剿办"逆匪"的实绩，"闻湖北臬司胡林翼，前在贵州府、道各任，剿办黎平、镇远、都匀、平越一带苗匪，黄平瓮安滋事等案，所到之处，办理有方，士民贴服，匪徒闻风解散，全黔士民至今思之不置。即今桐梓逆匪，年前亦有'胡大老爷在此不反，俟其去之再反'之言。此又见能得其人，自可办理之验。今湖北收复，善后事宜有总督杨霈主之，料理或不乏人。"③然后便谏议"可否请旨特饬胡林翼星驰前往，办理军务"④。可见他对胡林翼的镇压农民起义的能力是大加赞赏和十分信任的。虽然王茂荫这次举荐胡林翼复到贵州剿除当地的农民起义并未得到皇上的批准，但他的这次谏议却直接导致了胡林翼的升迁，次年，胡林

①王茂荫：《请将郭维键交巡防军营差委折》，载《王茂荫集》，中国档案出版社2005年版，第68页。

②王茂荫：《请将郭维键交巡防军营差委折》，载《王茂荫集》，中国档案出版社2005年版，第68页。

③王茂荫：《论贵州土匪情事折》，载《王茂荫集》，中国档案出版社2005年版，第107页。

④王茂荫：《论贵州土匪情事折》，载《王茂荫集》，中国档案出版社2005年版，第107页。

翼由贵东道升任了湖北布政使，紧接着又署湖北巡抚。七年至十年率军进驻太湖，配合曾国藩攻陷太平军的占领地九江，又攻安庆，为曾国藩策划进攻太平军方略。十一年留守武昌，后在武昌死于呕血。

在王茂荫保存流传至今的稿本中，有一份胡林翼的奏折，王茂荫之所以举荐胡林翼，又保存这份奏折，是因王茂荫其时在兵部任侍郎，阅读胡林翼的奏折，也是他的工作职责，王茂荫留存了这份奏折，说明王茂荫对胡林翼的器重。见《王茂荫集》附录部分。

举荐潘铎。据王茂荫《请饬潘铎办理陕西军务折》得知，他举荐潘铎办理陕西军务的原因：一是当时身任云贵总督的潘铎因为战事不能回云贵，而驻扎在陕西，对云南军事自然鞭长莫及，既然人在陕西，就不如让潘铎就近办理陕西的军务；二是他认为潘铎前在湖南时，"守城御贼有效，兵机将略，年来尤为究心。"①

举荐张凯嵩。张凯嵩（1820—1886），清湖北江夏（武昌）人，字云卿。道光进士。初任广西兴业等县知县，参与镇压太平军。咸丰五年（1855）擢庆远知府。同治元年（1862）迁广西巡抚，境内镇压农民起义。六年授云贵总督，次年革职。光绪六年（1880）起授通政使，九年迁贵州巡抚，次年调任云南巡抚，奏准招商集股开矿，卒于任。咸丰三年六月三十日，王茂荫上《请将张凯嵩发往营差委片》举荐。王茂荫的这一奏折，得到咸丰帝的重视，他发布上谕说："太仆寺卿王茂荫奏请将丁忧在籍之广西知县、候升知州张凯嵩发往军营差委等语，张凯嵩着湖北巡抚查明，饬令前往江南交向荣军营差遣委用。钦此。"②由于王茂荫的谏议，张凯嵩被发往军营效力，由于他在广西时就有对付太平军起义的经验，所以，到了军营，如鱼得水，他的军事才干得到充分的发挥，很快立功并升任。

举荐叶灿章、邹培经、桂清、夏家泰、佟攀梅、夏家鼎。叶灿章，广西人，因写有《防御论》，王茂荫先是于咸丰三年六月初五日保荐派他

---

① 王茂荫：《请饬潘铎办理陕西军务折》，载《王茂荫集》，中国档案出版社2005年版，第143—144页。

② 王茂荫：《请将张凯嵩发往营差委片》，载《王茂荫集》，中国档案出版社2005年版，第154页。

在近畿顺天府试办团练，经王茂荫与该员当面交谈、了解，知道了叶灿章亲身经历过多次与太平洋的战斗，而且言谈间，见叶对军务一切"似颇习谙"，故举荐他到胜保军营供职①。邹培经，咸丰三年时，任直隶巨鹿县知县，于道光二十一至二十二年（1841—1842）在京城西城任指挥时，曾拿获要案重犯极多。"但有奉旨交拿之犯，无不如期而获。"用今天的话来说，是个办案能手，是个干才，因此多次获道光帝优加议叙。王茂荫认为这样的人才可调京县，访拿奸细，相信他"必能得力"，谏议将该员交兼管顺天府大臣酌量调任②。桂清，为新授安徽宁池太广道道员，因时胜保屡屡上报军营差委乏人，王茂荫谏议将他派往胜保营③。佟攀梅，道光十八年（1838）一甲二名武进士，武艺优长，箭射尤准，愿随赛尚阿赴广西与太平军作战，曾以军功赏戴花翎。因与乌兰泰意见不合，被参革职。为此人，王茂荫见当时正是清军与太平军作战之时，有用之才，弃之可惜，谏议将佟攀梅发交广西巡抚查看，并进一步谏议，广西若不用，可令其赴江西，交江忠源差委④。这是王茂荫爱惜有作战实际经验之人才的又一个例证。

举荐夏家泰、夏家鼎。咸丰三年二月夏家泰时任户部主事，先上《团练十八则》，后与其兄长夏家鼎拟有《团练六条》。王茂荫详细看了团练十八则和六条，所讲的是："于畿内设立百堡，俾家自为守，人自为战，节节抵御，处处防维。"他认为若照夏家兄弟团练之法，"环卫京城，可收"不战而屈人之兵"之效，"国家有磐石之安，闾阎无抢掠之患，似为至上之策。"⑤加上夏家兄弟"曾经办有成效"，"于筑堡剿贼事宜，留心讲求"，故王茂荫与给事中雷维翰于咸丰三年六月初五日会奏，将吏部

---

① 王茂荫：《请将叶灿华（章）、邹培经交兼尹派委片》《请将叶灿章、桂清、佟攀梅发交军营差遣片》，载《王茂荫集》，中国档案出版社2005年版，第52、62页。

② 王茂荫：《请将叶灿华（章）、邹培经交兼尹派委片》，载《王茂荫集》，中国档案出版社2005年版，第52页。

③ 王茂荫：《请将叶灿章、桂清、佟攀梅发交军营差遣片》，载《王茂荫集》，中国档案出版社2005年版，第62页。

④ 王茂荫：《请将叶灿章、桂清、佟攀梅发交军营差遣片》，载《王茂荫集》，中国档案出版社2005年版，第62页。

⑤ 王茂荫：《请饬夏家泰赴近畿办团折》，载《王茂荫集》，中国档案出版社2005年版，第51页。

候补主事夏家泰和举人景山官学教习夏家鼎，交顺天府大臣令会同地方官，试办团练①。

王茂荫举荐以上各员，得到咸丰帝的同意。其上谕中直接指示"吏部候补主事夏家泰、举人夏家鼎、内阁中书叶灿华（章），均着发往直隶，交桂良差遣委用。夏家泰所呈团练各条，并着桂良体察地方情形酌办。直隶巨鹿知县邹培经，着来京交顺天府差委。"②

举荐博铭、唐宝昌、江长贵。博铭，旗人，咸丰四年时署安徽歙县知县，王茂荫对此人赏识有加，折中写他"识见精明，能洞烛义练局之奸伪，尝拟为《保徽八条》，见者无不钦服。其遇事之勇往，尝因有警，即乘马将徽境边界遍巡一周，谓徽州如住胡同内，断无不能守之事。因格于学政，议多不行，遂以新任有人而去。士民欲留不得，咸深惜之"③。唐宝昌，休宁县知县，甚有勇略，英勇当先。"该县初次被贼，因甫经到任，未及守御而出，谓徒死无益，誓必克复此城。故当克复时，该员皆策马当先。二次被贼，该员业已丁忧，然当攻城杀贼，仍奋勇如前。"④江长贵，都司，作战十分勇敢。咸丰五年二月，清军与太平军在休宁县渔亭作战，"徐荣败后，该都司力战至晚，业已转败为胜，因报至休城，而学政与知府早已闻败而走，孤军不能独立，故亦遂退，贼因得以至徽城。"⑤由于三人均十分勇敢，在徽州的名声甚好，是清政府的得力干将，在镇压太平军方面十分卖力。王茂荫谏议由博铭为歙县县令，并将唐宝昌、江长贵留在徽州，专司团练防堵之事，可保徽州无虞⑥。

举荐胡启文等12人。咸丰六年八月十七日，王茂荫在《荐举人才折》里，一连举荐了大兴县知县胡启文、光州知州郑元善、四川黔江知县孙

① 王茂荫：《请饬夏家泰赴近畿办团折》，载《王茂荫集》，中国档案出版社2005年版，第51页。
② 王茂荫：《请将叶灿华(章)、邹培经交兼尹派委片》，载《王茂荫集》，中国档案出版社2005年版，第52页。
③ 王茂荫：《论荐博铭、唐宝昌、江长贵片》，载《王茂荫集》，中国档案出版社2005年版，第117—118页。
④ 王茂荫：《论荐博铭、唐宝昌、江长贵片》，载《王茂荫集》中国档案出版社2005年版，第118页。
⑤ 王茂荫：《论荐博铭、唐宝昌、江长贵片》，载《王茂荫集》中国档案出版社2005年版，第118页。
⑥ 王茂荫：《论鉴博铭、唐宝昌、江长贵片》，载《王茂荫集》，中国档案出版社2005年版，第118页。

濂、广西署平南县知县李载文、前山东单县知县卢朝安、前陕西西乡县知县田福谦、山东济宁州知州黄良楷、湖北候补知县葛致远、陕西华阴县知县倪印垣、山西知县傅猷著、贵州候补知府韩超、浙江兰溪县训导林鹗等12人，分别介绍了他们的生平和简要事迹，很快得到咸丰帝的上谕，所举荐的人除个别人外大都得到任用①。

此外，我们还可从《王侍郎奏议》中看到王茂荫对荐全以巽《保关陕说》和邵辅《关中十策》的文字。

王茂荫有一个观点，即"非亲旧孰知其才?"并认为为了国家大局，不能因为避讳小嫌而误国之大计。他在奏折中常对皇上直言不讳地举荐自己所熟悉的老乡。如他举荐的陕西陇州知州邵辅和浙江富平县知县江开，说他们"于军务颇能用意讲求"或"亦娴军务"，然后说："该二员均安徽举人，与臣同乡。"②在举荐人才上，做到知无不言，光明磊落。在王茂荫那里，"非亲旧孰知其才?"是建立在他公正无私的行事原则基础上的，他不同于结党营私，更不是拉帮结派。而是说，举荐人才，要建立在熟悉人、了解人的基础上。一般而言，人们总是对自己的亲人、家乡人、同窗等与自己有亲缘、地缘、学缘关系的人或有过工作关系的人较为了解，而对其他人则相对了解较少。因此，作为有责任感的官吏，要推荐人才，当然首先是推荐自己了解且较为放心的人，这既是人之常情，也更是客观事实，无论古今，也无论中外，恐怕都是这样。当然推荐亲旧固然没有什么错误，但对所推荐的人必须考察任用，王茂荫之所以明言所推荐的人才是亲旧，一是被推荐的人本身符合那个时期的人才标准；二是王茂荫确实是从他所服务的那个国家政权的大局来考虑问题的，没有在其中掺杂私心；三是王茂荫是个言官，在用人上他只有谏议权，没有决定权，这也有利于王茂荫避嫌。我们这里所要特别强调的是，王茂荫所谓"非亲旧孰知其才"的所言和所行，反映了王茂荫心底的无私和对封建帝王的忠诚。

在稿本资料中，有一份"备荐卷"，这是王茂荫准备作为举荐的人才

① 王茂荫:《荐举人才折》,载《王茂荫集》,中国档案出版社2005年版,第122—125页。

② 王茂荫:《请饬潘铎办理陕西军务折》,载《王茂荫集》,中国档案出版社2005年版,第144页。

预备人选①。

王茂荫还认为，对于人才要做到知人善任，否则与国与己均不利。他对吕贤基②到安徽办团练带兵打仗就表示疑义。吕贤基到安徽办团练与太平军作战不久，王茂荫就表示了不同意见，他说："周天爵、吕贤基带兵，该侍郎等固当益竭心力。然周天爵之力，足办土匪，恐未足破逆匪。吕贤基一介书生，久任京秩，于外省尚少经历，安能知兵？倘有偾事，虽重治其罪，如国事何？"③事实果如王茂荫所预料，可见王茂荫知人善任观点的可贵。

综上所述，作者研究认为：王茂荫衡量人才的标准、看待人才的眼光、培养人才的目的、选拔人才的原则都是很有见地和特色的，撇开其阶级性和时代的局限性，对于我们今天衡量人才、鉴别人才、培养人才、选拔人才等仍然具有一定的借鉴意义。

[原载《安徽史学》2006年第5期]

---

① 王茂荫：《备荐卷》，载《王茂荫集》，中国档案出版社2005年版，第467—468页。

② 吕贤基(1803—1853)，安徽旌德人，字羲音，号鹤田。道光进士，授编修，后迁监察御史、给事中、鸿胪寺卿。咸丰元年擢工部左侍郎，因太平天国运动发展，清朝统治动摇，曾疏请下诏求言。咸丰三年三月，奉命驰赴安徽督办团练，与帮办安徽团练周天爵会同安徽巡抚办理事务，复奏调兵科给事中袁甲三等至安徽帮同办理团练事宜。九月，至舒城、桐城一带劝募团练，以抗拒太平军，旋驻舒城，十一月二十九日，太平军攻克舒城，迫于形势投水而亡。

③ 王茂荫：《请饬江忠源、瞿腾龙驰赴滁凤协剿折》，载《王茂荫集》，中国档案出版社2005年版，第46页。

王茂荫政治思想研究

曹天生

　　既有关于王茂荫的研究，主要把视角限制在他的经济思想方面，而研究他的经济思想又往往局限于他的货币思想方面①，而实际上，王茂荫的思想是多方面的，并不仅仅表现在经济思想方面，尤其不仅仅表现在其货币理论方面——尽管这些是王茂荫思想的重要组成内容。造成这种情况出现的主要原因：一是王茂荫研究是自《资本论》翻译到我国若干年后才开始的。马克思在《资本论》论述问题的行文注释之处，显然是把王茂荫当作货币思想家来看的②。王茂荫研究的不足很大程度上与人们从《资本论》的中译中开始认识和研究王茂荫的先入之见有直接关系。二是国内关于王茂荫的材料发现有一个过程。王茂荫出生于清嘉庆年间，成长于嘉庆、道光，在道光、咸丰、同治年间，为清廷效命30余载。随着对王茂荫研究的深入，随着一些新材料的发现，我们看到，王茂荫政治思想也是丰富多彩的，它有自己的特点，某些方面甚至是奇特的。

---

　　① 参见曹天生：《本世纪以来王茂荫研究述论》，载中国人民大学复印报刊资料《中国近代史》1999年第3期。

　　② 马克思在《资本论》中是这样提到王茂荫的："清朝户部右侍郎王茂荫向天子上了一个奏折，主张暗将官票宝钞改为可兑现的钞票。在1854年4月的大臣审议报告中，他受到严厉申斥。他是否受到笞刑，不得而知。审议报告最后说：'臣等详阅所奏……所论专利商而不便于国。'"（《帝俄驻北京公使馆关于中国的著述》，卡尔·阿伯尔博士和F.阿·梅克伦堡译自俄文，1858柏林版第1卷第54页）见马克思：《资本论》，第一卷，第146—147页，注释(83)，人民出版社1975年中文版。又见《马克思恩格斯全集》，第23卷，第146—147页，注(83)，人民出版社1975年中文版。

一、"出于至性"的忠君匡君保皇思想

中国历朝历代的封建士大夫几乎都尊奉三纲五常，以修身、齐家、治国、平天下为毕生追求。修身、齐家在己，而治国、平天下则要有"平台"，这个平台便是入仕，成为统治阶级的一员。入仕的途径有很多，其中最便捷的便是读书，参与科举考试。进入统治者的队伍之中后，便可直接为各级上司服务，最终也就是根本上为皇上服务。对皇上尽忠，就成了一切封建士大夫的人生鹄的。尽忠大致有两种表现，一种是"少说话，唯磕头耳"（曹振镛），这种士大夫唯皇上是从，唯唯诺诺，一切为保住自己的乌纱帽为要；另一种则是以"文死谏，武死战"为人生座右铭，敢于在皇上面前犯颜直谏，进则不求名利，退则不畏诛罚，唯帝王之利益是保。王茂荫大致可以归入后者，具有浓厚忠君匡君的保皇思想。在他供职的道光、咸丰、同治年间，清朝廷经历了两次鸦片战争的失败、太平天国和捻军起义对其统治根基的冲击，内忧外患深重。在如此情况下，王茂荫一如既往地、反复地向皇上提出自己关于经济、政治、军事等的谏议，其中一度因主张发行不兑现的纸币而最后遭到撤换职务的处分。但即使在另外的工作岗位上，他也仍然不断地向皇上提出奏议，就连皇上最后都感到他"忠爱出于至性"①，在他请求开缺兵部侍郎数年后，仍然又起用了他，甚至把他放到更加重要的吏部右侍郎的职位上②。

王茂荫保皇思想的特点是既忠君，又匡君，而匡君则是忠君的突出表现。王茂荫的忠君匡君思想在他青少年时代便确立起来。王茂荫自幼饱读儒家经典，他的一部分课稿被笔者发现。这些课稿是他在学习儒家经典时奉师命所写的体会性文章，也就是命题作文。它反映了王茂荫青少年时代对一些问题的初步认识。

---

① "王茂荫由部曹历任谏垣，洊跻卿贰，廉静寡营，遇事敢言，忠爱出于至性。"见曹天生点校整理《王茂荫集》附录二，《礼部奏请予王茂荫恤典折》，中国档案出版社2005年版，第255页。

② "吏部为知照事：文选司案呈同治二年二月□日内阁抄出初九日奉上谕：'孙葆元著转补吏部左侍郎，吏部右侍郎著王茂荫调补'。"见《王茂荫集》附录二，《咨》，中国档案出版社2005年版，第255页。

王茂荫政治思想研究

237

最能集中体现王茂荫忠君匡君，甚至可以称为诲君忠君的保皇思想的莫过于课稿《忠焉能勿诲乎》①。《论语·宪问》云："爱之，能勿劳乎？忠焉，能勿诲乎？"课稿就是王茂荫根据其中的后半句写的体会，表达了王茂荫对忠君问题深刻而独到的见解。

在王茂荫看来，孔圣人心目中的"忠"是"大忠"，凡有大忠之心者必定想要人君受"诲"。所谓的"诲"，王茂荫的解释是"以道格君"。根据我们的理解，他胸中的"道"包括几个方面：（1）有时，即及时。作为忠臣，对君主当然不能为虎作伥，助长其恶，而是要匡救其失误。但在王茂荫看来，不能在君主已经犯了过失才进行匡救，而是要在君主未有过失之时就先行教正之。（2）有情。有人喜欢在朝堂之上当面彰示君主的过失，这种人臣往往能够博得直言敢谏的美誉，但在王茂荫看来，这种不顾及君主颜面的举动是好名的表现，忠君的热忱已经淡薄了；在私家宅第里喋喋不休地把自己的想法讲出了，虽能明哲保身，可于君无补，忠君的深情也大有疑问。此外，尸位素餐的具臣当然不值得一提，就连立一世之功垂一世之名者在王茂荫心目中都是治末而未治本，有其勋而无其学；奸邪谄媚的佞臣不值得一提，就连犯颜直谏的臣子，能让君主感动一时，悔悟稍萌，只要有小人离间，王茂荫认为，最后也只是"正其事而未正其身，有其高节而无其谏术"。如何才能治其本而正其身？在王茂荫的眼里，政教是用来治理天下的，但不是治理好天下的根本，只有治理好君王自身才是根本；选拔人才的，是要使人才品行端正的，但端正的人才也不是根本，只有端正君主之心才是根本。（3）有学，治本之学，是纠君之行，端君之心，而纠行端心，就是要"诲之以道德可修"，"诲之以性命可正"。（4）有术，长久之术，就是要"殷勤开导"，"诲之不倦"。虽然这样做可能会"以忠获罪"，甚至会奋不顾身，达到忘我的地步，连自己不知自己是在尽忠，又被满朝同僚讥为"冒渎"，王茂荫相信，这种忠心总有一天会大白于天下②。

通篇反映了作者浓厚的忠君匡君思想，这和王茂荫入仕以后的表现

---

① 王茂荫：《忠焉能勿诲乎》，载《王茂荫集》，中国档案出版社2005年版，第211—213页。

② 王茂荫：《忠焉能勿诲乎》，载《王茂荫集》，中国档案出版社2005年版，第211—213页。

完全一致，也就是说，青少年时代的王茂荫就确立了他的这一思想，在入仕后也是如斯实践的。言官主要职责是匡君悔君谏君。王茂荫入仕后，任职时间最长的恰是言官。

王茂荫一生中在匡君方面最有影响的一件事就是咸丰五年（1855）二月二十九日上《请暂缓临幸御园折》。当时"时势威迫"，而坊间盛传咸丰皇帝要临幸御园，针对此事，他及时提出了"暂缓"的谏议。他分析了咸丰帝如果临幸御园将会造成的多方面的不利影响，分析中绵里藏针，体现了强烈的匡君意识。王茂荫首先明确指出，盛传皇帝要临幸颐和园，"知其必不然"，可是他还是历陈了六不可：

一不可，虽与北伐太平军作战接近尾声，但"东南大局之艰危，各省小丑窃发"，恐使得他们诡谋肆呈。

二不可，难保太平军不卷土重来，豫鲁之穷民跃跃欲试，恐相互结合，成燎原之势，杨霈屡战屡退，令人担忧。

三不可，兵勇衣食不周，若闻皇帝临幸如常，恐生兵变。

四不可，临幸会使人感到"贼灭无多"而"圣心已宽"，致使失去"天下仰望之心"。

五不可，群臣才识庸下，独赖皇帝一人"振作于上"，若见临幸御园，将致人心懈弛，共耽逸乐。

六不可，公私之困至极，连御园之朝房都无款项可供修理。[1]

此折咸丰皇帝阅后，十分恼怒，发布上谕说：

王茂荫奏请暂缓临幸御园一折，现在并未传旨于何日临幸圆明园，不知该侍郎闻自何人？令军机大臣传问，王茂荫坚称得自传闻，未能指实，殊属非是。在廷诸臣陈奏事件，如果确有见闻，朕必虚衷采纳。若道路传闻，率行入奏，殊非进言之道。王茂荫身任大员，不当以无据之

① 王茂荫：《请暂缓临幸御园折》，载《王茂荫集》，中国档案出版社2005年版，第113—114页。

词登诸奏牍，着交部议处，原折掷还。①

笔者无从考证咸丰帝将要临幸御园之事是事前确有安排考虑，还是仅为传闻中事。如果联想到后来慈禧挪用海军军费修建颐和园之事，咸丰帝的临幸御园之事就绝非空穴来风。再从王茂荫一贯行事较为谨慎来看，他也不敢贸然渎奏。如果临幸御园之事子虚乌有，那咸丰帝就不会简简单单下令将王茂荫"交部议处"，将王茂荫该折"原折掷还"了。从事后看，王茂荫为这事的处分未见有下文，但此事后，咸丰帝对王茂荫心存芥蒂，咸丰帝在位期间，再也没有重用过王茂荫。王茂荫所上《请暂缓临幸御园折》，使皇上从这件事中得到警醒客观上起到了匡君的作用。如果有临幸御园的打算，王茂荫为咸丰帝纠正了一个进一步失去人心的错误，如果没有临幸御园的计划，也使咸丰帝不再提起这件事。但王茂荫为自己的匡君之举付出了很大的代价，我们可从吴大廷于咸丰辛酉年（1861）为《王侍郎奏议》所作序文中的一段话可以了解大概：

十年秋，夷祸日炽。先生遇寓，言辄流涕被面。迄冬，余诣先生，询及上不次超擢，其意盖将大用也，何以言不见用如此。先生谓以《谏临幸御园》一疏积忤上意，因称辜负天恩，复俯案泣涕，不能自已。先生已投闲散，而悃款悱恻，犹如疾痛切身，非真忠君爱国，足以质天地而泣鬼神，其能若此乎！②

自古道，伴君如伴虎，忠君不易，匡君更难，这是规律。王茂荫的保皇，保到愚忠的程度。《请暂缓临幸御园折》被掷还后，仍然根据时事情况，于咸丰六年（1856）四月初三日，再次上折谏议，如果说隔靴搔痒也就罢了，但王茂荫讲的却十分切要而又尖刻。在该折中，他先是根据京城天象不佳、金州发生地震的自然情况，认为是上天向清朝政府发出的警告。这虽然是迷信的说法，但皇帝作为天子，是要接受上天的警示的，这在台面上，王茂荫可谓是"诲君有术"，站住了脚的。而且从这

① 王茂荫：《请暂缓临幸御园折》，载《王茂荫集》，中国档案出版社2005年版，第113—114页。

② 吴大廷：《阮陵吴大廷序》，载《王茂荫集》，中国档案出版社2005年版，第218页。

方面切入来谏议才有分量。接着，他又指出了当时的种种乱象："京城银价，贵至八吊以外，百货转运不来，旗民日起愁叹，苦不聊生，此内之危迫也。各路贼势有增无减，警报日至，勇将被伤，饷或待发年余，兵或时闻溃散，此外之危迫也。"①接下来，他指出要解决当时危迫之势的措施是："唯在求天心之早转矣。然而欲转天心，必求力尽人事；欲尽人事，必求务协民心。何则？天视自我民视，天听自我民听也。夫民之视听，果何在哉？臣以为一在省己，一在用人。二者皆本于一心，而其枢则系乎听言。"②最后，将出现问题和解决问题的症结都归结到"其枢则系乎听言"上。那么，听何言呢？就是听王茂荫关于要皇帝加强"修省"的谏言：

> 天之爱人主，如父母之爱子；人主事天，亦如子事父母。亲意未回，唯咎孝敬有未至；天心未转，唯念修省有未尽。愿皇上之更益深思而内省也。③

> 皇帝"修省"，一要多想民苦，因为民苦而要修省；二要以民之好恶为好恶，加强修省。④

王茂荫还分析说，多想民苦和以民之好恶为好恶，这二者之间"皆本于一心，而其枢则在听言"⑤。王茂荫继续直言不讳地分析当时为何少有人谏言的原因，说出了别人不会说的话：

> 皇上御极以来，屡诏求言，并有"言不逆耳不可谓谏"之谕。凡有裨于用人行政之言，无不仰邀采纳。既而言或无当，乃有奉旨明斥者。斥之第以其无当，初非禁之使勿言也。乃前之言者见多，而今之言者则见少，盖臣下敬畏天威，非诱之使言，即多有不敢言者。今无论其他，

---

① 王茂荫：《时事危迫请修省折》，载《王茂荫集》，中国档案出版社2005年版，第118页。
② 王茂荫：《时事危迫请修省折》，载《王茂荫集》，中国档案出版社2005年版，第119页。
③ 王茂荫：《时事危迫请修省折》，载《王茂荫集》，中国档案出版社2005年版，第119页。
④ 王茂荫：《时事危迫请修省折》，载《王茂荫集》，中国档案出版社2005年版，第119页。
⑤ 王茂荫：《时事危迫请修省折》，载《王茂荫集》，中国档案出版社2005年版，第119—120页。

即如各路军营，某也将不胜，某也将必败，道路传闻，往往应验，而无敢以为言者，或则虑无实据也；或则虑有据而查时化为子虚也；或则虑言之不行而徒招怨也；或则谓权衡自在圣心也，是以皆不敢言也。倘各路必败之军人早言之而去之，何至有败坏之事。至于败坏而后罪之，所失多矣。是以孔子称舜有大智，不独好问好察，必曰隐恶扬善。盖非好问察而人不敢言，即问察而恶不为隐，犹恐善不敢言也。且用人进退之际，臣子有难言之隐，盖惧于圣怒而见斥者意犹浅，惧激圣心而难回者意实深。进言献纳之际，臣子又有难言之隐：盖获听，则人皆翕然而美于上者喜固深；不获听，则人将哗然而归美于下者惧尤深。用人听言，著乎视听，而关乎民心者至大，往往有因不用而民愈望之，因不听而民愈称之者。诚察乎此，而所以得民心者，可知矣。①

从王茂荫所谏议之言来看，与其说他这里向皇帝陈述了谏言减少的原因，毋宁说更表达了他作为一个言官对于自身处境的不满。

接下来，他劝皇帝平日里不要为小事所缠绕，要舍小事，抓大事，皇帝的主要任务是察才选能；阐明皇帝察才选能的必要性和重要性②。

王茂荫还申明，给皇帝上如此的奏折，完全是为国家、为皇帝考虑的，"自顾一身毫无可念，第念受恩深重，无可为报，是用竭其区区之愚，敬行陈奏。"③

此奏折立即得到皇帝上谕，谕中皇帝先是表明了一下自己"兢兢业业""敬天爱民"的优佳表现，然后对王茂荫的谏言表示嘉许，所谓"持论切当，与朕心适相符合"云，并表示自己的态度，实际上这是虚文，因为最高封建统治者实在是难以身体力行的。这个姑且不论，仅就王茂荫这方面而言，从他向皇帝的谏言中，可实实在在看出他忠君匡君的一面。

需要说明的是，现在很多人已经鲜提封建社会一些有为之士"保皇"

① 王茂荫：《时事危迫请修省折》，载《王茂荫集》，中国档案出版社2005年版，第120页。
② 王茂荫：《时事危迫请修省折》，载《王茂荫集》，中国档案出版社2005年版，第120—121页。
③ 王茂荫：《时事危迫请修省折》，载《王茂荫集》，中国档案出版社2005年版，第121页。

的一面，似乎提了就是阶级斗争的观点阴魂不散。我认为，"保皇"实际上是个中性词，在封建社会中，除了农民起义军和篡位者等外，谁不是保皇者呢？所以，从这个层面来认识王茂荫，王茂荫就是一个保皇者，而且这个保皇者是死心塌地的保皇者，但他从不助纣为虐，是封建社会统治阶层中的刚直之士。他肩挑双重责任，一是为皇帝尽忠，尽臣子的责任；一是为民众着想，尽封建士大夫治国、平天下的责任。

二、抵抗侵略的反"逆夷"爱国思想

在王茂荫的奏折中，"夷""逆夷"（外国侵略者）一词频频出现，字里行间流露出抵抗外国侵略的爱国思想。在半殖民地半封建社会逐渐形成的社会条件下，被压迫民族如何认识和对待外国资本主义侵略，是一个新的突出的政治问题。

鸦片战争后，中国社会经济发生了重大变化，特别是遭受到外国资本主义直接侵略的东南沿海地区，社会生活呈现出巨大的震荡。在两次对外战争失败的刺激下，在农民战争的打击下，中国地主阶级和统治阶级高层内部，在对待外国资本主义和如何维护清朝统治的问题上存在着不同的政治倾向。王茂荫作为封建统治阶级中的一名重要成员，受阶级的和历史的局限，他不能也不可能正确地认识和对待外国资本主义，他只是凭着朴素的民族感情，对"逆夷"的侵略行径，表达了民族的义愤。他没有，也不可能提出反对外国资本主义的纲领性观点，但是，他与同时代的晚清君臣相比，还是十分罕见的清醒者，忧国忧民的反"逆夷"侵略爱国思想的倾向也是十分鲜明的。

第一，他提倡"知夷""制夷"，广求御敌之才。

王茂荫提倡"知夷""制夷"的思想主要见于咸丰八年（1858）五月二十九日上奏的《请刊发〈海国图志〉并论求人才折》。该折首先明确了清王朝艰难的处境。自"夷务"兴起，大小臣僚"皆谓无法"，于是只能采取投降政策，"专于主抚"。然而"抚虽以就"，而帝国主义胃口越来越大，已经到了"无法"而又不得不"亟求其法"的地步。于是他向皇帝推荐了《海国图志》一书。这本书对于海外各国特别是英国的疆域形势、风土人情等都有详细的介绍，对于"知夷"大有好处；该书对于如何对付洋人的侵略也开出了药方，有"守之法、战之法、款之法"，对于制夷御敌甚有裨益。因此他建议皇帝重印此书，使亲王大臣"家置一编"，人手一套，并令宗室亲贵、八旗子弟"以是教、以是学"，这样就可以明白"夷难御而非竟于无法之可御"。他强调通过研习此书，并进一步探索创新，可免"无法之患"。守战诸法都要靠人才才能实行，所以他还向封建王朝提出了广求操办"夷务"人才的建议。

《海国图志》是魏源编写的，编撰这本书的目的，用魏源的话来说就是为了"师夷长技以制夷"。"制夷""师夷"的前提是"知夷"，而要想"知夷"又莫过于此书。晚清的帝王将相由于长期闭关锁国，普遍骄傲自大而又愚昧无知，不了解世界大势。鸦片战争爆发后，道光皇帝慌忙打听英国的状况：在哪里？有多大？甚至还问出了一个十分可笑的问题，"英人是否和俄国接壤？"而那些享受着厚禄的高官们一个个竟然都"不知其来历"。当时的姚莹就指出：英人对中国的地理人事探讨了几十年，无所不知。而中国却无一人留心海外局势，故而战争未发，其胜负之数早已昭然若揭了。王茂荫在奏折中特地询问咸丰皇帝：曾否御览？林则徐是近代以来第一个睁眼看世界的人，他曾组织人翻译编辑了一部系统介绍世界地理的书，未果，遭革职流放，他中途把这些资料交给好友魏源，魏源经不懈努力，编成了《海国图志》，这是当时东亚各国介绍世界知识最为丰富的一本书。书成之后在亚洲产生了很大的影响，由于清王朝的统治者们无知而又拒绝接受新知，"墙里开花墙外香"，此书在日本、韩国的影响要比在中国大得多。后来甲午战争，中国惨败给日本，与此也不无关系。王茂荫推荐此书时还特别提到了早已被清王朝"打倒"了的林则徐与此书的关系，这是需要胆识和勇气的。虽然王茂荫对于知夷、制夷、御夷重要性的认识，要比林则徐、魏源要晚一些，可是同其他官员相比，他在这方面无疑是首屈一指的。

第二，他反对在已经签订的不平等条约上做文字上的改动，以维护国家主权，免遭进一步的侵略。

清王朝曾一度将天主教目之为异端邪教，严令禁止，而后由于畏惧洋人，这一政策逐渐松动。同治元年（1862）四月十日，主办"夷务"总理各国事务衙门上奏朝廷，认为《中法天津条约》已规定"向来所有或写、或刻奉禁天主教各明文，无论何处，概行宽免"，而今天主教开始弛禁，所有各项明文应当查明并一律革除，相关条款中"宽免"字样要改为"革除"。当权者也认为，保护洋人传教，或可换取法国协同镇压太平军，因人防而谕令各省：凡涉教民事件，务必迅速按新规办理。王茂荫得知后，于四月初十日即上书，明确表示，如此修改看似无关紧要，却断不可从，"国之所以为国，专在此等处"①。这体现了王茂荫明确的主权意识。主权是一个国家对内高于一切，对外独立自主的权力。清廷如何对待洋教，主要是对内权力，而这种权力受洋人意志左右，当然是丧失主权。当时清王朝大臣当中有这种明确的意识的人非常罕见，大多数连最薄弱的主权意识都没有。在我国刚刚进入半殖民地半封建社会时，在这方面王茂荫确实是个凤毛麟角的人物。可贵的是，他还进一步认为，长此以往，"将来类此者，竟恐尚多"，如若不敢继续坚持原定条约，洋人"志不可厌，将要求无尽"②，欲壑难填。此后帝国主义者对中国的侵略不断加深，特别是甲午之败，使中国陷入了半殖民地的深渊，遭遇了"四千年而十朝未有之奇变"，几乎到了万劫不复的境地。反观王茂荫所言，我们不得不承认他是有远见卓识的。

第三，主张密筹防备，确保京师。

1857年12月，英法联军占据广州后，想乘势强迫清政府签订新约。俄美也趁火打劫。四国公使商定北上，迫使清政府屈服。1858年4月，英法联军到达天津大沽口，并加紧战争准备。在英法联军尚未到达天津之前，虽然朝廷官员中有些人提出备战的方针，但有的不过是慷慨的空论，有的则以为依靠地方绅士办团练就能克敌制胜。"比较有特殊见解的是兵部左侍郎王茂荫，他在奏文中说：应该在北京设防，'战而胜固善，即战不胜，退之城外，亦可以守'。但是这时清朝政府对于外敌，是除非

---

① 王茂荫：《和约不可改字片》，载《王茂荫集》，中国档案出版社2005年版，第142页。

② 王茂荫：《和约不可改字片》，载《王茂荫集》，中国档案出版社2005年版，第142页。

王茂荫政治思想研究

有保证能轻易地获胜，否则绝不敢真正抵抗。失掉京城而长期抵抗是它所根本不敢设想的。在此五年前，农民革命的太平军也曾兵临京津，封建统治者抵抗得是那么顽强，那么有决心。而这回他们对于已经侵入天津的外国侵略者是一心一意只想求和了。"①但忠心耿耿的王茂荫是看不透这一点的，他未雨绸缪，于咸丰八年（1858）三月初八日向咸丰帝上《请密筹防备折》②。奏折中，他认为作为京师，应当做好逆夷入侵的可能，要防止逆夷买通内奸在京城破坏，要注意防火，防止饥民起事等。他希望皇帝和左右大臣，"早为密筹而备预之"③。这表现出王茂荫对"逆夷"进一步侵略的警惕。

同年四月十八日，英法俄美四使已经到达天津。王茂荫在奏折中分析道：英法军舰"今在天津城外，则登陆易易，至京易易"。军情外交已是十万火急，在此关键时刻，他谏议为确保京师这个国家根本重地，提出四条"专为守记"："请皇上暂行进城也"，即要咸丰帝由御园进入京城内，以安人心；"请严守以备固人心也"，即在城内部署设守，并做好宣传鼓动工作，用王茂荫的话来说，就是"讲"；"请广保举以求才能也"，大意是在非常时期要提拔非常之人；"请激励人心也"，即采取多种激励人心的措施以拒敌。他最后慷慨激昂地说："夫国家根本重地，即使万无筹措，犹当凿池筑城；上下同心协力与民守之，况今库藏存有百万，漕米到有五十万，安可委曲俯从，以贻后悔。"④表现了自己坚决抵抗逆夷侵略的决心和信心。

三、安靖地方的社会固基思想

王茂荫心在朝廷，身在京城，但时时关注地方，地方一出现社会不稳定的因素，他便会及时上奏，以便引起皇帝的重视，及时消弭不稳定因素。撇开时代性和阶级性而言，社会不稳定，最终吃亏的是平民百姓，

① 胡绳：《从鸦片战争到五四运动》，人民出版社1982年版，第119页。

② 王茂荫：《请密筹防备折》，载《王茂荫集》，中国档案出版社2005年版，第127—128页。

③ 王茂荫：《请密筹防备折》，载《王茂荫集》，中国档案出版社2005年版，第128页。

④ 王茂荫：《条陈夷警事宜折》，载《王茂荫集》，中国档案出版社2005年版，第130页。

从这方面考虑，王茂荫安靖地方的社会固基思想是一切为政者可借鉴的，在当前构建和谐社会的背景下更是如此。

第一，主张旌表殉难士民以安抚民心，稳定地方。军兴以后，由于清军与太平军连续作战，地方百姓死伤较多，王茂荫上奏，对那些"被难地方士庶人等，或负义不屈而致戕，或被胁不从而遭害，甚或全家罹难，阖室自焚。虽智愚贵贱之不同，实节义忠贞之无愧，此固国家厚泽深仁之所致，要亦下民敷天率土之真忱。我国家劝善褒良，凡平日节妇义民，无不仰叨钦奖，则此时忠魂毅魄，尤宜上荷旌扬。臣闻向来各省死难士民，恩许建祠合祀，其被害最烈者，或从优另予封表。"①凡"于遇贼死节之士民妇女等，有姓氏可查者，悉查明题请旌表，准予祠祀；实系无姓氏可查者，则统书难民总牌社会祔祀；其中或有蹈节最著、被害尤烈者，另行优请旌恤之处，出自逾格天恩。俾守义不渝者，皆沐褒嘉之典，斯闻风知感者，咸深激励之心，则众志可以成城，而群丑无难殄灭矣"②。此折得到咸丰帝的赞同，"准其奏明，请旨分别赐恤。"③"在封建社会，乡里社会重名节，这种重名节实际上是封建皇权主义长期浸润所致，是乡里社会大多数成员尊重和顺从君王本位的心态和意向。"④王茂荫主张旌表士民妇女，是安抚民心，稳定地方之举，让普通百姓从战争的蹂躏中得到些许物质上的补偿，特别是精神上的抚慰，使他们对封建统治阶级感恩戴德。封建社会的普通百姓无法判断战争的正义与非正义，但封建道统意识却是根深蒂固的，他们下意识觉得，谁要是反皇上，就是逆贼叛匪，就是异类；谁如果参加起义，哪怕是被"裹挟"，也是失忠、失节、失贞，就是大逆不道。皇上的旌表，将普通百姓的精神紧紧拴在了封建桎梏上。

第二，主张清匪"趁初起"，要"清匪之源"，防"逆匪勾结"。咸丰三年八月十七日，王茂荫接到家信，得知"七月初九日，有杭州信足五人，带洋钱信物三担，于午未间行过昱岭关里许，突见山林中跳出匪徒

① 王茂荫：《殉难士民请旌折》，载《王茂荫集》，中国档案出版社2005年版，第76页。
② 王茂荫：《殉难士民请旌折》，载《王茂荫集》，中国档案出版社2005年版，第77页。
③ 参见王茂荫：《殉难士民请旌折》附，载《王茂荫集》，中国档案出版社2005年版，第77页。
④ 程啸：《晚清乡土意识》，中国人民大学出版社1990年版，第128页。

十余人，持刀截阻，刀伤二人，将担劫去。该信足等奔十余里，至老竹岭脚村庄，鸣保喊救。该村邀集多人，寻踪追捕。当日傍晚，即于穷崖绝壑中，拿获匪徒六人。次早早间，该处附近百丈崖下，有匪二人，一已跌毙，一伤而未毙，逃往昌化之都亭。地方当时将拿获六人，送县究办。供出此案共十三人，党与共有二十余人，多系邻近县州匪徒。现来三十余人，分为两班，一班在昌化临安县地方，一班在昱岭左近地方，均做小本营生，使人不疑。"①为此他谏议"趁此初起"，将此股土匪一网打尽。并谏议为"清匪之源"计，采用三策：一是"贵用土人"，因为土人情况熟，较官兵更易捉拿小股土匪；二是发布谕旨，"重立赏格"，重赏之下，必有勇夫，赏钱之支出大大少于动用官兵开支的费用；三是在查清匪党人员后，责令匪徒所居住地方之祠族立限交人，王茂荫知道族权有时大于绅权②。在《请饬拿办昱岭关等处土匪折》中，王茂荫指出及时拿办了昱岭等处土匪，不但可以安靖歙县和浙江交界地方，而且还起到防止"逆匪勾结"（即与太平军联合）的作用，可见王茂荫的考虑决不单单是拿办土匪，还有深谋远虑。王茂荫的谏议是从维护封建国家的稳定考虑的，他在本折中所提到的"土匪"，究竟是否土匪，如何成为"土匪"，这是我们所不确知的。这也是王茂荫所不能去探究的。但王茂荫清匪"趁初起"的观点，可为为政者提供借鉴，这便是：凡是影响一方或全局的突发性事件一旦发生，要立即处理，纠事于萌发之初，丝毫不能犹豫不决，以免影响大局。

第三，主张在地方兴利除弊。

道光二十八年（1848），王茂荫丁父忧回家守志时，对当地社会情况做了一番调查研究后，写出《歙邑利弊各事宜》一文，很能反映王茂荫的这一思想。该文由两部分组成，前十条讲当时徽州社会弊端，后六条讲当地社会经济情况。

① 王茂荫：《请饬拿办昱岭关等处土匪折》，载《王茂荫集》，中国档案出版社2005年版，第64页。
② 王茂荫：《请饬拿办昱岭关等处土匪折》，载《王茂荫集》，中国档案出版社2005年版，第65页。

前十条是：

请保富民、请恤商民、请拿讼棍、请拿土棍、请革颓风、请严捕各乡盗贼也、请严禁残害唇坟也、请严禁尾滩拦索也、请照例以办命案也、请用猛以警顽梗也。

以上十条抚字之宜。①

紧接着的部分提出如下六条催科之宜：

粮房户房征收册籍与板串宜清查也、税书宜饬按年造办推收进册也、粮差包甲使费之弊宜除也、欠粮宜先惩稍多之户也、板串之费宜减也、税契之费宜减也。②

该文第一条说徽州富民"近廿年以来，日就颓坏，不及前十分之一"。情况是，嘉庆至道光初年，徽州商帮中的盐业集团经营状况一落千丈，已经外腴中空，濒于崩溃的边缘。道光十二年（1832），清政府实行盐法改革，最终将徽州盐商推上了绝路。到咸丰初年，徽州富户之多，主要靠的是经商，而随着清政府业盐政策的调整，使本来就开始走下坡路的徽商收入骤降，因而，徽州的富户自然也就"不及前十分之一"了。

徽州社会此时也开始出现了变化，所谓世风日下是也。王茂荫将社会弊端总结为十端：书吏讼棍陷害地方富民；外出经商之在乡老小遭地方书吏讼棍的栽害；讼棍结交吏役播弄是非；土棍扰害乡里；颓风严重；土贼与讼棍勾结；毁唇盗坟；于河道拦船勒索③；由于地方官办案不就

---

① 王茂荫：《歙邑利弊各事宜》，载《王茂荫集》，中国档案出版社2005年版，第173—175页。

② 王茂荫：《歙邑利弊各事宜》，载《王茂荫集》，中国档案出版社2005年版，第173—176页。

③ 是指在河道的关键地方设卡，向运送货物的船只勒索钱财。此风在歙县几度盛行。如1985年9月，屯溪在滨江路拆迁房屋深挖地基时，出土两块仍竖立着的石牌（现存屯溪文化局），分别为府宪（徽州府正堂）示禁和遵奉县主（歙县正堂）示禁。讲的是"歙县尾滩地棍，纠众盘踞，霸滩勒索，吁赏示禁，剔弊甦民事"，时间是嘉庆五年八月。查歙县尾滩距屯溪百五十里，屯溪更非府、县驻地，而在屯溪立碑，说明屯溪当时已是新安江上游最大的水运码头，往来船只停泊积聚之处。

例，民轻犯法，命案无数；乡民群而哗哄。王茂荫认为这十端是歙县地方的弊端应当革除。但究竟如何革除，他在行文中大多指出了办法，有的虽未指出，但很容易领会，总的指导思想是不管采用什么方法，这十条以"抚"字为宜，即主张处理这些乡里社会的事，较为繁杂和琐细，不能激化矛盾，采用"抚"的方法，无非是在采用教化、调解的基础之上，借以安定民心、安定地方。在"抚"的同时，对不法棍徒等危害乡里的种种恶行加以惩罚。通过种种除弊兴利的办法来确保地方安定，稳固封建王朝的统治基础。

在后六条里，王茂荫指出了徽州地方经济上的种种弊端：书吏侵吞浮银；一些地方权势者买卖税书以多方需索；粮差包甲需索使费；多粮户带头逃避纳粮；吏胥私加板串之费取民脂膏；税契较重，造成隐而税之风等。王茂荫并为此开出了药方。但在文末，王茂荫归结为"催科"二字。在王茂荫看来，封建国家的赋税收入是不能减少的，无论是地方官吏的贪占需索，还是百姓因税费太重而逃避，都是不能允许的，国课必须完纳。但考虑到地方事难为，只有采用"催科"的办法，所谓"催"，用皖南流行的一句土话来说，就是"猴子不上树，多敲三遍锣"。反复不断地催，采取各种手段催，直至达到"利归于上"的目的。

从王茂荫《歙邑利弊各事宜》，我们可以窥见到，除非万不得已，王茂荫并不主张用"刑威"的办法来解决经济问题，而是主张用比较缓和的办法即主要是经济的办法来解决经济问题，达到在这方面的除弊兴利的目的。王茂荫自幼生长在乡里社会，对徽州乡里社会的情况本来就比较熟悉，自进入京城为官后，又积累了官场从政的经验，再利用这次丁忧守志的机会进一步了解基层社会的情况，从而对这些情况有着自己的独到见解、见识，所以，他主张非万不得已，不要用"威"，即使用威，也是要区别对待，主要惩办为恶者，起到震慑作用即可，并不针对普通百姓和小胥小吏。

第四，主张剿贼保地方必先禁花会。

王茂荫认为，扰害徽州社会安全和安定的，是徽州地区的花会，认为当时太平军之所以进入到皖南，是花会引领的缘故，不管这事确实与否，花会确为徽州地方一害。在花会的防勇"不守要隘，而驻祁、黟之市镇，终日四出，奸淫掳掠，无所不至。又复到处广开花会，以诱愚民。花会向为休、歙之毒，今更移毒黟、祁。黟、祁之人，始受贼害，今受勇害，又受各勇开花会之害。此患之在黟、祁又如此。现闻两邑不胜其害，群起公愤，有欲竖义旗以抗勇之议。若果如此，则徽必内乱。内乱作，必将引贼复来，而徽难保，即浙亦难保。"①经王茂荫的考察，花会"久干严禁，其术类灯谜，以厚利诱人，堕其中者，至死不悔，故又称花灯蛊。本惟闽、广有之，自道光二十八年忽流入歙，渐以大盛，延及于休，因而倾家丧身者不知凡几。至三十年，知府达秀激于众论，亲拿数人惩办，风以顿息。一时士民作为诗歌以称颂之，谓此毒可永除矣，不意上年乃复炽。盖该知府本中人，非不可与为善，无如信一李姓门丁，唯言是听；而廪生潘炳照原名杭恩，因选有控告遂更今名，素夤缘与李门丁结为兄弟。见安省失守，花会渐开，遂说该府，以听开花会可以敛钱招勇，有事可用。该府信之，而潘炳照遂与改行之吴日富，招揽无籍之人，大书义练局为名，而实以开赌场。于是闻风起者数十处，咸属焉而收其利。祁乱作，正有事时矣。该府急求二人，而二人避匿不见。迨至该府另募勇千余，将赴祁，二人闻势已壮，乃复出，招旧无籍，陆续而行。始未得贼信，则互相推诿，逗留不进。迨至二月初五六，贼退已尽，乃于初十后争赴祁城，将贼所未掳去之钱米衣物，律行抢劫以为功。祁城左右数十里。以奸劫死者不计其数。该府于十六日到祁，见勇如此，并不一行惩办，自宜即行遣散。乃他勇皆散，独留花会之勇为防堵，以花会之目为统率，约束无方，费用无节，加以总局开销，日费钱数百串，计月必数万千串，年即十数万千串。贼灭无时，民力有尽，遂使外寇不至，而民已有不聊生之势。"②王茂荫在咸丰四年六月十三日《论徽州续捐局扰害折》的最后，主张"严拿花会肆扰之勇"，这样既是"惜捐款，安民生"之举，还是剿"贼""保地方"之策。虽然王茂荫这篇奏折的根本目的是为了剿灭太平军，但花会之弊亦是地方之一大弊害，其弊不除，

① 王茂荫：《论徽州续捐局扰害折》，载《王茂荫集》，中国档案出版社2005年版，第97页。

② 王茂荫：《论徽州续捐局扰害折》，载《王茂荫集》，中国档案出版社2005年版，第97—99页。

与地方不利，这是很有见地的观点。

四、浸润儒学的吏治思想

王茂荫从复杂尖锐的社会矛盾的客观事实和从维护封建统治阶级的长治久安出发，提出了自己关于吏治的主张。

首先，他大胆提出了一个良吏论。他说："凡为良吏，皆志在勤民而不在获上，必不效趋承，不为阿顺，不事钻营。"①也就是说，良吏就是决心为老百姓辛勤工作的人，而不是事事为上级考虑的人，这种人一定不会去趋炎附势，一定不会去阿谀奉承，吹牛拍马，或被人吹拍而忘乎所以，一定不会去为个人的利益而钻营。这里实际上提出了一个很可贵的思想，就是良吏对下负责。

在封建专制社会里，朕即天下，天下之大莫非王土，率土之滨莫非王臣，皇帝是天子，"君权神授"，一切权力都集中在皇帝一身，皇帝的金口玉言是金科玉律，就是天下万民必须遵守的法律。整个封建国家机器都是围绕皇帝而转的。所有封建官吏的职衔都是皇帝老子敕封和各级统治机构批准的，都是皇帝维护家天下的工具，一切都要对皇帝负责，何来"志在勤民"？何论"在勤民而不在获上"？这在专制年代里，出自一个高级官僚之口，可以说是一个惊人之论。

良吏"志在勤民"，颠倒了封建社会里对下负责和对上负责的关系，本来是一切应对上负责的，现在勤民对下负责，这里面蕴涵了"以民为本"的思想，这是王茂荫吏治思想最精华的地方所在，也是中国古代的民本思想家"民本思想"的延续。

中国古代的思想家认为，民众是国家的根本，这是在观察现实政治和总结历史经验的基础上得出的结论，并非是他们的主观臆想。民众是国家中最广大的人群，是社会一切财富和力量的来源，他们用辛勤的劳动创造了物质财富和精神财富，统治者虽然居于国家的顶端，但最终决定他们命运的却是卑贱的民众。周宣王时期的虢文公就说："夫民之大事

---

① 王茂荫：《荐举人才折》，载《王茂荫集》，中国档案出版社2005年版，第123页。

在农，上帝之粢盛于是乎出，民之蕃庶于是乎生"，民众在战时是战争胜负的决定力量，统治者只有得到人民的拥护才能取得最后的胜利，这是历史所反复验证过的真理，也是贤明的统治者所充分认识和加以利用的。民众是一切事业成功的决定力量，是王朝兴亡的决定力量。

总之，中国传统民本论认为，民众是国家的根本，他们养育了统治者，而且他们也是统治者兴衰存亡的决定力量，统治者的政治活动必须为民众服务，才能赢得民众的拥护，维持自己的统治，这是一个为历代政治实践所反复证明的事实判断。中国传统的民本论还认为，从道德判断的角度上讲，作为民众的管理者、教化者的君主、官吏，理应为民服务，这是他们的天职。历史上统治者们主张在主观上爱民、重民，政治上安民、救民，经济上富民、利民，道德文化上教民的论述不绝史书。历代统治者还提出了一系列的为民措施，如发展生产、抑制土地兼并、爱惜民力、重农抑商、节制用度、减轻赋税、整顿吏治等措施，这也是不争的事实。

中国传统的民本思想对王茂荫的影响很大，他从小生活在儒学浸润的徽州社会，熟读四书五经，因此，民本思想根深蒂固。《论语·为证》载有这么一段话："哀公问曰：'何为则民服？'孔子对曰：'举直错（措）诸枉，则民服。举枉错（措）诸直，则民不服。'"孔子之言偏重于为君当举直措枉。王茂荫有一篇题为《则民服》的幼年课稿，侧重于阐发"民服"。我们可透过他论统治者和民的关系中看到其中蕴涵着的民本思想。

课稿中，王茂荫认为举直措枉，亲贤远佞，与普通民众不是没有关系的。这是被无数历史事实证明了的。他说人人皆有好德之心：每当贤者寂处茅庐，民众皆引领望之，常思奋不顾身引荐贤能；每当贤才得以任用，人民无不欢欣鼓舞，悦服于帝王的洞鉴之明。他又说，人人皆有恶恶之情。每当大奸巨猾尚未执国柄，人民皆怀有生灵涂炭之忧；每当奸邪之人遭摒逐，契合民心，人人皆敬服于帝王知人之哲。他最后还深刻阐述了"小民"不可欺的道理。

可见，王茂荫良吏论的提出绝非偶然的臆想，其所反映的民本思想在其青少年时代就具有了的。按说，任何朝代的官吏，主观上都存在一个对上负责和对下负责的关系的处理问题。王茂荫关于良吏的标准是"志在勤民"，当然不包括对皇帝负责的意思，而是隐含着对重重叠叠的官僚系统的不信任。而且一个"勤"字，还是把那个标准放在为民多做具体事情上，不然，我们就无法理解咸丰帝怎么能接受这样的折子。

王茂荫常提醒清廷要以民为本，在推行钞币时，曾就可能出现的"未便民而先扰民""未信民而先疑民"①的情况，因为他比较了解社会下层，所以预先提出一些防范措施。他深知"凡民畏与官吏交，而不畏与银号交"②，"自来法之弊生，非生于法，实生于人，顾生弊之人，商民为轻，官吏为重。商民之弊，官吏可以治之；官吏之弊，商民不得而违之也。今于商民交易，虽力为设法，不经官吏之手，然官吏果欲牟利，从而需索扣减亦复何难……苟非良吏，亦终不行。"③王茂荫还说了这样一件事，即具官清廉的刘清所到一地，捻兵就退避。太平军攻进湖南时，也有五县不打，说是这五县有好官。"是可见州县官好，不独本境之匪不起，即他境之匪亦不来。"而安徽"庐凤一带府县各官鄙者多，清正者少"，怎么办呢？王茂荫要求皇上"严饬该省大吏将各府亦非独皖省而实为各省"一样，因此希望咸丰帝通饬各省督抚"一体遵照办理，将贪官污吏严行参劾，免致为贼借口，实方今切要之务"④。民本思想是王茂荫良吏标准的来源。

其次，提出了吏才尤重论。王茂荫比较了将才与吏才的关系："方今所急在将才，尤在吏才。盖得一将才可以平乱，而得一贤督抚，则该省自不乱，得一贤牧令，则该州县自不乱。"⑤也就是说，在吏才与将才的关系中，王茂荫认为吏才更为重要，因为"求将才是平已乱，犹不若求吏才可治未乱也"⑥。这里王茂荫将封建国家的人才或大小官员一分为

---

① 王茂荫：《条议钞法折》，载《王茂荫集》，中国档案出版社2005年版，第2页。

② 王茂荫：《条议钞法折》，载《王茂荫集》，中国档案出版社2005年版，第4页。

③ 王茂荫：《条议钞法折》，载《王茂荫集》，中国档案出版社2005年版，第5页。

④ 王茂荫：《请速剿捻匪折》，载《王茂荫集》，中国档案出版社2005年版，第39—40页。

⑤ 王茂荫：《荐举人才折》，载《王茂荫集》，中国档案出版社2005年版，第122页。

⑥ 王茂荫：《荐举人才折》，载《王茂荫集》，中国档案出版社2005年版，第122页。

二，一为吏才，一为将才。按照通常理解，吏才为治国之才，将才为安邦之才，如果我们简单地从这几句话来理解，似乎并没有什么独到之处，但其中却包含着一种较为深刻的吏治思想，即治国何以为先的问题，即主张不要等出了问题再依靠动用武力来解决问题，而要将善于治理国事的人才摆到应当摆的位置上去，使其发挥作用，保持社会稳定，不要出乱子。国家以稳定为先，从这个意义上说，我们认为王茂荫的说法是对的。通过王茂荫一系列的奏折内容来看，他也没有鄙薄将才的意思，实际上，他所推荐的人才大多是将才或文武兼备的人才。

自古以来，武以安邦定国，文以治国兴国。治国兴国主要依靠吏治，吏治则赖吏才。由于王茂荫是从一个特定的意义上提出这个概念的，指的是有吏才有吏治，亦即有效的治理一方事务，使民平安，不致出乱。他举例说："前如嘉庆初年之刘清，以一知县三入贼营，贼不忍杀，带兵所至，贼望而避，其比勋良将，固不待言。即近如六合县之温绍原，能守孤城于四面皆贼之地，非具将才而又能用该路之英奇，曷克臻此。"① 王茂荫讲的刘清和温绍源就是王茂荫理想中的吏才。这种吏才，在历史上又被称为循吏，其共同特征是：受儒学影响较深，率以"经术润饰吏事"，注重礼义教化，循法而宽和，是以儒术治理政务的典范。

王茂荫的吏才尤重论，从国家的治术来说是很有积极意义的，他特别强调了吏才个人素质的好坏而决定一方政事治理的好坏，也符合历史实际。但其中也有理想化的成分，因为制度是腐朽的，即使出了少数良吏也不可能维持长久，时间一长，要么"劣币驱逐良币"，要么近墨者黑。

另外，虽然王茂荫在吏才与将才相较中，还主张在吏才中选拔人作将才，所谓"欲求良将亦可于良吏中求之"，甚至认为"即或有廉善素著而武略未优者，举之亦足励循良而资表率"②。这可能是他看到当时清朝军队腐败到了不堪信任、不堪作战的程度，不然为什么主张由名声好但军事指挥才能并不十分精通的人去领兵打仗呢？这里实际上又是对清朝

① 王茂荫：《荐举人才折》，载《王茂荫集》，中国档案出版社2005年版，第122页。
② 王茂荫：《荐举人才折》，载《王茂荫集》，中国档案出版社2005年版，第122页。

军队腐败透顶的鞭挞。但不管怎样,王茂荫还是不可能完全看清在内忧外患的情况下,当务之急还是军事为第一位的,求将才在当时恐怕更为重要。吏才施治有一个过程,临时抱佛脚,企图依靠良吏去稳定一方是不切实际的一厢情愿。在王茂荫提出这一观点后不久的第二次鸦片战争的失败就证明了,在整个政治腐败的情况下,无论出多少良吏,都挽救不了整个制度崩溃的命运。

不过,我们看到,王茂荫对于将才与吏才的重要性和选拔还是看得很透彻的。除了以上已经涉及的以外,还有许多精彩的论断。如他说:"收一良将之才而人心感奋,收一良吏之才而人心尤感奋。"①他又说:"唯贤知贤,唯才爱才。"②前者道出了人才与人才之间的关系,后者道出了人才与选拔者之间的关系,说明选拔者如果本身不是人才,那就不会爱才,也识别不了人才。这些对于我们今天认识、选拔、培养干部等,都是具有一定借鉴意义的。

再次,提出了惩治腐败急收人心论。在王茂荫看来,急收人心是惩治腐败的目的,惩治腐败是急收人心的手段。王茂荫对当时的腐败官风给予了猛烈的抨击,在《条陈时务折》中,他奏请皇上严禁州县假劝捐以肥私。当时为了解决财政危机,清廷施行劝捐办法,但随之而来出现了官员贪污肥己的问题,富户愿捐五百,州县则勒令捐一千,而捐了一千,登记时则只写五百,其中五百只缴纳而不登记,明为公捐,而暗地里中饱私囊。还有各省通过劝捐所建义仓,清廷本以为是一种便民善政,但一些州县,意存营私,侵吞民脂民膏的情形比比皆是,甚至因劝捐闹出了许多命案③。

王茂荫从减轻老百姓负担出发,提出政府要百姓既捐兵饷又捐仓谷,恐民力不堪负担,谏议分轻重缓急,办急缓轻。为防止官吏的贪污行为,王茂荫要求皇上严饬各督抚于劝捐兵饷事宜时暗加访察。王茂荫惩治腐败的言论充斥在许多奏折中,其中以《论徽州练局积弊折》《论徽州续捐

---

① 王茂荫:《时事危迫请修省折》,载《王茂荫集》,中国档案出版社2005年版,第121页。

② 王茂荫:《时事危迫请修省折》,载《王茂荫集》,中国档案出版社2005年版,第121页。

③ 王茂荫:《条陈时务折》,载《王茂荫集》,中国档案出版社2005年版,第16页。

局扰害折》《江南江北捐局积弊折》等为代表。

王茂荫还从维护清王朝统治的愿望出发，多次上书要急收人心，他希望皇上"诚察民之所好者好之，则好一人而可得千万人之心；察民之所恶者恶之，则恶一人而亦可得千万人之心"①。他说，太平军尚知收买人心，他们先派人安抚市肆，照常买卖，不准抬高物价和短斤少两，为此市民百姓无纷扰之累。而清朝的官兵一到地方反而残害骚扰百姓。为此他大为感慨："民为邦本，贼以不扰诱我民，而兵以骚扰迫我民，是驱民心以向贼也，民心一去，天下将谁与守。"②王茂荫请严旨要求带兵将领务必使兵秋毫无犯于民，敢有犯者，兵丁立即斩首于犯事地方，管带员弁亦即处斩。

最后，他提出了一系列加强吏治的措施。如修省以息浮言③，军机大臣要责以重大，宽以琐细，务宜专一④，责臣工令则必行，广开言路，优奖谏臣，府尹不宜兼职部务，杜奔竞后门之风，征灾民以备军用等等。这些在他的《条陈时务折》《条陈军务事宜折》《时事危迫请修省折》中都有较为系统的阐述。

王茂荫的吏治思想体现在他的工作实践中，他一生中举荐了不少人才，其中既有将才，也有吏才，更多的是吏才和将才并举的人物，同时他还弹劾了不少贪污腐败的官员，使他们得到应有的惩罚。他参劾过安徽巡抚李嘉端及其同伙胡元炜、徐淮、杨昌拔等残民墨吏⑤。还参劾安徽巢县知县黄元吉、和县知州李登洲⑥。

参劾胜保，此事较为特殊。胜保（？—1863），满洲镶白旗人，字克斋。道光二十年（1840）中举人，曾任光禄寺卿、吏部侍郎等职。咸丰三年（1853），太平天国建都南京后，被清廷派赴江南，任江北大营帮办军务大臣，旋即奉命尾追太平天国北伐军，北上入冀中，任钦差大臣。

① 王茂荫：《时事危迫请修省折》，载《王茂荫集》，中国档案出版社2005年版，第119页。
② 王茂荫：《条陈军务事宜折》，载《王茂荫集》，中国档案出版社2005年版，第28页。
③ 王茂荫：《条陈时务折》，载《王茂荫集》，中国档案出版社2005年版，第14页。
④ 王茂荫：《条陈时务折》，载《王茂荫集》，中国档案出版社2005年版，第14页。
⑤ 王茂荫：《庐凤练勇请发口粮折》，载《王茂荫集》，中国档案出版社2005年版，第89页。
⑥ 王茂荫：《请将黄元吉李登洲治罪片》，载《王茂荫集》，中国档案出版社2005年版，第56页。

咸丰五年（1855），在山东高唐州围攻李开芳军不下，被逮遣戍新疆。七年，赴淮北，以副都统衔帮办河南军务，奉命进攻捻军，在三河尖、正阳关、六安等地与捻军作战。曾招抚苗沛霖、李昭寿、张龙以及宋景诗、刘占考。十年，参加进攻鲁西北白莲教起义军时，又回京参与"祺祥政变"，得到那拉氏与奕訢重用，回鲁西北进攻农民军。同治元年（1862），再南下攻捻，旋奉命西上进攻回民起义军，以行动傲慢，招致统治集团不满，后以"骄纵贪淫，冒饷纳贿，拥兵纵寇，欺罔贻误"罪，逮捕解京，于次年处死。在王茂荫的奏折里，专门论述人物的，只有胜保一人，在《论胜保折》里深刻地阐述了王茂荫的吏治思想，就是对待官吏，要做全面的历史的分析，因为人总是处在不断地发展过程中的。对于官吏的功过，有功时则奖，则擢升，有过时则罚，则降职乃至罢职。既不能以功掩过，也不能有过时就将人一棍子打死，只要没有根本性的错误，就要给人"戴罪立功"的机会，用人所长。胜保是因功而升迁并被委以重任的，且看咸丰三年七月二十日王茂荫的上奏就知道了①。

奏折中，他一方面将胜保与太平军作战英勇，一再得胜的情况做了表述，另一方面就胜保所领军队与他路军队作战的情况做了对比。同时，他还将恩华、讷尔经额、祁寯藻等人的统军才能做了对比，并论述道："人各有能有不能，所能者不可没，所不能者原不可强。然为巨室必使工师，治玉必使玉人，况军旅大事，安得不任能者！军中得一能人，未必即足济事；而任一不能人，则必足以误事。"②王茂荫在折中并未能直接举荐胜保，谏议赋予胜保更大的军事指挥权，但摆出事实，并云"专赖宸裁"，此用意是十分明显的。

在咸丰三年八月二十日的奏折中，也有胜保在山西"绕出贼前"，可以"扼贼北窜"的话语；九月二十一日的奏折中，又叙述了胜保的功劳：太平军"北来，意在窥我虚实，以图大举入寇。观其屡次窥窃渡河，竟由温而至怀庆，迨为胜保所迫，势不能北，乃入山西，由山西而曲折奔

① 王茂荫：《论怀庆兵事折》，载《王茂荫集》，中国档案出版社2005年版，第53页。
② 王茂荫：《论怀庆兵事折》，载《王茂荫集》，中国档案出版社2005年版，第54页。

驰，不窜陕境，而仍窜直境，其情可见"①。这里也表明胜保所领军队所起的拦截太平军的作用。及至咸丰四年闰七月初九日《论胜保折》中，王茂荫照样先指出胜保的既往的功劳："该大臣之从军也，人皆以杀敌致果削平祸乱期之。比到扬州，屡见胜仗；旋因追贼，由安徽而河南、而山西，奔驰数千里，转战无前，所向克捷。"以致"天下仰如神人；谓国家得此人为统帅，贼可计日灭矣"②。但是，胜保自担任钦差大臣，加都统衔，专任直隶军务后，这么一个常胜将军为什么攻独流不下，攻阜城不下，攻李开芳部太平军人数并不太多的山东高唐州也不下呢？为什么胜保作战前后变化这么大呢？王茂荫听到的原因是：意志懈怠。胜保怕"高唐破后，必责以破连镇，责以南下而破金陵、镇、扬，彼自计不能，因而养此小寇以自安"③，这是第一。耽于声色玩乐，胜保此时"日饮酒为乐，不以军务为重"④，这是第二。

王茂荫认为不完全是这方面的原因，他进一步分析了胜保如此判若两人的另外三个方面：

一是不得民心。胜保在天津参劾谢子澄，因谢子澄深得天津人拥戴，参劾他就失去了天津民心；又因私意参劾山东张亮基，张同样深得民意，参劾他又失去山东民心。

二是不得将心。胜保"乍膺统帅，年轻资浅"，但他轻视下级，"既不能谦冲以用群才，又未能调度出奇"，且与"诸将绝少见面，曾不聚而后谋，谋而后动，每日但传令派某军出队，其出队之如何运谋，如何制胜，即领军人不知，其余将弁又安能识大帅之心？不能得心，安能应手？夫分营围剿，其间相距数里、十数里不等，必待令而动，则南营战而北坐观，东面攻而西袖手，固无足怪。然兵至于不相救应，岂有胜理！军务机宜，间不容发，贼虽诡谲，岂无间隙可乘？有可乘而莫之乘，往往都成错过，则不得将心之过也"。

三是不得兵勇之心。胜保待兵勇分别厚薄，故勇多不为用。用兵宽

① 王茂荫：《请催僧格林沁速赴剿折》，载《王茂荫集》，中国档案出版社2005年版，第70—71页。
② 王茂荫：《论胜保折》，载《王茂荫集》，中国档案出版社2005年版，第99页。
③ 王茂荫：《论胜保折》，载《王茂荫集》，中国档案出版社2005年版，第100页。
④ 王茂荫：《论胜保折》，载《王茂荫集》，中国档案出版社2005年版，第100页。

纵，造成闻令不进，见仗辄退，惩罚不严。

王茂荫认为胜保自入直境以来不能在与太平军的接仗中获胜的主要原因是失去了"三心"。这个分析，比及其他论者所说的两个方面的原因要更为本质一些。对于胜保连连失利，王茂荫也进一步了解到他"喜人称颂战功，又时以百战威声、一腔血愤自负"，造成"谀言日至，善言不闻，一切措施皆误而不自觉"。他举例说：

> 现闻该处，贼止数百，兵逾两万，而该大臣方远调铁工，穷搜废铁，以铸大炮为攻城计。夫以两万之兵，攻数百之贼，围之数月，乃谋铸炮。炮铸成不知何日，窃恐贼不能待，必有他变出，而炮无所用之矣。昔诸葛亮兵数败衄，自咎不闻其过，谓诸君攻亮之过，则兵决可胜。田单以破燕之威，攻狄三月不能下，一闻鲁仲子言而下之。该大臣倘法二子，去其骄气，而以虚心博采人言，高唐之拔，似无庸更待铸炮耳。①

实际上，就是这时胜保以常胜将军自居，骄兵自重，刚愎自用。王茂荫似乎并没有对胜保这样的大吏失去信心，仍然对他抱有希望，出于对国家社稷和胜保本人负责，虽然胜保"举动日非，声名日坏，诚恐将以骄矜致误大事"，但是还谏议咸丰帝要设法促使他"憬然有悟，翻然改为，由战将而进跻于大将"②。

通过王茂荫对胜保的前后奏折，我们可以看到在官吏任用方面，王茂荫主张全面评价官吏的功过，全面分析官吏出现问题的各方面的原因，同时主张对犯有严重错误的官吏，要具体问题具体分析，既严格要求，给予必要的惩戒，又要给出路。当然，如果官吏不能做到戴罪立功，不能改过自新，仍然我行我素，那就坚决严惩不贷。

胜保后来因为久攻高唐州不下，而遭被逮遣戍新疆的处罚。笔者见王茂荫后裔家传资料中有一份安徽巡抚贾臻的奏折，可作为进一步研究胜保为何受到处罚，乃至最后被赐死的材料。王茂荫之所以保存这份材

---

① 王茂荫：《论胜保折》，载《王茂荫集》，中国档案出版社2005年版，第101页。

② 王茂荫：《论胜保折》，载《王茂荫集》，中国档案出版社2005年版，第101页。

料，恐怕也是一直对胜保这个人物关注的缘故吧！

皖抚贾臻奏为大臣倚贼自重误国欺君折

奏为大臣倚贼自重误国欺君，吁恳□断收回兵权以安置（疆）宇而蒸民生折，特参仰祈圣鉴事：

窃念军兴以来，有发有捻有苗，贼党之多，无过皖省，受害之惨，而且久亦□过皖省，故虽上年克复安庆后，郡县渐次收复，军事尚有起色，而户口流亡十去七八，孑遗之民，仅余残喘。臣忝任皖抚，方期次第兴师，荡平群丑，流民渐归，农业有可望。不图贾臻，一意逢迎，胜保迭次奏请督办皖豫军务。夫胜保督师长淮久矣，徒胜保不在，苗患终不可除。苗患不除，亿万生灵永在水深火热之中，无复更生之望矣。臣谬寄专折，坐视吾民之涂炭而不能救，心甚耻之，不揣冒昧仰恳皇上轧断罢斥胜保。假臣数年专责，咸以皖省讨贼之效不效，则求皇上按律治罪，臣不敢辞，不然以臣之愚拙，与胜保共事一方，必至进退。维后患日长，臣一身不足惜，其如国家何！臣素性鲁钝，非敢为过激之言，实以受恩深重，安危所系，不忍知而不言，伏乞圣明鉴察愚衷，大局幸甚！

至贾臻此次坚守颍城，不戮独至。胜保以大臣督办皖豫军务，凭藉宠灵，名为剿贼，实则为叛，人遁逃薮，而尤以苗逆为腹心，任其指使，为之簧鼓圣聪，便一己之私计，忘国家之隐忧，推其流毒，所极实堪寒心。故臣初意解颍围后，拟派布政衔，安、宁道蒋凝学统兵驻扎颍州，并分兵防守固始，以固鄂皖豫三省门户，而通运道。蒋凝学精明干练，必能剿抚得宜。近因胜保招抚苗逆，纵其出入颍城扎之，则加以激变之罪，不扎而或变起萧墙，不但坐失名城，臣数年来选将练兵，成此劲旅，一旦为人陷害后，遇征剿将安恃乎？

此臣之不敢遽遣蒋凝学赴颍者，为此也。微臣愚计知掩败为功，崇事欺饰，即如贾臻前奏，胜保一达颍境，数十万之兵饷不集而齐，及太和移营以后，屡次大败，匿不以亡。而惟以四面受敌，饷道阻绝，请兵援救为词，贾臻之妄不足言，而胜保之不能勇敢，此亦明验也。迨成大吉等进扎大桥集、小运河一带。贼悉北路悍党，倾巢而来，崇图抗拒我

王茂荫政治思想研究

师。成大吉等血战数日，杀贼无算，始可纷纷解围溃逃。而胜保则以贼见伊旗帜、服色相连遁去，飞章入告矣。胜保贪淫溺职，迭挂弹章，劣迹如山，难更悉数。至其攘功炉能，尤为缙绅士夫所鄙恶。臣早备有所闻，特以迭章。①

　　笔者因条件所限，无法确认这份奏折是已经上奏到咸丰皇帝手中还是被留中，抑或为王茂荫令人抄留，但从内容来看，确属机密。现全部再行录出，希望引起学者对胜保之死问题研究的重视。笔者这里更关注的是，王茂荫掌握这份材料，肯定十分了解贾臻参劾胜保的奏折及其详情，不管贾臻、胜保二人之间是否另有间隙，但王茂荫留有这份材料无疑是十分关注胜保在京外的行迹和表现的，这对他参劾胜保肯定形成影响。

　　综合以上四个方面，笔者认为，王茂荫的政治思想也是十分丰富的。首先，他的忠君匡君的保皇思想表现为忠君和匡君两个方面，忠君是一般士大夫对封建帝王的常态行为，而匡君则是王茂荫区别于一般士大夫的地方。为了封建国家的利益，王茂荫甚至不计进退地提出谏言，要求皇帝体恤民情，加强"修省"，言词之激烈，甚至达到"逼君"的程度，这在近代官吏是很少见的；其次，他的抵抗侵略的反帝爱国思想既表现了他坚决抵抗逆夷侵略的决心和信心，也构成其政治思想中最精华的部分；再次，他的安靖地方的社会固基思想具有双重性，一重具有为稳固封建地方政权、服务地方社会的一面，另一重具有社会和谐思想的"影子"；最后，他浸润儒学的吏治思想也具有双重性，一重是其吏治的目标是为了维护封建统治，另一重是他的加强吏治的出发点是从民本主义思想出发的。根据笔者的初步研究，这四个方面构成王茂荫政治思想的主要内容，从而又构成王茂荫思想的重要组成部分。最后还要说明的是，王茂荫政治思想的特点是以其经济思想凸显出来的，因为他的经济思想直接的是为国家政治稳定、抵抗侵略、安定民生提出来的；王茂荫的政

　　① 王茂荫：《皖抚贾臻奏为大臣倚贼自重误国欺君折》，载《王茂荫集》，中国档案出版社2005年版，第409—411页。

治哲学即思考经国问题和实践行事的一切出发点是"先求无累于民，而后求有益于国"，这是笔者在另一篇论文中所要讨论的问题。

[原载安徽省徽学学会2010年12月编辑印行的《徽学丛刊》第八辑（总第十辑）]

吏治・管理

王茂荫管理思想简评

王先斌

自20世纪30年代以来，我国学术界对清朝著名经济学家王茂荫的生平、经济思想等方面进行了深入细致的研究。笔者在研读《王侍郎奏议》时，有感于王茂荫在管理方面的独到见解，因此不揣冒昧，择其相关论说略表管见，妄议之处请专家指正。

一、倡导"振兴人才以济实用"

在王茂荫所生活的时代，清政府已开始走向下坡路：政治上制度僵化，官场腐败；社会矛盾尖锐，先后爆发白莲教起义、太平天国运动；内忧外患，自然灾害频仍，鸦片战争失败，白银加速外流。时任御史的王茂荫于咸丰元年（1851）上疏《振兴人才以济实用折》，首次提出自己的人才观。王茂荫说："治平之道，在用人理财二端，而用人尤重。"他强调治国的根本一在于人事管理，二在于财政管理。两者之中，人是管理的主体，是各种管理的关键，人事管理重于财政管理，"用非其人，财不可得理也。"王茂荫还结合改革科举、整顿吏治等论述造就人才，选拔人才和使用人才的关系，力图挽救清王朝的颓势。

造就人才

在我国封建社会，科举是入仕的基本途径，统治阶级主要依靠科举选拔官吏。参加科举也就成了读书人（"士"）入仕求功名的敲门砖，"士"也就成了四民（"士、农、工、商"）之首。然而，科举制度延至清末，积弊甚多，它使得"士"专为考试而读书，不愿因而也就没有时间参与其他社会实践活动，即所谓"两耳不闻窗外事，一心只读圣贤书"；纵使是读书也不是研究学问，只是"专功于墨卷，而群书遂束之而不观；专功于作字，则读书直至于无暇"，使得通过科举所选中的往往是严重脱离社会实践、不能解决实际问题的人。这样的人当然不能胜任国家管理之职，更不用说解决复杂的社会问题了。王茂荫认为，"百年之计，莫如树人"，他从统治阶级的利益出发，认为造就人才是关系到国家和社会的大问题。他提出要按"经济实用"的标准造就人才，并要求各地学政、教官尤应注意引导，"使天下聪明才力咸务于有用之学"，"俾士子早知向学"。

选拔人才

王茂荫认为，人才造就上的误区是由人才选拔方式上的弊端所引发的，因而要改革科举制度，在科举之外应多种方法并用。王茂荫认为，科举不应成为选拔人才的唯一方式，而"求才于考试之外，莫如广行保举"，必要时应破格提拔人才；而且求才时惟才是举，"必能有裨实用方为得力"，而不必问其出身。他提出的人才选拔方法较为集中地反映在《振兴人才以济实用折》中：

"请乡会试务期核实，以拔真才。"当时乡会试的流弊是，只注意头场的制义、试贴，而对较能反映真才实学的二、三场经文、策问则敷衍，难以识别士人有无真学问。因而王茂荫急切要求："自下届乡会试，务以经、策并重。"

"请殿试朝考务重文义，以式多士。"向来殿试独重书法，以致"考列前十卷与一等者，但传其字体之工，曾不闻以学术传者"，"士习空疏，实由于此"。王茂荫主张，殿试应不论字体是否工整，而应"专取学识过人之卷"，并将其公开刊行，以引导士人向学。

"请遴选岁贡，以勖人才。"要改变论资排辈、依年递补的遴选办法，应选取"明通淹贯之士",并将应选者"原卷解部磨勘",再行取舍。

"请广保举,以求真才。"王茂荫主张除保举已登仕版者外,地方官吏更应留心访察,保举伏处民间的奇才异士。

"请造就宗室、八旗人才,以济实用。"王茂荫认为,八旗子弟当时已失去开国之初锐意进取的精神,现在专"以笔墨矜能",或"以吟咏夸风雅,或以书画竞品题。此风沾染日深,诚恐筋力懈弛,日趋于弱,一旦有事,其何以副国家之任?"主张即为宗室、八旗子弟,亦应端本务实,讲求兵机将略,以"有裨实用为贵,徒尚虚荣为耻"。

使用人才

造就人才、选拔人才,目的就是使用人才。为了妥善使用好人才,首先必须制定好的法度。王茂荫认为,"该管衙门议法必期于能行,或献谋而不见听,或力谏而不见从,则虽有真才亦终无以见",达不到提高管理效率的目的。若"以有将才之人,而交于无才之人用,上既不知所以用,而下又不乐为用,则有用亦归于无用矣"。不量才而用,不仅会造成人才资源的巨大浪费,甚至还会造成极大危害。王茂荫推究某些官吏之"所以不得民心之故,首由信任非人"。而若能知人善任,"必能得人济用,则可免无人之患"。

对于管理者要以职论责,加强考核,赏罚分明。王茂荫认为,不同等次的管理者,有着不同的职责。军机大臣上辅皇帝,下统百官,"责任重大,务宜专一",用人行政是其要务,不能陷于日常琐务中,而应"责以重大而宽其琐细";言官"责在竭诚","宜务优容",忌"空言塞责,激直沽名";臣工要在其位、谋其政,各司其守,保证"令出惟行",使法令"立见施行"。而"如奏行不效,必责令推求所以不效之故,另行筹议"。如发行纸币时,官吏作弊比百姓作弊危害更大,因为"商民之弊,官吏可以治之;官吏之弊,商民不得而违之也"。在发行纸币过程中存在的官吏需索、克扣现象,使得百姓不敢使用纸币,最终会迫使纸币发行政策破产。因而,人才是法令得以贯彻的保证,"州县得人,则商民奉法;督抚得人,则官吏奉法"。对于那些不称职的人员,应坚持清除。那些"不能约兵不能恤民之员，必不可用，用之适足误事，断无力之可效"，应请革除治罪。这些人包括：发行纸币时需索、克扣者；明为公捐、暗饱私囊者；奉行不效而又饰奏有效者。至于捐纳科名而无真才实学者，用之则害民误国，决不能用。在位者不能克职尽守，只顾拉关系、跑官位，只会败坏吏治，因而奔竞之风亦应禁绝。

二、坚持"民为邦本"的理财观

民本思想是我国封建社会最为进步的政治思想，历史上进步的思想家、政治家其主张都多少与民本思想有关联，如孟子主张"民为重，社稷次之，君为轻"，戴震呼吁"体民之情、遂民之欲"。王茂荫所主张的"民为邦本"，体现在其纸币发行、整顿管理积弊、活跃市场与安定民心等主张上。

将"利民""便民"作为制定货币方案的前提

作为上层建筑的任何国家政权都必须通过强制手段从社会中获取收入。在人类社会早期，国家政权主要通过强制手段征收实物税及货币税。随着商品经济的逐步发展，国家政权便在税收基础上增加了货币政策、物价政策、信贷政策等新的敛财手段。在王茂荫所生活的时代，封建制度走向衰落，清政府面临严重的财政危机，依靠正常的赋税已不能维持国家政权的运转，封建政权采取发行纸币、加捐加税等掠夺人民的措施在所难免。王茂荫虽总结出历代铸大钱、行钞币、增加货币发行量的措施有"十弊"，但还是首倡发行纸币。他强调自己所提出的纸币发行方案"不取于民，亦不强民，犹弊之较轻者耳。倘舍此他图，盖未有不取诸民者。今日之民，恐不堪命"。通过增发纸币而造成的通货膨胀压力肯定要转嫁给人民，所谓"不取于民"不过是虚饰之辞。不过，依照王茂荫所主张的纸币发行方案，肯定要比清政府所实际推行的货币措施对人民的侵害程度要轻。他在其提出的纸币发行方案中强调管理的重要性：

立法虑深远，立之能行，行之能效。王茂荫认为，货币是人们日用流通之必需品，立法者一开始立法就应该从长计议，要考虑到货币政策能否顺利执行，能否收到实效。他首先推列行钞"十弊"，以求行钞时注意加以克服，"先求无累于民，而后有益于国，方可以立法"。

纸币发行要行之以渐。货币关系到百货流通，与人们日常生活联系紧密。纸币发行之初，投入量要少，要根据人们熟悉和接受程度逐渐加放，以减轻人民的抵触程度，这样就不会扰乱市场，不会对人们的生活产生较大的不利影响。

纸币发行量要限之以制。王茂荫认为，对纸币发行量要加以限制，即以当时"国家税入税出不过数千万两"为标准，来规定"极钞之数，以一千万两为限"，这就能保证"以数实（金属货币）辅一虚（纸币）"，达到"以实运虚，使银钱处处扶钞而行"的目的。这个主张比较符合清政府当时的财政状况，从宏观上确定纸币发行总量，能防止出现过度通货膨胀的失控局面。

纸币发行要持之以信。王茂荫强调，要解除商民对使用纸币的顾虑，不致使纸币发行政策遭到废止，就要使纸币可以兑换：不仅要规定纸币可以纳税、认捐、充作官俸，还应使纸币可以直接兑换现银。"惟收之以宽，斯发之不滞"，尽量减轻商民百姓的损失。

整顿经济管理中的积弊

我国封建政权历来采取事本禁末、重农抑商的经济政策，形成封建国家的经济垄断。这种国家经济垄断总是压制和掠夺民营经济，严重阻碍社会生产力的发展，也抑制了新型生产关系萌芽的生成。附着在国家经济垄断之上的是腐朽的官僚体制和无时无刻不在滋生的贪污腐败。王茂荫入仕之前的生活经历和从商实践，使他对商民百姓的疾苦和国家垄断经济管理的弊端有较为深刻的认识。他从民本主义立场出发，猛烈抨击种种侵夺商民的行为。

许多官吏借劝商民捐资助饷之名，"明为公捐，暗饱私囊"，各地攀比成风，"蠹国病民，莫此为甚"。硬性摊派和强捐逼勒，超出了人民的负担能力，以致逼死人命的事故时有发生。对此，王茂荫强调应"严禁州县假劝捐以肥己"，纾民之难。

各地大员不顾民力，好大喜功，曲意讨好邀宠，大搞花架子工程。王茂荫认为，民力需要养护，商民百姓承担税赋、捐纳"已甚拮据"，各地仍争设义仓，恐其"意存营私"，因而竭力主张缓办，以免人民不堪重负。

江浙一带"银价日昂，钱漕二粮既因以增，而浮收折色又有加无已，民苦不堪，怨嗟载道"，激起民愤，人民公然反抗。王茂荫认为，征粮在前已呈如此形势，征漕在后形势或许更加危急，必须立即采取对策。他认为："正供（正常的税收）不可省，各色杂项陋规可省。"可省的陋规包括：州县政府增定之规、地方豪绅之规、地棍流氓之规。革除陋规应自督抚抓起，由督抚力戒各州县等严格执行。这样可以减轻商民百姓的负担，使地方得到安定，国家正常的税收也较有保证。

长江下游捐局林立，官私杂出。扬州以下沿江各府州县，三四百里之内，有十余局拦江设立，以敛行商过客，名曰捐厘，实同收税。这些捐局有官设，有私设，有名官实私设的。因捐局众多，捐钱层层加码，商人贩运货物不足以保本，只得歇业。泰州等处大米不能卖出，而苏、杭储粮不足，又求购不得，造成市面恐慌，商业凋敝，农民也因之陷入贫困。常规的商业被迫歇业，而国家明令禁止的烟土、私盐则交了捐厘即可畅行，"伤国体而厉商民，莫甚于此"。王茂荫建议整顿这种混乱局面，对官、私各捐局，该拿办的拿办，该禁止的禁止，该裁撤的裁撤。长江下游各捐局，应分别集中设于扬州、镇江南北两大营，减少盘剥，以使"商皆乐输，民无扰累"。

稳定民心，活跃市场

针对当时政治腐败、财政困难、社会动荡的社会现实，王茂荫认为封建政权应"以安民为第一要义"，"商贾流通、百货云集，方足以安民生"。因此，不仅要肃清阻碍商贾流通的捐局积弊，"立即除勒锁押之威"，还应力求活跃市场。

咸丰三年（1853），清政府没有采纳王茂荫的货币主张而开始发行官票宝钞，导致京城"各项店铺之歇业者，竟自日多一日"。对此，王茂荫深感忧虑："若不赶紧想法，恐有罢市之势"，且因店铺歇业而使得不下万人之帮伙成为"无业闲民，既无所事，又不能归，终日游荡于京城之中，又将何以处之"！就在咸丰三年三月，王茂荫还认为"各行店铺之歇业，患在账局之收本"，要求对账局（钱铺）"照律严办"；而到五月，面对民众纷纷取钱，迫使钱铺倒闭的状况，王茂荫意识到发行不可兑现的纸币的危害性，转而为钱铺求情，请求"暂展追限，以恤商而利民"。王茂荫一再强调要保证纸币能兑现现银，否则，"将来货物日尽，宝钞徒存，市肆必至成空"；典铺也将因"资本罄而钞仅存，不能周转必至歇业。典铺歇业，贫人益无变动之方"；百姓贫困交加，社会将更加不稳定。事实上，因为货币急剧贬值，清咸丰十年（1860），不得不中止这项货币政策。

合肥一带盛产大米，向来只销往江苏。但太平军占领南京后，战争阻断了大米的销路。王茂荫建议户部发放官票收购该地大米，以解决其销售问题。从某种意义上说，这也算得是主张政府调控市场。

清政府财政日见短绌，户部一再奏议禁铜，要求禁止民间百姓购买、使用五斤以上的铜器，直到禁止百姓使用三斤、一斤铜器，法令迭更。王茂荫认为，法令迭更失信于民，并且给人民生活带来极大不便。王茂荫质问官僚们："铜器中有日用必需者，如民间之饭锅、水壶，多在一斤以上，并此禁造，民用恐多不便……生计所在，安能呈缴？"另外，"京城内外，铜铺合计不过数百家，每铺缴铜百斤，合计不过数万斤，户工两局月需数十万，其何以济？"他讥讽户部"徒悬一不行之令，使民惊疑"。

三、管理必须立信而有度

在王茂荫的管理思想中，有两点不能不提及，其一是"信"，其二是"度"。

王茂荫所讲的"信"有三个层面的含义。第一层为法的信用。"夫信，国之宝也，民无信不立。"王茂荫认为，法不宜于轻动，立法不可不慎，就是说要树立法的威信，树立政策的威信。"立法必贵能行"，法不能行，不足以立信。立法之所以能立信，在于立法虑深远，还在于有保证法令贯彻执行的人才。第二层为商业信用。中国的封建主义正统派一向视商为末，并以私营商业为鱼肉对象。王茂荫则不，或许因他有从商的经历，或许是因徽商的世风浸渍，亦或许他是个务实的地主阶级知识分子，在他看来，经商成功需要聪明才力，需要敬业勤力，需要知人善任，必须综合各种优良品质和付出艰辛努力，方能取得成功。因而，他相信商人的信用是实在的，是经得住考验的。从经营的角度看，欲"钱存而利有可余"，则"在商贾可行，在国家则不可行"，他对私商银号在纸币发行中所具作用的信赖，甚至超过了相信封建国家政权。当滥发纸币导致钱铺纷纷倒闭的时候，他认为钱商有意藏匿之情形少，"第因一时取钱拥挤，猝不及应，不得已而关闭者"多，请求于此特殊时期，修改律令，暂展追限。其对商民的信任程度可见。第三层含义为纸币的信用。货币思想是王茂荫经济思想的主要部分。他的纸币发行方案不同于他人之处，在于他主张发行可兑换纸币，强调保证纸币的信用。

王茂荫所讲的"度"也有多方面的反映。从管理上讲，以职论责是度。军机大臣管理部务，事无巨细，是过度；府尹兼管部分，是越权。他认为，"用人者，必惜人力；用马者，必惜马力"。王茂荫爱惜民力，认为从商民百姓处抽也应有度。发行纸币、铸大钱都是通货膨胀政策，但王茂荫认为铸大钱是对人民掠夺无度，因此他坚持反对。就是他所倡导的纸币发行，也应设个"一千万"的最高限度，按照这个限度对统治者的无度盘剥也能起到一定的限制。他之所以要整顿捐局、缓办义仓、禁收漕规费，要求皇帝"暂缓临幸御园"，为的也是节制统治者的贪欲，使商民有喘息之机。

王茂荫竭力为商民请命，被咸丰皇帝斥为"专为商人指使"，其在《请暂缓临幸御园折》中犯颜直谏"国计艰虞，民生涂炭……（皇上应）不暇有事于游观"，触怒了皇帝，被"原折掷还"。由此看来，他算得上是一位清官，一个开明的地主阶级知识分子。但是，由于时代条件的局限，王茂荫还不可能接触西方资产阶级民主思想及其经济理论，他只能借助于传统的民本思想，在维护封建地主阶级根本利益的前提下，为自己的货币理论和人才主张辩护，为商民申言。在当时政治腐败、社会动荡的条件下，与那些昏聩、贪婪、反动的封建官僚相比，王茂荫的管理思想无疑具有其历史进步性。

在一定的历史时期和一定的社会制度中，一个政权如果用人得当、管理有方，立法讲信而有度，就会政治清明、社会安定，其政权就会运转正常，有其存在的合理性。在我国改革开放的社会主义初级阶段，只有加强法制建设，扩大社会主义民主，提高管理效率，坚决惩治腐败，才能排除干扰，发展经济，保证改革开放的成果，维护国家长治久安。

[原载《黄山高等专科学校学报》2001年第3期]

王茂荫——古徽州清官廉吏的代表

吴丽霞

在我的家乡安徽省歙县，有一位马克思在《资本论》中提到的唯一中国人——王茂荫。

近日，因为工作原因，有幸近距离地从有关书籍和珍贵遗物中细细品读他卓越的一生，为其忠诚、孝悌、信义、廉明的高风亮节所深深折服。

忠　诚

王茂荫（1798—1865），字椿年，号子怀，歙县杞梓里人，任职道光、咸丰、同治三个朝代，历任监察御史，户部、兵部、工部、吏部侍郎等职。

于国计民生政事得失，知无不言，言无不尽，能言他人所不能言，所不敢言，是王茂荫最大的特点。

咸丰年间，王茂荫因倡行钞币而被擢为户部右侍郎兼管钱法堂事务，后又因建言将清政府发行的不兑现的"大清宝钞"和"户部官票"改为可兑现的钞票，而受到"严行申斥"。马克思在《资本论》注释中说及此事。

而其最为名垂千古的是，咸丰五年，在朝廷面临内忧外患的情况下，王茂荫听闻咸丰即将临幸圆明园，耽于逸乐，纵情声色，于是上折《请暂缓临幸御园折》，劝诫咸丰要"躬忧勤节俭"，才能安定民心，致使龙颜大怒，被安排做了闲官。

任职三朝，先后上百余疏，不避权要，力持正论，殚精竭虑为清王朝挽回颓局的心迹，除弊兴利的种种主张，俱记述历历。

王茂荫在家训和遗言中说："我之奏疏，词虽不文，然颇费苦心，于时事利弊有切中要害处，存以垂示子孙，使知我居谏垣，蒙圣恩超擢，非自阿谀求荣中来。"

同治年间，有道"上谕"肯定他"志虑忠纯，直言敢谏"。

孝　悌

王茂荫无论擢升谪降，均以国事为重，恪尽职守。这与他终生牵记祖母的教诲是分不开的。

道光十一年（1831），王茂荫被钦点为户部广西司主事，当年告假省视，祖母告诫他说："我始望汝辈读书识义理，念不及此。今天相我家，汝宜恪恭尽职，毋躁进，毋营财贿。吾愿汝母忝先人，不愿汝跻显位，致多金也。"

王茂荫把良好的家风家教薪火相传。咸丰元年，王茂荫在所写的遗嘱中告诫子孙道："凡人坏品行损阴骘，都只在财利上，故做人须从取舍上起……古云：'漏脯充饥，鸩酒止渴'，非不暂饱，死亦随之。当时时作此想，则自然不妄取，渴不饮盗泉水，热不息恶木荫"。

并在《家训和遗言》中训诫儿子："祖母在堂，叔辈自然孝顺，但汝等须代我尽孝，以免我罪，才算得我的儿子。叔等在上，汝辈须恭敬，一切要遵教训。孝悌二字，是人家根本，失此二字，其家断不能昌。切勿因争多论寡，致失子侄之礼。莫看眼前吃亏，能吃亏是大便宜。此语一生守之用不尽。不独家庭宜然。凡与人交皆宜如此。而他日有分居时，尤宜切记。"

王茂荫在京任职期间，虽千里迢迢，但当祖母病重、继母病危之时，均告假回家探视，大敬孝道，以自身为子孙树立榜样。

王茂荫——古徽州清官廉吏的代表

信　义

凡事出于公心，以民为本，信义为先，是王茂荫又一值得称道之处。

在咸丰年间币制改革时，王茂荫虽然维护的是业已腐朽的清王朝封建统治，但是，他的思想和主张并不完全站在清王朝立场，而是"先求无累于民，而后求有益于国，方可议立法"。

"治平之道，用人尤重"，"简用才能，不拘资格"，"简贤任能，得人而任"，是其鲜明的人才思想。

任职期间，他先后向朝廷举荐各类佐国安民人才数十人，均被朝廷考察任用。最值得一提的是，由七品知县晋升为二品四川总督的吴棠，就是王茂荫在只闻其名而未曾谋面的情况下向皇上举荐的。据传，王茂荫扶继母灵柩回乡时，吴棠向其赠送五百金，以表荐举之恩，王茂荫没有接受，并坦然地说："保举，公也；涉于私，则不足道也。"

廉　明

王茂荫任京官30余载，仅带家眷在京城住了一年多，其余岁月，均独自寓居在北京宣武门外的歙县会馆，生活极为简朴，粗衣粝食处之晏如。

但对于穷苦者则尽力资助。淳安王子香是他的启蒙老师，后来家道中落，王茂荫将其儿子招来，勉劳勉励，年终寄钱资助。对于同僚中的孤苦者，按时资给，习以为常。

每逢家乡修族祠，建道路，造桥事，均量力捐资。

王茂荫曾为家乡"承庆祠"写过一副楹联："一脉本同源，强毋凌弱，众毋暴寡，贵毋忘贱，富毋欺贫，但人人痛痒相关，急难相扶，即是敬宗尊祖；四民虽异业，仕必登名，农必积粟，工必作巧，商必盈资，苟日日佚游不事，匪僻不由，便是孝子贤孙。"王氏后人，至今不忘。

惜别人间之前，王茂荫平静地告诉后人："我以书籍传子孙，胜过良田百万；我以德名留后人，胜过黄金万镒，自己不要什么，两袖清风足矣！"

王茂荫，堪称古徽州清官廉吏的代表人物，他的思想如同一座精神富矿，永远值得我们去深入研究并继承弘扬！

［原载《徽学园地》2016年第2期］

王茂荫——古徽州清官廉吏的代表

交谊 · 其他

王茂荫后裔访问记

王　璜

　　细雨舒徐地洒着，远山暗蓝着面孔，潮湿的空气里，顽强地漂荡着清丽的野草的香气。虽说是春天，那春风只给人一种刺骨的寒冷。离开了篁墩，我就匆匆地向王村走去。这条路我本来是不认识的，幸好有几个商人，也是回王村的，我便和他们一道，于是无形间他们就做了我的向导。

　　因为是早晨，田野间寥寥的很少行人，只是风吹着电线咝咝地响。伏在田塍上的牡牛，像小山脊一样，有一个乌鸦在它的背脊上走着，而且在啄些什么。雨丝飘在油菜花上，花瓣像沁满了汗水的面颊。从篁墩到王村，是有十多里路的，一路上，全是小山与田亩，但因我们走得很快，不久也就到了。

　　到区署是要渡过一个小河的，这里的河水很是澄碧，河底的小圆石，深沉地响着水流过的声音。小鱼在船影边跳着，但是一见竹篙的影子就逃去了。到区署里的时候，他们刚起来不久，许慰慈先生因为有事不能离开，便托一个同事汪先生陪我到义成去。这位汪先生本来是到朱家村收保甲捐的，到朱家村是要经过义成的，所以他便慨然地应允了。

　　雨渐渐地下大了，像奔流般咆哮着，从王村到义成这条路，全是山道，我们冒着雨很吃力地爬过一个山头，又爬过一个山头。那羊肠的山道，经过雨水的刷洗，石块发着晶莹的光彩，罅隙间的杂草，像涂上了绿的油漆，发着瑰丽的光。我们偶一不经意，就很容易滑倒。路上的木桥有好几处都被水冲倒了，害得我们还多走了许多山路。从王村到义成，是有廿多里路的，本来就够我们走，加着又多走了许多冤枉路，所以到义成时，青色的薄暮已是降临了。

到了义成，我们便立刻来找保长，请他告诉我们王茂荫的后裔是住在什么地方。谁知义成的保长，是一个聋人，又且因事到朱家村去了。

我没有办法，只好跟着他们一同到朱家村去。从义成到朱家村，虽说是只有几里路，但是，天已是渐渐黑下来，快要变成深黑了。上面是雨，下面又不大看得清楚，高一脚低一脚的，好容易跑到了朱家村。

当晚我们就歇在联保主任汪裕洋先生家里，汪先生是安大第一期毕业生，听我说是来为着采访王茂荫的遗事的，就很殷勤的招待我们，并且允许第二天陪我们一同到义成王采南先生家里去。王采南老先生就是王茂荫的重孙，和汪先生是很要好的。

第二天九点钟，我们就动身到义成去。路上谈到了王茂荫后裔的境况。据汪裕洋先生说，王茂荫先生除了丢下住宅外，什么也没有。因为他是很刚正的，根本没有想到子孙们的事，或图自己的富裕而剥削平民，所以现在他的后裔们的生活是很艰难的，只靠着卖古董、古书生活。不过大房、二房的子孙却在外面经商，他们的生活是比较富裕点。因为王茂荫先生有三个儿子：铭慎、铭诏、铭镇①，铭慎、铭诏的后人，都是在外经商，只有铭镇的后人王采南、王桂培住在义成。

王茂荫的远祖住在婺源，在王茂荫的祖父手里，才搬到歙南的杞梓里——杞梓里在歙县与浙江搭界地，杭徽路经过此处——再由杞梓里搬到了义成②。义成这个村子是很小的，村子里姓朱的最多。时事新报馆的

---

① 编者按：三个儿子按孟仲季排序，应为铭诏、铭慎、铭镇。

② 编者按：王茂荫的远祖曾迁居婺源，这并不错，但迁居歙南杞梓里的并非是王茂荫祖父，而是王茂荫远祖王胜英。据考：新安婺源武口王氏一世祖为王仲舒之孙王希翔，王希翔七世孙王士文由婺源武口迁婺源段田。宋绍兴间王士文五世孙王世忠以明经补郡庠，由段田迁徽州府城上北市混堂前定居。明洪武五年(1372)壬子，王世忠十世孙王胜英由徽州府城迁歙歙早南"溪子里"，"溪子里"后改名"杞梓里"，王胜英为杞梓里承庆祠一世祖，历传王进童——王显宗——王珪——王泽——王光——王错——王一廉——王道韬——王国慕——王文选——王德修——王槐康—王应矩，王应矩为王茂荫之父，至王茂荫已是第十五代。王茂荫为王仲舒三十六世孙，王希翔三十四世孙，王胜英十四世孙。

编辑朱曼华就住在这村子里，村子里的房屋都很整齐，不过大多数房子虽高，而光线不好。但也不仅是义成的房子如此，全徽州的房子都是这样的。因为这是传统的习惯，他们都以为房屋的窗户假若要开多了，就不会发财。大概这村子先前是很富的，因为从房屋看起来，我们知道并不是十分不富裕的人家。但是现在因为遭受了匪难的关系，大多数人家，正月里也只吃着苞芦粿。

王茂荫的家是在一条小弄堂里，门口有两个石鼓，在外面看来：简直不相信是个官家的住宅，因为门面并不威严（也许这是后门也说不定，但进去又好像不是后门，而是偏门），既不是朱门，也不是黑门，却是很窄小的小门。进门处，有一个大匾，上写"天官第"三字，进去后，才知房屋是很高大的，大厅内又有李鸿章亲笔写的"敦仁堂"三个字的匾。我们来的时候，王采南先生正在吃早饭，经过汪裕洋先生的介绍，我才知道这个博学的老头儿，就是王茂荫的后裔王采南先生。

王采南是他的号，他的名字叫王桂鋆，王先生还有一个弟弟叫王桂培，号丹铭。他们的年龄都很不小了，王采南先生看去恐有六七十岁了，但他的精神却很好，谈风也很健。因为我们在正月里到他家里来的，他就特别的客气（徽州人是很重视礼节的，在旧历正月十五号以前，到人家家里去，他们都以为你是去拜他的年，对你十二万分的客气），便逼着我们吃五香鸡子。而他的弟弟王桂培先生，却不大说话，只默默地站在那里。

王采南先生的老境是很凄凉的，听说他有三个儿子，现在却只剩了一个。王桂培先生手里，牵了几个十几岁的孩子，我疑心那恐是他的孙儿。因为王桂培先生，看上去也有五十多岁了。他们一家人都很朴实，且很淳厚，大概是受着祖上的勤俭起家的遗训的关系。

我们坐的大厅旁边，也是个大厅，那里悬着王茂荫先生的遗像，因为是正月里，遗像前烧着香。有个老妇人坐在那里，恐是王采南先生的夫人。厅后是住房，看去很深远，当然房子很是不少。在我们坐的大厅内，正中挂了一幅名画，两旁挂着鲍康亲笔写的王母洪夫人寿序。

后来我们和王采南先生谈到王茂荫的事，知道王茂荫先生幼时是很好学的，而为人又很忠厚，但大胆敢为，却又是别人所料不到的。他在日常说："我以书籍传子孙，甚过良田百万，我以德名留给后人，甚过黄金万镒。自己不要什么，两袖清风足矣！"

再后我和他谈到官票宝钞的事。王老先生的学问是很渊博的，他说："《东华录》上曾有过较简的记载，《清史稿》上也有他的传记，可惜都不详尽。祖上的事迹，我很愿意发扬，所以去年把奏议的木印本送了一部给《歙县县志》编修人之一许承尧老先生，给他编进县志里去。但家里还有茂荫公的手折。这手折，是奏议的留底，我可以给你们看看。同时也有一本行状，这行状是茂荫公死后，由茂荫公的儿子找曾国藩做的，上面叙述茂荫公一生事迹很是详尽，比《清史稿》中的小传要详尽得多，这行状我可以借给你们。"

王采南先生把手折和行状拿给我们看的时候，我是说不出的欢喜。那手折上的字写得很是娟秀。行状是极厚的一本，可以说在行状中是少有的。手折是用红格纸写的，共有四大册。当时我就要求他把这手折借给我用一用，他答应我过几天再决定。因为王茂荫有一个学生，曾把这手折用木版翻印过一次。这翻印本都拿来送给了亲友，城内许承尧老先生那里的一部，他答应等两天可拿回来借给我。

回来时，我手里有了一本行状，关于王茂荫的生平，我们是已知道了，但是，那官票宝钞的章程四条，却要等两天才有办法。我总感到怅然若失。回朱家村时（进城是必定要经过朱家村至渔梁，由渔梁进城）见路边有一大墓，我疑是王茂荫的坟墓，便问汪裕洋先生知否王茂荫的坟墓在什么地方？据他说：王茂荫不是葬在义成附近的，因为义成离朱家村没有多远，假若要葬在义成附近，他们应该是知道的。但葬在什么地方，他也不晓得，听说是葬在杞梓里①。

回城至英子处，他拿出本二卷四期的《光明》（我离开上海时，二卷四期《光明》还未出版）上面有张明仁的一篇《我所知道的〈资本论〉

---

　　　① 编者按：这个"听说"是不准确的。同治四年六月廿二日，即公历1865年8月13日，王茂荫在义成家中惜别人间，后人将他葬在义成村对面地名叫岑山渡的御史山之半山中。从他安息此地到王璜作为媒体人首次到王氏故居考察，已历七十二年。

中的王茂荫》，但这篇文章上也没有官票宝钞的四条章程，且他根据赵尔巽的《清史稿》、缪荃孙的《续碑传》、闵尔昌的《碑传集补》所得到的王茂荫的生平籍贯，还不能说是详尽。我便想写一篇王茂荫的传记。英子却以为另写传记，不如把行状抄出来。一是可以使人知道这行状上的话是比什么书上都要可靠些。二是这行状是不易得的，应该披露出来。当时，我便同意了，想另写传记的念头也就打消了。

几天后，我们便又跑到义成去，去的目的是拿手折。这次同行的有英子、方言。方言兄有照相机，且会拍照，我们想把王茂荫的遗像弄来，就定要自己会拍照不可。谁知我们跑到"天官第"，王采南先生却不在家，因为他到城内拿木印本的奏折，还没有回来。于是，我们便替王桂培先生和他的住宅拍了照，也替王茂荫的遗像拍了张四寸半身的。同时我们要求王桂培先生把王茂荫的遗著找点出来，他说王茂荫的遗著是很多的，但分给了大房、二房（铭诏、铭慎的后人），他们都出去做生意去了，不过他们就是在家里，也不肯拿出来给人家看一看的。

这次我们虽未借着手折，但却拍了照，总算没有白跑。临别时，王桂培先生告诉我们，他的哥哥是住在城内巴星垣的家里，巴老先生是他们的亲戚。于是，我们便决意到城内巴先生处来找王采南先生。回来时，大家都很高兴，一路上，我们谈笑着，反不觉路途的遥远，好像路途缩短了不少。

进城时，电灯已亮了，灯光像睫毛般射着白热的光线。远天，月亮绿色的尖角穿过了西干的塔顶。白日像飞絮般飘去了，街道、房屋都喘息着沉没在昏黄里。只有那塔顶似的白杨的树顶，在窥视着西天的长庚。

晚饭后，至徽州师范谢季翔老先生处，见其案上有一长砚，询之，知购自巴星垣先生处，而此砚系王采南先生放在巴星垣先生家里的，谢季翔因爱其是一古物，便以一元代价购得。本来，我们听说王采南先生以卖古董、古书为生，还不敢相信，自此可相信并不是謇言，而是事实。王茂荫之以书籍传家，而不以财产留给后人，不可说不似明之海瑞。

离开徽师，即至巴星垣先生处，王采南先生亦刚刚离开。据他说：许承尧那里的一部木印本奏折，在去年底给前安大校长程演生借去了，大概是预备编进《安徽通志》①里。他答应立刻写信讨回来，但恐怕我等不及，手折可以借给我们抄。程演生那里的一部，讨回来的时候，就送给我们。听到了这个消息，我们很是欣慰，不过那手折共有好几万字，我们非要将这好几万字都看完，才能找出他那官票宝钞的四条章程。回来后，我们足看了好半天，才找着了那两个奏折。当时，我们就分工合作，由英子和詹阜民相帮来抄，并请方言兄弟二人来将奏折摄个影，预备将来制铜版。

第二天，我们就将两个奏折照了相，连前天拍的几张，一并拿了，带到屯溪，托照相馆洗印。在屯溪，遇着了一位方先生，他告诉了我一段关于王茂荫的传说：

前清的政治很是腐败，在洪杨后，因丧失元气，财政发生恐慌，一般中产人家不是因兵燹而倾家，就是因匪患而荡产，而贫穷人家更是无法，每天只是吃稻糠过活，只有一般大富人家，还是照样的富有。而国家的大臣，更是以官职来高卖，所以弄得社会不安，盗贼不易绝迹。后来居然有人向皇帝讲，捐纳举人生员，他们叫皇帝这样做，好让他们发财，他们叫皇帝这样做的理由是：现在国家赋税的收入太少，实在没有别的办法再来向人民征收钱财，百姓们都是想做官的，也都是想做个读书人的，只要政府肯捐纳举人生员，则政府方面自然可以多了一笔收入了。这件事给王茂荫晓得了，他说这个假若实行了，将来中国定满是不识字的举人生员和饭桶一样的官，他赶忙上疏力争。谁知这时他的舅兄来了，他舅兄家是很有钱的，听说政府里现在可以捐纳举人生员，就特来走王茂荫的门路，想捐个举人，再弄几个钱运动运动，弄一任知县来做做。

"听说现在政府里捐纳举人生员，请你替我捐个举人，再买个县长做做。钱，我这里有的是。"

谁知王茂荫听了这话，不但不肯答应替他帮忙，反而笑笑道："你也想做官吗？做官有什么好处，我看你还是多读几本书再来做官，否则你

① 编者按：应为《安徽丛书》。

的名字找谁个去签呢？"

他的舅兄还以为王茂荫是和他开玩笑，便笑笑道："现在的县长有几个书读得多的？告诉你一个笑话：徽州府的府官还叫师爷替他画行字呢！只要有官做，有钱刮，识字不识字，那又有什么关系？你看我弄钱包比你会弄，书呆子做官哪里知道弄钱，做官不弄钱，又何必做呢？"

"县官是专为刮钱才来的吗？那么百姓又何必要个官呢？"这句话说得他那舅兄哑然而笑。但王茂荫却又接着说道："对不起你，这件事，我实在没有办法，并且我还要上疏力争呢！"

他的舅兄听了这话，当然很是不快活，好像是在黑夜里走上了危险的斜坡，他本来以为他们是亲戚，当然可以帮忙，谁知王茂荫却不肯以亲戚来看待他，这叫他怎能不恼恨呢？失望、愤恨在他心里交织成一面大网，把他的理智俘虏了。他便大声地叫道：

"我有的是钱，什么地方弄不着官做，要走你的门路才行吗？那才真的是笑话！"

可是王茂荫并不发怒，他只笑着慢慢从太师椅上站起来，打着呵欠，不经意地说道："你要走了吗？恕我不送了，我昨晚没有睡得好，对不起，我要去睡觉了。"

他说完这话，就跑进去了。这时天井里只有两只麻雀吱喳着，梧桐树在地上描绘图案，一些枝叶的影子参差的堆砌在碎石道上。大厅内静悄悄的，只有微风在摇动字画，在响着漫长的声音。他的舅兄越想越气，便狠狠地骂道："这个书呆子，真是没用，我也犯不着再理他了。"于是他便气愤地离开了王茂荫的家里。

晚上，月光像水一般流泻在叶窗上，院子里的风，像升得高高的纸鹞，在呼呼地响着。桌上的蜡泪，瀑布似的向烛台上流下来，微弱的烛光摇曳着，将他的影子，在墙上拉长了。王茂荫越想越焦急，眉毛皱得像是一字。

突然，他用手在桌上敲击着，大声地叫道："还是官票宝钞的办法好！"

第二天，听说他的奏折已呈在文宗皇帝的眼前。

王茂荫后裔访问记

　　上面的一段传说，是听方先生讲的，方先生是在屯溪开了个南货店。年幼时，也曾读过书，不过考了几次，总未考中个举人或秀才。据他说，他是听他的伯父讲的。他的伯父住在阳湖（离屯溪一二里路），但早死了。方先生的名字叫作春煦，商场中恐也有点名声吧？

　　有许多人见我姓王，以为我是王茂荫的后裔，其实这是错了。不过我们的祖先是在洪杨时由婺源移开的，也许几百年前是一家吧？不过他们是敦仁堂，我们也是敦仁堂，料不定是一家也说不定。但是，这也没有什么用处，反而证明我们的浅薄，一家不一家又有什么关系？

［原载《光明》半月刊第二卷第十号1937年］

对《郭沫若同志治学严谨一例》一文的补正

孙树霖　鲍义来

　　《郭沫若同志治学严谨一例》一文[①]，对郭老治学严谨做了很好的评述。但其中讲道："1867年，《资本论》第一卷首次发表，可是事隔60多年以后，国人仍不知马克思在《资本论》中提到一个唯一的中国人——王茂荫。直到1936年10月，由于郭沫若的考证和研究，王茂荫的名字、生平和主要事迹，才为人所知晓、重视。"这是不准确的，我们觉得应予补正。

　　事实情况是这样的：从1867年马克思《资本论》第一卷的发表，直到20世纪30年代以前，中国和日本的学者对王茂荫的情况都是不甚了了的，这是事实。日本学者河上肇把《资本论》注83中的Wan-mao-in译为"王猛殷"，高畠素之又译为"王孟尹"。1930年，中国学者陈启修把Wan-mao-in姑译为"万卯寅"。陈启修的治学态度是严谨的。他并没有断译，而是姑译，并托人到清史馆去查询了。那么，第一次把Wan-mao-in正确译为王茂荫的是谁呢？是王慎明（即王思华）和侯外庐同志。他们在1932年9月出版的《资本论》第一卷上册中，就已经把"万卯寅"更正为"王茂荫"了。译文如下：

　　中国钱法侍郎王茂荫，窃拟一个奏章，伏乞将大清帝国纸币改为银行兑换券，而谋上陈天子。据一八五四年三月的大清帝国纸币委员会的

---

① 载安徽《社联通讯》1983年第19期。

报告。他受到该委员会的重大责罚。不过，他是否亦为传统的笞刑加诸其身，则报告不详……

关于王思华、侯外庐的译本，吴杰在1951年8月出版的《翻译通报》第三卷第二期介绍《〈资本论〉的几种中译本》一文中说，王、侯两同志的合译本，是侯外庐同志1926—1930年旅欧期间，于1928年开始翻译的，仅初稿就译了两次。他们治学严谨，力求忠实原著，对原书中引用的各国文字和各国文字的注释，他们都根据各国原文翻译。原文中间的科学的术语和各国的谚语，他们都曾经请教过很多国内的专门学者。连"王茂荫"的出处，都由崔敬伯先生找了出来。

从上述资料中，我们可以看到，把《资本论》注83中的Wan-mao-in正确译为王茂荫的是王思华、侯外庐和崔敬伯先生的功绩，是他们第一次把译文搞正确了，而不是郭老1936年第一次认真查明的。

1932年正是国民党背叛大革命以后，白色恐怖极端严重的时期，王思华、侯外庐两同志以顽强的革命精神，在条件极其困难的情况下，秘密地从事《资本论》的翻译和出版工作。译者侯外庐曾回忆说："那时，我们不但没有稿费，而且印刷费也是自筹的。"所谓国际学社出版社，在当时的北平就根本没有这样一个机构，是他们虚构的一个名义，实际上是王思华通过关系，由北平京华印刷厂秘密排印的。虽然是环境险恶，条件艰苦，但他们却得到了许多同志的鼓励和支持，"在欧洲的成仿吾、廖梦醒诸同志，在北京的邢西萍、张友渔、李乐光诸同志，是我难忘的鼓励者。"[①]正是由于上述的情况，王、侯两同志的《资本论》第一卷上册的译本，印数是较少的。一般读者是难以读到这个译本的，就是在今天，它仍是最少见的珍贵的版本了。郭沫若同志当时在日本，他是没有读到这个译本的。1936年，他写作《〈资本论〉中的王茂荫》一文的时候，也是在没有见到王思华、侯外庐《资本论》译本的情况下，独立地从《东华录》中考证出了Wan-mao-in就是王茂荫的，但第一次查明的并不是他。

---

① 侯外庐：《关于〈资本论〉翻译工作二三事》，《文汇报》1957年3月20日。

值得一提的是，《资本论》中的王茂荫虽然不是郭老第一次查明的，但倡议并率先研究王茂荫的却是郭沫若同志。四十多年来，我国学者响应郭老的倡议，开展对王茂荫的研究，取得了许多重要的成果，是应当归功于郭老的。

[原载安徽《社联通讯》1984年第1期]

对《郭沫若同志治学严谨一例》一文的补正

王茂荫崇尚俭朴

王　珍

　　王茂荫反对奢侈，现有一份材料可资说明。他有位亲戚，名叫方水云，夫妻都六十岁，要做寿庆祝，可是王茂荫什么也没送，只作了一首祝贺诗。该诗稿手迹现存徽州地区博物馆，诗云：

　　四座静勿喧，听我进寿言。我也不用金迷纸醉之屏联，我也不用交黎、火枣之华筵。怀中只有诗一首，尊前还有一张口，将进酒先且说诗，好令先生无可辞。先生雅以聋盲号半半，我昔曾为生傅赞，耳能坠聪目黜明，即此妙诀堪长生，况复家风频殊俗。子能文，孙能读，齐眉更与君夫人，花甲同周值令辰。当此不饮将何为，愿请舒怀莫言醉，有能饮者都来陪，或为射覆或猜枚，歌一曲兮舞一回，直教天地笑开颜，许十年后还重来。

　　从这首祝寿诗里，我们不难领会王茂荫的意思。他反奢崇俭，并身体力行，同时还想以实际行动影响他人，借以树立俭朴的社会风气。他这种良好的品德风尚，即使在社会主义的今天，也依然值得称道和提倡。

　　[原载《屯溪文艺》1984年秋季号，收入本辑时略有删改]

《资本论》中王茂荫问题研究述评

孙树霖　　陈平民　　鲍义来

1867年9月14日，马克思的巨著《资本论》第一卷，终于在德国汉堡出版了。为了完善自己的学说，马克思在写作过程中，曾阅读了1500多种书籍和各种文字的材料。正如列宁在《青年团的任务》一文中所指出的，凡是人类社会所创造的一切，马克思都用批判的态度加以审查；凡是人类思想所建树的一切，马克思都重新探讨过，批判过。远在东方的中国清朝咸丰年间发生的一场"币制改革"的争论，也被马克思犀利的眼光注意到了。在《资本论》第一卷第一篇第三章"货币或商品流通"中，马克思在讲到铸币，价值符号，直接从金属流通中产生出来的强制流通的国家纸币时，写了一个标号为83的注脚。这一注脚的中译，在《马克思恩格斯全集》第23卷中，已经是明白准确地译了出来，译文如下：

清朝户部右侍郎王茂荫向天子上了一个奏折，主张暗将官票宝钞改为可兑现的钞票。在1854年4月的大臣审议报告中，他受到严厉申斥。他是否因此受到笞刑，不得而知。审议报告最后说："臣等详阅所奏……所论专利商而不便于国。"（《帝俄驻北京公使馆关于中国的著述》，卡·阿伯个传士和弗·阿·梅克伦堡译自俄文，1858年柏林版第一卷第54页）

但是，这一翻译成果的取得，却不是一帆风顺的。诚如郭沫若同志所说的："翻译真不是一件容易的事，尤其像《资本论》这样伟大的著作，竟连半截注脚，都需要费一番考证的功夫的。"①事情正是这样，在《资本论》的中译过程中，这半截注脚的翻译，就曾经历了一番曲折的过程。

《资本论》中的王茂荫问题的研究是从《资本论》的中译开始的。因此，首先回顾一下《资本论》注83的翻译过程是完全必要的。

一、《资本论》中译本注83的翻译过程

1930年3月，上海昆仑书店出版了《资本论》第一卷第一分册（仅仅译出了这一分册），这是我国最早的一个《资本论》的中译本。译者陈启修，是我国较早研究《资本论》的学者之一。陈启修的《资本论》翻译工作，是在日本东京进行的。他翻译的原本是考茨基国民版的第八版并参照河上肇的日译本进行的。陈启修计划采取分册出版的形式，分为十册，陆续出版。或是由于手头资料缺乏的缘故，他对马克思这一注脚的翻译是极不准确的。译文将王茂荫译成了"万卯寅"，而且还批评日译本将王茂荫译成"王猛殷"或"王孟尹"，"未免差得太远"，其实两种译文都是猜测，而且都猜错了。不过陈启修的治学态度还是严谨的，他并没有把Wan-mao-in就断译为万卯寅，而说是"姑译"。并且他托人到清史馆去查询了。只是认为日人译为"王猛殷"或"王孟尹"都未免差得太远，这就有点不够妥当了。

上述情况说明，在《资本论》第一卷出版后的一个很长时间里，也就是说直到20世纪30年代，中国和日本的学者，对王茂荫的情况还是不甚了解。

在《资本论》的中译过程中，第一次把Wan-mao-in正确译为王茂荫的是王慎明（王思华）和侯外庐同志。他们在1932年9月出版的《资本论》第一卷上册中，就已经把"万卯寅"更正为"王茂荫"，而且连王茂

① 郭沫若：《〈资本论〉中的王茂荫》，《光明》第二卷第二号。

荫的出处也请崔敬伯先生找了出来。

把 Wan-mao-in 正确译为王茂荫，这是王思华、侯外庐同志的功绩。但是，他们给王茂荫加了一个"钱法侍郎"的官衔，这是不够准确的。清朝管理钱币的机关名钱法堂。钱法堂有两个，一由户部右侍郎兼管，一由工部右侍郎兼管。《光绪会典》卷二十四"户部钱法堂条"记："管理钱法侍郎，满洲一人，汉一人，掌宝泉局之政令。"王茂荫当时的官职是户部右侍郎兼管钱法堂事务，而不是"钱法侍郎"。王思华、侯外庐同志的错译，是受了这条记载的影响。

1979年，《书林》杂志第2期刊载了陈福康同志《郭老攻读〈资本论〉》一文，对郭老在《资本论》的研究和翻译工作中所做出的贡献，做了高度的评价，这无疑是正确的。但文中说《资本论》中的王茂荫是郭老1936年"第一次认真查明"的，这是不准确的。这是因为作者可能不了解《资本论》中译过程和没有见到王思华、侯外庐同志的译本的缘故。当然，郭沫若同志于1936年在日本东京写作《〈资本论〉中的王茂荫》一文的时候，也是在没有见到王思华、侯外庐同志《资本论》中译本的情况下，独立地考证出《资本论》中的 Wan-mao-in 就是王茂荫的，但第一次查明的并不是他。

1938年，我国《资本论》翻译史上的一件大事，就是郭大力和王亚南同志的《资本论》三卷全译本的问世。这两位著名的经济学家对《资本论》在中国的传播所做出的巨大的贡献，是不可磨灭的。他们的全译本，虽然是在王思华、侯外庐和郭沫若同志考证文章之后，但注83的翻译仍然有错译之处。译文将原文中的 Assignaten Komitees 译作"官票管理司"，这和日本学者高畠素，中国学者王思华、侯外庐将该词组译作"帝国纸币委员会"一样，都是不对的。在清代各种制度中根本不曾有过这一类机关的名称。郭大力、王亚南同志译本的主要错译是把"宝钞"称作可兑现的纸币。实际上，清朝咸丰年所发行的官票宝钞都是不兑现的纸币。王茂荫的意见正是因为要将官票宝钞都能兑现，而触怒了咸丰皇帝，遭到严厉申斥，以致不久便被调离户部。

翻译确是一种不容易的事情，既要忠于原著，又要有对史实做一番考证的功夫，不然的话，难免是要"失之毫厘，差之千里"了。即使是偶一疏忽，也会是这样的。

第一次查明《资本论》中王茂荫的虽然不是郭老，但是，倡议并率先研究王茂荫的却是郭老。三十年代，我国学者响应郭老的倡议，开展对王茂荫的研究并取得极其重要的成果，是应当归功于郭老的。

二、三十年代，我国学者对王茂荫的研究

1936年，郭老被迫流亡日本，在手头书籍资料缺乏的情况下，写出了《〈资本论〉中的王茂荫》一文。这是我国学者研究王茂荫的第一篇论文。文章发表在左翼文艺工作者沈起予、洪深主编的《光明》半月刊上。刊物编者在刊载郭老这篇文章的时候，写了这样一个按语："郭先生的文章，虽然不是属于文艺范围，然而却对《资本论》做了一个有价值的考证。不仅中国的经济学家们弄不清，即连日本的《资本论》研究的权威者亦暧昧不明的事情，从此可以大白于天下矣。"[①]刊物的编者对郭老文章的评价，虽然有点偏高，但认为郭老"对《资本论》做了一个有价值的考证"，这是一点也不过分的。郭老这篇文章发表之后，引起了一系列文章的出现，由此亦可见这篇文章所起的作用了。

在这篇文章中，郭老还以敏锐的眼力指出，清朝咸丰年间纸币的发行是出于王茂荫的建议。清王朝发行的官票宝钞是一种强制通行的国家货币。郭老谦逊地说他没有"财政上的知识"，其实，郭老是有很高的马克思主义经济理论修养的。他曾多次打算将《资本论》译成中文，后来虽然因为出版困难，未能实现，但他却在1931年第一次把《资本论》的前身——马克思的《政治经济学批判》译成了中文。如果没有很高的马克思主义政治经济学造诣，是不可能完成这艰巨任务的。《政治经济学批判》详尽无遗地阐述了马克思自己创立的货币学说，郭老对货币问题具有敏锐的眼力就毫不奇怪了。

298　　　在日本期间，郭老主要从事中国古代社会的研究，但他为什么又对

---

① 见《光明》半月刊第二卷第二号。

《资本论》中的王茂荫问题发生兴趣了呢？谭彼岸先生在他的《〈资本论〉中的王茂荫问题》一书中，曾经披露了这样一件事：1936年7月，日本学者冈林辰男出版了他的日德对照本《资本论》第二分册，在这个分册中，冈林辰男已经把《资本论》注83中的Wan-mao-in正确译为王茂荫了。译文如下："财政官王茂荫，想把帝国不兑换纸币秘密地转化为兑换的银行券计划……"根据这一条资料，谭彼岸便写了一篇《王茂荫是郭先生揭发的吗?》的短文，他认为冈林辰男的《资本论》第二分册出版于1936年7月1日，而郭老的《〈资本论〉中的王茂荫》一文发表在1936年10月19日，因此，他认为日本学者冈林辰男发现《资本论》中的Wan-mao-in就是王茂荫"必比郭先生早些"①。当谭彼岸把他的短文投寄《光明》半月刊后，刊载编者将文章寄到日本东京，请郭老阅看。郭老看过以后，在文末用红笔写了这样一段话："这篇文章我拜读了，冈林辰男译的书尚未见，只是他的翻译顾问水上隆吉氏把那条来问过我，我替他略略说过，如此而已。"②谭彼岸披露的这一件事是很少人知道的，它说明冈林辰男译《资本论》中的Wan-mao-in为王茂荫是水上隆吉氏询问郭老以后而告诉他的。郭老在《〈资本论〉中的王茂荫》一文中也说："存心写出这篇短文已经有三四个月了，因为手中书籍缺乏，于所应拟的问题不能周详，故踌躇着不敢写出，现在终于拉杂地把它写了起来，我想借此以刺激一下研究近代经济史的学徒们，希望他们有资料之便的，多多做点整理的工作。"③从谭彼岸披露的史实和郭老自己的说明，我们可以看到，早在日本学者冈林辰男的翻译顾问水上隆吉氏询问郭老的时候，郭老就计划写篇文章来回答了。这样看来，郭老写作《〈资本论〉中的王茂荫》一文，似乎是为了回答日本学者的疑问了。然而，我们认为，仅仅这样理解是不够的。回答日本学者的疑问固然是一个方面，但其现实的针对性也是不容置疑的。

郭老在大革命失败以后，被迫流亡日本，他虽身居海外，但却密切

---

① 谭彼岸：《〈资本论〉中的王茂荫问题》，《岭南学报》第12卷第1期。

② 谭彼岸：《〈资本论〉中的王茂荫问题》，《岭南学报》第12卷第1期。

③ 郭沫若：《〈资本论〉中的王茂荫》，《光明》半月刊第二卷第二号。

注视着国内政治经济形势的变化。大家都知道，蒋介石在篡夺了大革命的胜利果实，在南京建立了国民党政府以后，内战就一直不断，军费开支连年上升，到1934年就已达到44 000万元。在交易所混迹多年的蒋介石，早就十分热衷于发行纸币来筹措军费以支持其反革命的内战政策了。由于庞大的军费开支，到1935年，国民党反动政府的财政赤字，就已达到82 000万元了。为了弥补财政赤字，国民党反动政府紧接着，在1933年实行"废两改元"的货币政策以后，迫不及待地于1935年11月又宣布实行所谓的"法币政策"，发行了国家强制流通的不兑现纸币。伪法币制度的实施，为国民党反动政府日后采用通货膨胀方法，无限制地掠夺人民财富开辟了道路。精通马克思货币理论的郭沫若同志完全懂得，纸币本身是没有价值的，它只不过是金属货币的价值符号，纸币之所以能够流通，只不过是它代表了商品流通中所需要的金属货币的价值。如果发行过多的纸币，这些纸币就会变成一文不值的废纸。为了弥补财政赤字，为了筹措反革命内战军费而发行的伪法币，最后正是在纸币流通规律的作用下陷于崩溃的。郭老当年写作《〈资本论〉中的王茂荫》一文，正是以清咸丰朝"币制改革"失败的历史，来揭示法币必然走向崩溃的命运。

由于手头资料的缺乏，郭老对王茂荫的生平、家世、籍贯、行谊以及王茂荫的行钞主张和"暗将官票宝钞改为可兑现的钞票"的"章程四条"等等，都不甚了了。因此，他建议北平的朋友们，希望他们有资料之便的，多多做点整理的工作。关于王茂荫的籍贯和生平著作等等，能由他的后人从家乘中抄点出来，也是很好的近代经济史资料。

郭老的文章发表以后，首先响应郭老倡议的是张明仁先生。他在《光明》半月刊第二卷第四期发表了《我所知道的〈资本论〉中的王茂荫》一文，辑录了《清史稿》《续碑传集》和《碑传集补》中有关王茂荫的资料，算是对郭老文章的补充。但张明仁没有找到王茂荫的著作，当然在他的文章中也就没有那著名的"章程四条"。而且张明仁文章中还有一个较大的错误，这就是他把闵尔昌辑的《碑传集补》中的一篇莫友芝的《王节母赞》说成是赞王茂荫的母亲，这是不对的，《王节母赞》赞的不是王茂荫的母亲，而是王茂荫的祖母。

积极响应郭老倡议的另一个人是王璜先生。他遵循郭老的建议，亲自到了王茂荫的家乡安徽歙县义成村，访问了王茂荫的后裔，并从王茂荫后裔家中，寻得王茂荫奏折的抄本和王茂荫后人为王茂荫写得详尽的"行状"。访问结束以后，他在《光明》半月刊上连续发表了两篇文章，即《王茂荫后裔访问记》和《王茂荫的生平及其官票宝钞章程四条》。在这两篇文章中，王璜不仅详细地叙述了他的安徽歙县之行的经过，而且把王茂荫的生平籍贯和"章程四条"详尽地披露了出来，这对王茂荫的研究可算是提供了最珍贵的资料了。

对于张明仁和王璜的努力，郭老极为欣喜。郭老在读了他们的文章以后，于1937年6月又写了《再谈官票宝钞》一文。

在这篇文章中，郭老以严谨的态度，对他在《〈资本论〉中的王茂荫》一文中论断的正确和错误都做了说明："我从前的猜测，有些确是错了。我疑铸大钱的办法也出于王茂荫，那便是猜错的一项，看王茂荫的前后奏折，他在初倒是反对铸大钱的人。""大钱铸造的建议，虽然不是出于王茂荫，但钞票的建议是出于他，那是被我猜着了。"[1]

在这篇文章中，郭老引用了王茂荫的同乡、安徽歙县人鲍康《大钱图录》一书的资料，说明咸丰朝纸币失败的重要原因之一，是官家一开始就自己不守信用。"去年（咸丰三年）官票之不行，即由敝乡茶商持向崇文门纳税，不收，因而各商疑惧。"[2]这样一来，"以钞买物者或坚持不收，或倍昂其价，或竟以货尽为词。"钞票竟博得了"吵票"的绰号[3]。于是乎"兵民怨恨"，"朝野骚然"了。郭老正确地指出："这罪过是不能怪王茂荫的。"

1919年，日本学者加藤繁在《东洋时报》发表了"咸丰朝的货币"一文。他的文章在分析了咸丰朝发行大钱和纸币失败的原因以后，说了这样一段话："咸丰的朝廷正处于非常的难局，受道光以来银的流出、铜

---

① 郭沫若:《再谈官票宝钞》,载《光明》半月刊第三卷第一号。

② 鲍康:《大钱图录》,第55页。

③ 鲍康:《大钱图录》,第64页。

的缺乏的影响，再加上遇到绝大的'内乱'。处于这种难局，要财政处置得宜，是非常困难的。也许可以说，发行大钱和官票宝钞等新货币大概是不可避免的命运。我想，无论什么人担当这个任务，恐怕也会采取这样的处置。而且，不管什么人来掌管这种货币的发行，恐怕都不能得到充分的成功。"在文章的最后，加藤繁还说："使大钱、钞票失败的要素的大部分，不但在咸丰时存在，在现在的中国社会中还是存在。因此，大钱、钞票失败的历史不是同现代毫不相关的故事。"①我们认为，郭老在东京写作《再谈官票宝钞》一文时，是读过这篇文章的，因此，郭老在文章中极力称赞王茂荫的纸币兑现主张，他说："钞票的漫然的发行，既然弄成了僵局，当然要想些办法来救济。救济的方法，我看还是以王茂荫所想的为不错，他所拟的四条章程，一句话归总，其实就是在求其兑现而已。"②在文章的最后，郭老画龙点睛地指出："支票可以兑现，那在流通上还会有什么问题呢？"二十年代使大钱、钞票失败的因素还存在，难道在三十年代国民党反动派统治下的中国就不存在了吗？

三十年代研究王茂荫和咸丰朝"币制改革"史实经过最详尽的是吴晗同志。吴晗同志为了回答翻译《资本论》的朋友的询问和郭老的建议，依据他多年积累的有关王茂荫及咸丰朝币制改革的史料，于1937年3月写了《王茂荫与咸丰时代的新币制》一文。吴晗不愧为著名的历史学家，他不仅以翔实的史料和流畅的文笔对王茂荫的生平、家世做了详尽的介绍，而且还以丰富确凿的史料，对王茂荫的行钞主张和咸丰朝"币制改革"的始末做了极其准确地阐述。吴晗同志认为，咸丰时代是一个对外屈辱，对内镇压的时代。银因外贸入超，逐年大量流出，铜因太平军起义，云南铜运不达，铸钱的原料成了问题。特别是大部分地方被太平军占领以后，中央财政越发不能支持。在这种情况下，咸丰对行钞主张"也就怦然动心"，终于在咸丰三年五月戊申发行了纯然不兑换的官票。吴晗同志指出，这种不兑换的官票实质是"拿它当作银子给人，却绝不

① 加藤繁：《中国经济史考证》，第三卷，第19页。

② 郭沫若：《再谈官票宝钞》，载《光明》半月刊第三卷第一号。

愿意商民把它完全作银子交回"①。这种掠夺人民财富的钞法一经传出，就使京城内的市面立刻混乱，商铺纷纷歇业倒闭。王茂荫主张行钞，但却反对当时所行的办法，主张钞票都应兑现。因此王茂荫大被申斥，并被调离户部，解除了他对新币制的发言权。结果是大钱果然行不通，钞法也失败了。吴晗同志还进一步分析了王茂荫兑现主张和阶级实质。吴晗同志认为："王茂荫是安徽歙县人。歙县人多外出经商，徽商在清代后期在全国商业界很有地位，很活跃，有徽邦之称。徽邦的经营业务，主要的是茶商、钱庄和典铺。王茂荫生长在徽商的社会里，又长期家居。他的生活和思想意识深受徽商的影响，在政治上自然而然成为商人阶级的代言人，特别是以开钱庄、典铺为主的徽商的代言人，卫护他们的利益。在讨论官票宝钞和大钱的时候，处处为商人特别是开钱庄、典铺的徽商说话。"②我们认为，吴晗同志的这一见解是颇有见地的。笔者近年来在搜集王茂荫研究资料时，已经发现几种新的资料，它不仅证明了王茂荫与徽州商人有着密切的联系，而且王茂荫的家庭就是徽商的一员。他祖父王槐康早年就"从族人习贾于京师"，在北京通县经营一家名为森盛的茶庄。王茂荫的父亲王应矩继续经营茶叶生意，直到1900年八国联军入侵北京，这家茶庄才被战火焚毁。这些资料证明，王茂荫处处为商人利益说话绝不是偶然的。

　　总之，三十年代我国学者对王茂荫的研究，是由郭老开其端，而由吴晗同志总其成的。这一时期的研究成果，主要表现在王茂荫研究资料的发掘和咸丰朝"币制改革"史实的揭示。王茂荫研究的成果，不断完善《资本论》注83的中译，从而解决了中外学者都不甚清楚的 Wan-mao-in 就是王茂荫的问题，其成绩是巨大的。但这一时期的研究还偏重于王茂荫和咸丰朝"币制改革"史实的揭示，而对王茂荫货币观点的理论分析则还没有来得及进行研究，这是要进一步深入研究的课题。

---

① 吴晗:《读史札记》,第84页。

② 吴晗:《读史札记》,第73页。

三、新中国诞生后,我国学者对王茂荫的研究

抗日战争开始,沈起予、洪深主编的《光明》半月刊停刊了,王茂荫的研究也就因此中断。新中国诞生以后,由于马克思的《资本论》得到了广泛的传播,对王茂荫的研究也重新活跃起来,进入了一个新的阶段。

1951年,谭彼岸先生发表了《〈资本论〉中的王茂荫问题》一文。这是一篇长达六万多字的著作,作者自称初稿写于1937年,1951年修订完稿。发表在《岭南学报》第十二卷第一期上。由于《岭南学报》发行量较少,这一著作不大为人所知。

谭彼岸先生的这篇长文,共分三个部分:一、《资本论》中王茂荫的考证;二、由道咸的货币改革运动说到王茂荫的纸币主张;三、王茂荫与咸丰朝的货币膨胀政策。对王茂荫的行钞主张和纸币理论,对咸丰朝币制改革的争议和咸丰朝通货膨胀政策的实施经过都做了详细的考证。该文引用资料较为丰富,作者是花了相当大的功力的。但其缺点和不足也是显而易见的。例如第二部分银钞派和钞币派的划分就不尽确当。谭彼岸这样划分并不是他的独创,而是从吴晗同志那里抄袭来的,吴晗同志在其文章中就把当时的财政家和史论家划分为钞法派和钱法派。其实,这是历史学家按表面现象划分的方法。因为主张鼓铸大钱的人,并不一定反对行钞,主张行钞的人,也不都反对鼓铸大钱,有的人还几种主张都兼而有之。即使是同样主张行钞的人,他们所持货币观点也可能完全不同。例如王鎏和王茂荫都主张行钞,但他们一个是不折不扣的货币名目论者,一个则基本上是货币金属论者,把他们用钞币派划在一起,就是不尽科学的。

谭彼岸先生这篇长文,引用资料虽颇为丰富,但却显得烦琐和零乱。史实的叙述和理论的分析也显得蔓生枝叶和脉络不清,使人读后有不得要领之感。尽管这样,谭彼岸先生的这篇长文,在某些史实的考证上还是有成绩的。如对王茂荫的故事,究竟是哪一个俄国人把它介绍到欧洲

去的考证，就是一例。谭彼岸先生依据大量史料，考证出是俄皇派驻北京的教士巴达第把王茂荫的兑现主张和受到皇帝申斥的故事介绍到俄国文献中去的。巴达第原名加发，1840年随俄国第十二届教会布道团来北京，先后在北京居留十多年，其间正是王茂荫任户部右侍郎，发行官票宝钞，再议钞法的时期。巴达第当时任俄国使馆的提调，他懂汉语，俄国驻北京大使馆的对华外交文牍不少出于他手。是他从理藩院探知消息，并采为俄国驻北京使馆关于中国的研究资料中去的[①]。谭彼岸的考证是有说服力的，但仍有待于第一手史料的确证。我们期望有资料之便的同志能查核一番，这的确也是一个极好的考证课题。

　　1954年，彭信威先生出版了他的《中国货币史》一书，首先肯定了王茂荫反名目主义的正确意见。彭信威认为，鸦片战争前后，魏源、许楣等人的反名目主义货币学说都是暗示的，并没有就名目论的主题来反驳，只有王茂荫才明白地指出名目论的错误。咸丰四年，清政府要增铸当百、当千大钱，当时一般人以为只要把钱的面额定得高，分量减轻也不会影响他的购买力，王茂荫批驳这种思想，他说："论者谓国家此制，当十则十，当千则千，孰敢有违？不知官能定钱值，而不能定物值。钱当千，民不敢以为百；物值百，民不难以为千。"彭信威认为王茂荫"这段话把货币的额面价值或名目价值和购买力分别得很清楚。王茂荫所谓钱值，是指钱的额面价值，物值则指钱的购买力，政府能决定货币的名目价值，但不能决定他的购买力，这是一种正确的见解"。这个正确的见解触及了名目主义混淆价格标准和价值尺度错误理论的要害，确实是相当精彩的批驳。彭信威认为王茂荫批驳了名目论的主题，这是完全正确的。但是由于彭信威的《中国货币史》一书，研究的侧重面是历代货币制度的沿革，所以对货币理论的论述就比较简单了。彭信威可能还没有见到王茂荫的《王侍郎奏议》，他引用王茂荫的那段话还是从《清史稿》中得来的。因此，彭信威对王茂荫货币观点的一系列概念，如"以实运虚""数实辅一虚""虽虚可实""似实而虚"等等，都没有进行分析和评论。

---

　　① 谭彼岸：《〈资本论〉中的王茂荫问题》，《岭南学报》第12卷第1期。

首先对王茂荫货币观点进行较为全面分析的是巫宝三同志。他在1959年发表了《略说王茂荫的货币理论》一文[1]。在这篇文章中，巫宝三对王茂荫的"数实辅一虚""钞法以实为虚，虽虚可实，大钱以虚作实，似实而虚"等钞币兑现和流通理论都做了具体分析。巫宝三认为王茂荫对当时货币问题的基本主张是"以数实辅一虚"。这"数实辅一虚"实际上就是主张发行兑现的钞币，而反对发行不兑现的官票和宝钞。巫宝三还认为王茂荫的兑现钞币论，旨在防止钞币的滥发和贬值，以便维持金融和商业的正常活动，这个主张是合乎银行券发行的经济规律的。巫宝三还以赞赏的态度评述了王茂荫反对当时铸行低值铸钱的理论，认为王茂荫阐述了大钱的法定价值与实际价值的脱离，也就是当作货币的铸钞，如果它的重量轻于按照作为一般等价物所应有的重量，即法定价值高于它的实在价值，那么它就必然产生两种结果：一是重量重的铸币一定退出流通，被熔化和改铸成重量轻的钱，也就是私铸繁兴；二是商品价格，将由于铸钱重量变轻和价值变小而普遍高涨，这就是物值踊贵。巫宝三认为王茂荫的这些分析都是正确的，而且被实践所证明了。最后巫宝三认为，"王茂荫的货币理论，实质上是从货币商品的金属币出发的，无论他主张发行可兑换钞币，或反对发行不兑换钞币和铸行低值铸币，都是实足的金属币为其归趋的。"巫宝三还认为王茂荫的理论是有其科学性的。正是这种科学性使他对当时实行的恶性货币政策的抗争增加战斗力量和说服力量。我们认为，巫宝三的这些分析和见解基本上都是正确的。但对王茂荫货币观点的科学性，还要做具体分析。货币金属论在批判以货币名目论为理论基础的通货膨胀政策是有力量的，但它本身也是一种不尽科学的理论。它只承认货币是商品，但不了解货币是特殊商品，不懂得在符合货币流通规律所要求的范围内，用什么做币材都是可以的。王茂荫虽然本质上是一个货币金属论者，但他并不是以实足的金属币为归趋；恰恰相反，他倒是要突破货币金属论的框框。他比货币金属论高明的地方，就在于他承认不兑现纸币在金属货币的辅助下"虽虚可实"，可以流通。从这个意义上，我们说，王茂荫是一个特殊货币金属论者。

---

[1] 巫宝三：《略说王茂荫的货币理论》，原载《中国近代经济思想与经济政策资料选辑》。

巫宝三认为王茂荫是一个矛盾型的人物，他一方面献计献策，指出发行纸币办法为封建主筹款，利用发钞作为封建主搜刮民间白银的手段，加大封建国家财政上的开支能力；另一方面则反对低值铸币，反对货币贬值，坚持主张纸币要兑现。因此，巫宝三又认为王茂荫的见解的实质是从商人利益出发的。咸丰皇帝斥责他"只知专利商贾"，可以说明他的主张的实质。

叶世昌同志不同意这种意见，他在《王茂荫代表商人的利益吗?》一文中[1]，认为王茂荫奏请行钞，动机是为了替封建国家解决财政困难，筹措反革命战争的经费，绝不是为了商人的便利。在《条议钞法折》中，王茂荫所拟的由银号兑现的办法，等于国家向银号举借一笔相当于发钞之额，而永远不需要归还的公债款，让银号做替死鬼。因此，王茂荫的兑现主张是以牺牲银号的利益为前提的，和他的筹款目的一点也不矛盾。王茂荫和清政府分歧的实质是，一种是竭泽而渔，一种是适可而止。前者是考虑封建国家的眼前利益，后者考虑封建国家长远利益，绝不能就因此说他的思想实质上代表商人利益，而不是封建国家的利益。

叶世昌还认为王茂荫的由银号承担兑现的办法是王鎏的"民间所有之银，即国家的行钞之本"的具体运用。他在其《鸦片战争前后我国的货币学说》一书中亦表示了同样的意见[2]。

我们认为，王茂荫确是一个矛盾型的人物。他的行钞主张是为封建统治阶级的利益着想的。但他反对通货膨胀，严格限制纸币的发行量等等具体的行钞主张，又是从"无累于民"出发的。这种倾向，在王茂荫坚决主张兑现的《再议钞法折》里，表现得更明显了。他被咸丰帝斥责为"专利商贾"也并不是毫无根据的"莫须有"罪名。叶世昌的意见有片面性，但也有其合理的因素，即他指出了王茂荫为封建统治阶级着想的一面。其实，封建统治阶级的利益和商人的利益并不是非此即彼，绝对对立的。在国家政治经济稳定，财政状况比较正常和健康的情况下，发行有限制的纸币也是可以行得通的。这既有利于国也可以便商。

---

① 叶世昌:《王茂荫代表商人的利益吗?》,《光明日报》1962年7月23日。

② 叶世昌:《鸦片战争前后我国的货币学说》,第110—112页。

至于由银号代为发行和兑现的问题。我们同意胡寄窗先生的一段分析。胡寄窗在对这个问题做了一番分析以后说："这种办法并非对银号毫无好处"，"如果银票能畅通流行，事实上不会有兑现问题，即使有此情况，银号左手收兑，右手放出或借捐例解缴等方式交还官府，不致有大的损失。如果银票真发行阻滞，则受损失的很可能是一般持有者，而很少可能有银号。银号代兑钞币固能获得一定的利益，但也绝不是毫无风险。因此，既不能说是王茂荫的办法是牺牲商人阶级的利益，也不能说是从商人利益出发。他不过是……企图以一定的利益换取商人对兑换券的支持，为地主阶级政权减轻一些财政困难而已。"[1]我们认为，胡寄窗对这个问题的分析意见是中肯的。

当时，清政府在太平天国农民起义的打击下，已经陷入百孔千疮的局面，财政危机极其严重。这时，王茂荫企图以发行有限制的纸币来解救财政危机，是根本满足不了清政府搜刮民财的欲望的，他所希望的既"有利于国"又"无累于民"是根本达不到的。

关于叶世昌说的王茂荫主张由银号承担兑现是师承王鎏的"民间所有之银，即国家用钞之本"的问题。胡寄窗在评论许楣、许椿兄弟猛烈攻击这一点的时候，做了这样一个分析："仅从钞币收换白银一点看来，如果说王鎏是封建统治者的理财谋士，而许氏兄弟则为官僚、地主及富有工商者的联合代言人，双方均不是代表人民利益的。因为劳动人民既不可能拥有白银，不收换白银于他们无益，收换白银于他们无损，用不着大声疾呼地反对。"[2]"王鎏把握着发行不兑换钞币须同时控制中原有金属货币及币材一点，都不是毫无道理的。"[3]我们认为，胡寄窗的这些分析是有道理的。

对王茂荫的货币观点作更详细和全面分析的是赵靖、易梦虹主编的《中国近代经济思想史》一书。此书在1964年初版时有一节专门分析王茂荫的货币观点。1980年修订再版时，有专门一章评述王茂荫的货币观点。

① 胡寄窗:《中国经济思想史》下册,第636页。
② 胡寄窗:《中国经济思想史》下册,第616页。
③ 胡寄窗:《中国经济思想史》下册,第612页。

赵靖、易梦虹认为，王茂荫是一个比较特殊的货币金属主义者，我们是同意这个看法的。从王茂荫承认"纸虚银实"来看，他是一个金属主义者。但他同时又是一个承认不兑换纸币可以流通的货币名目主义者。他不像当时的许多金属主义者那样，用"纸虚银实"的说法来简单地否定不兑换纸币。因此，王茂荫又是一个特殊的货币金属主义者。我们认为，这一分析是正确的。王茂荫比起金属主义者许楣、许槤等人是前进了一步，他的"特殊性"就在于他已经突破了货币金属主义的保守性框框，面向科学的货币理论前进了一步。当然，王茂荫是根本不可能有什么完全科学的货币理论的，阶级和历史的局限使他永远达不到这一点。

赵靖、易梦虹还认为"以实运虚"是王茂荫解释纸币流通的基本观点，也是他的货币改革方案的基本立足点。而"以实运虚"的主要内容是"以数实辅一虚"这是第一个方案的特点。第二个方案"以实运虚"的主要内容则是兑现。两个方案都体现了王茂荫反对通货膨胀的精神。"数实辅一虚"的说法，表明王茂荫对纸币和金属币之间的联系有了某种粗浅的认识。"大钱虽虚，视钞票则较实，岂钞可行而大钱转不行？不知钞法以实运虚，虽虚可实；大钱以虚作实，似实而虚。"在这里，王茂荫大体上正确地看出了并且说明了纸币和大钱的区别①。赵靖、易梦虹的这些分析都很细致和准确，比起前人都深刻得多了。我们认为，"以实运虚"反映了王茂荫金属货币主义的本质，也正是由于王茂荫金属主义的本质，决定了他不能找到纸币和金属币之间的联系和区别；"虽虚可实"则体现了他金属货币主义者的特殊性，决定了他比货币金属主义者前进了一步。

赵靖、易梦虹还指出，在王茂荫的方案中，企图借助商人的力量来推行货币改革工作，这表明商业资本在当时社会中已经有了不可忽视的力量和作用，"王茂荫对商业信用，对银号、钱庄等经济活动的分析，表明他对工商业的情况是相当了解的，同当时社会中的商人资本是有相当联系的。"②胡寄窗也认为，王茂荫重视私商对钞币的支持，是王茂荫钞

---

① 赵靖、易梦虹主编：《中国近代经济思想史》（修订本）上册，第238页。

② 赵靖、易梦虹主编：《中国近代经济思想史》（修订本）上册，第239页。

币办法的极其重要的特点。王茂荫"强调取得商人阶级的支持,意味着他不相信封建王权在货币流通方面的威力,真诚地相信货币市场的客观作用能决定钞法或钱法成败。这就是很不容易的见解,特别是他不畏强暴地坚持兑换纸币及足值钱币的信念,甚至丢官罢职亦在所不惜,这种精神更是难能可贵的,不能因为他的行钞方案是为解决封建财政困难而抹杀他的优点"①。我们认为,这些意见都是很对的。王茂荫的家庭是北京通州经营茶庄的商人,他熟悉商人和重视商人的支持不是偶然的。王茂荫根本不是"出身官僚地主家庭"②。

总之,新中国成立以来,我国学者对王茂荫的研究取得的成绩是巨大的。它的一个显著的特点是大多数论著都从研究咸丰朝"币制改革"的史实出发,进而研究王茂荫的货币观点及其代表的阶级利益问题,这是王茂荫问题研究深入的标志。

王茂荫的货币观点,虽然基本上仍然沿袭了前人"纸虚""银实"的说法,但又有许多不同于前人的见解,如批判货币名目论的精彩论述以及在纸币流通规律上,已经触及了纸币和金属币的关系问题等。正是这一点,使他的货币观点受到了马克思的注意。中国古代货币理论发展到王茂荫这里,已经到了它的尽头。王茂荫的货币观点是中国古代货币理论的终结,达到了他可能达到的高度。

马克思逝世已经一百年了。《资本论》的中译也有半个世纪了。从郭老倡议研究王茂荫到现在也有四十多年了。王茂荫研究虽然取得巨大的成绩,但并没有结束。我们将继承前人的志愿,把它进行到底。

[原载安徽省《资本论》研究会主编《〈资本论〉研究论文集》,安徽人民出版社1984年9月第1版]

---

① 胡寄窗:《中国经济思想史》下册,第636—637页。

② 高鸿志:《王茂荫和他的发行钞币计划》,《安徽日报》1962年12月29日。

王茂荫的一副楹联

王立群

在歙县杞梓里进行文物普查时，笔者曾从一位六十多岁的老职工口中获悉王茂荫为家乡的承庆祠撰写的楹联。据云，该联用木头镂刻，金粉涂描，呈半圆形镶于祠堂正厅柱上，上联为：

一脉本同源，强毋凌弱，众毋暴寡，贵毋忘贱，富毋欺贫；但人人痛痒相关，急难相扶，即是敬宗尊祖。

下联是：

四民虽异业，仕必登名，农必积粟，工必作巧，商必盈资；苟日日偈游不事，匪癖不由，便为孝子贤孙。

该楹联原物已于二十多年前被毁，甚为可惜。王茂荫作该楹联的背景、年月等，笔者目前无法考证。

[原载《徽州报》1985 年 10 月 15 日]

王茂荫视姑如母

王经一

  王茂荫一生以国事为重。在京为官三朝，不携眷属随任，一生独居北京玄武门外的歙县会馆。历时三十余年，请假只有三次，前两次只有几个月，唯有最后一次，前后长达几年。时间是咸丰八年（1858）七月，王茂荫接到徽州家书后，请假匆忙离京。这是怎么一回事呢？①

  话还得从王茂荫小时候说起。王茂荫出生在杞梓里一个徽商世家，生于清嘉庆戊午年（1798）三月十一日，系杞梓里王氏世系第十五世。王茂荫六岁即清嘉庆癸亥年（1803）其生母洪氏不幸病逝。其父王应矩是一位学者，曾获"清授登仕佐郎"之称，王应矩父亲因操劳过度，年仅三十一岁就病故。王应矩为继承父业，不得不弃儒从贾。王茂荫的二

---

  ① 编者按：王茂荫自道光十二年高中进士进入仕途后，三十余年间告假回家乡总共有五次：第一次是道光十二年闰九月乞假回里探亲，次年四月回京供职；第二次是道光十七年祖母八秩荣寿，同年正月乞假回里省视，八月返京销假；第三次是道光二十一年元月至道光二十四年某月，因祖母去世，回里守制；第四次是道光二十八年三月至咸丰元年八月，因父亲去世回里守制；第五次是同治四年四月扶继母灵柩回里安葬，同年六月旧病复发不治，在新迁居地歙县义成村去世。王氏生前曾因病于咸丰八年七月初四日上《请开缺调理折》，获准后，由歙县会馆移寓东城玉清观，后又移居潞河，二儿铭慎随侍左右。王氏二姑父洪梅庵在三阳坑家中病逝是在咸丰八年七月初六日，王氏在京接家书闻讣音后，肝肠寸断，悲痛万分，因自己有病在身和战乱不靖，无法回乡奔丧，遂濡泪和墨写了一副挽词，着人回籍送到三阳坑洪家，挽词详见下文。咸丰九年十一月廿三日，王氏二姑母又在三阳坑家中病逝，享年七十八，王氏欲奔丧回里，又同样因有病在身和战乱不靖而力不从心，只好在姑母丧治期间，以缌服身份撰"慈云望黯"四字挽额，又与弟茂兰、茂茹、茂蔼联名送去挽词，挽词亦详见本文下文。总之，王茂荫对三阳坑二姑父二姑母怀有极深的感情，他们相继去世，王茂荫非常悲痛，只是因自己染病在身，再加上战乱不靖，他没有能力回里奔丧。本文作者言王氏"匆忙离京"等辞，不知所持何据。

姑母（生于乾隆四十八年十月初七），嫁的乃是三阳坑巨商之家，二姑父洪梅庵诰封资政大夫。王茂荫二姑母仅生一女。姑母视侄儿王茂荫如己出，分外心疼，关爱有加。今见其弟媳①不幸去世，其弟②又远在北京郊县通州经营森盛茶庄，便义无反顾地把幼侄接来家中抚养，精心培养教育。王茂荫是在三阳坑水口学堂"破蒙"读书。他"髫龄入私塾，晨入暮归，学业极为用功。"他在三阳坑读了《三字经》《千字文》《百家姓》《神童诗》，还有《诗经》《尚书》《周易》等书。

王茂荫一生命运多舛，幼年丧母，成年两度丧妻，年近不惑又失爱女，北京森盛茶庄、徽州家中房子，先后毁于兵燹，父亲也于清道光戊申年（1848）去世。在他人生遇到坎坷时，他的二姑母、二姑父都曾鼎力相助，无论是人力、物力、财力，都给予极大的帮助与支持。多灾多难的人生经历，让他倍感亲情的可贵。咸丰八年七月初，时任兵部左侍郎的王茂荫忽然收到从家乡辗转寄来的家书，说是三阳坑时年七十七岁的梅庵姑丈大人已卧床多日，近来滴水未进，眼看六月很难熬过。王茂荫接到家书，心急如焚，想到亲如父的二姑父可能已不在人世，不由老泪横流（这年王茂荫也已六十岁）。他想到二姑母今年也是七十七岁的老人，此时身边最需要的是亲人的侍候、安慰、呵护。于是，视姑如母的王茂荫便以丁忧请病假开缺调理为由（其父去世也近十年），匆匆离京。王茂荫想早点赶到徽州三阳坑侥幸见上姑丈大人最后一面，然而，他的二姑父却于他到达前的七月初六酉时离世。王茂荫痛心疾首，写道：

忆昔年，居近仁乡，常瞻道范。名至亲，实逾骨肉。慨自备员后，会少遂致离多。南北攸分，不时曾入梦。起服来生违，遽成死别。阴阳相隔，何处可招魂。值今日，身羁帝里，卒奉讣音，伤知己，痛彻肝肠。③

---

① 编者按：称"弟媳"不确，应称兄嫂。

② 编者按：应称兄。

③ 编者按：这一文字表述，令人无法读懂。这实为一副挽联，正确的表述应当是：忆昔年，居近仁乡，常瞻道范。名至亲，实逾骨肉。慨自备员后，会少遂致离多。南北攸分，不时曾入梦；值今日，身羁帝里，卒奉讣音。伤知己，痛彻肝肠。悔从起服来，生违遂成死别。阴阳相隔，何处可招魂。

次年，即清咸丰九年十一月廿三日酉时，王茂荫七十八岁的姑母也年老告终。这一年多，王茂荫一直侍候在姑母身边，像亲儿一样，端茶送饭，煎药送汤，问寒问暖，极尽人间孝道，直至送终①，"慈云望黯"，这是王茂荫在他姑母去世后写的四字挽词。王茂荫在姑母去世后以缌服身份写道："姑侄有深情，姑抚侄如儿，侄视姑如母，依依骨肉，何期一旦分离，愚兄弟（指包括其弟茂蔼、茂兰、茂茹）②不堪回首。"这次，王茂荫在三阳坑姑母家前后住了两年，咸丰十年七月中旬，王茂荫告别了姑母家。临别前，他挥笔写道：

处尔两年徂，谢贤子孙何以为情。夫妻原偕老，夫先妻而倡，妻后夫而随，渺渺精灵，同声一哭。

王茂荫在三阳坑的两年中，对徽州历史上的三次大迁徙（晋、唐、宋时期，北方氏族迁居徽州形成的三大高潮），徽州王姓的由来，徽商的货币流通方式等进行了深入的研究，以及对奏议、书稿、信件进行了详尽的整理③。著有《王侍郎奏议》《皖省褒忠录》等。其中的部分手稿历经沧桑，如今仍侥幸留存在他姑母的后人手中。

[原载《黄山日报》2004年3月18日]

---

① 编者按：不知作者所言有何依据。

② 编者按：王茂荫三个同父异母弟弟依次应为茂兰、茂茹、茂蔼。

③ 编者按：王茂荫因三阳坑二姑父、二姑母去世奔丧至三阳坑，"前后住了两年"，这一说法目前尚无令人信服的史料为证。他在三阳坑的两年间详尽研究徽州王氏的由来和徽商的货币流通方式之说，须进一步考证。

有关王茂荫史料的新发现（节录）

潘剑峰　王经一

从郭沫若发表研究王茂荫的文章到现在已将近七十年。随着时间的推移，新史料的不断被发掘，王茂荫在思想史上的地位和影响愈益突现出来，受到学术界越来越多的关注。新近，笔者在王茂荫二姑母家的后人提供参阅的清朝咸丰、同治年间有关材料（以下简称"材料"）中，意外获得了一些有关王茂荫史实的新资料，现整理陈述如下，供王茂荫研究者参考。

一、有关王茂荫名、字、号记载的新发现

到目前为止，在有关研究王茂荫的文章中，介绍"王茂荫"的名字、号时，一般都这样：王茂荫，字椿年，号子怀……

在"材料"中，有一本袖珍式便于随身携带的王茂荫家谱（12 cm×8 cm）。这本家谱是用毛笔书写的。在这本王茂荫家谱中，有关"茂荫"一款是这样记载的：

茂荫，应矩公之长子，乳名茂萱，榜名茂荫，字椿年，号子怀，初字树之，号蔼甫。嘉庆戊午年三月十一日申时生。道光辛巳入县庠，甲申科试一等第四名补廪膳生，丁亥岁酉增例廪生，生捐贡，加捐训导。辛卯万寿恩科，是年在京，因原名已捐分发例，宜本省乡试，特更榜名

茂荫，捐监生，应顺天乡试中第二百二十八名举人，壬辰会试中（联捷）第一百七十二名进士，殿试第三甲第四十名，钦点主事签封户部广西司。

（在这本家谱中，唯有此款后面预留了一些空白没写；茂荫父亲名应矩，字芳仪，号敬庵，授职员，乾隆丙申八月廿五未时生，道光戊申三月十八日亥时卒，娶三阳坑洪氏生一子茂荫，继娶北岸吴氏，生三子茂兰、茂茹、茂蔼——笔者根据这本王茂荫谱注）

…………

这本袖珍式王茂荫家谱，记载的有关王茂荫家人生卒科试等情况的最迟时间是同治乙丑年（1865）。王茂荫是这一年六月二十二日申时去世的。但这本家谱有关王茂荫的记载却只记到道光壬辰年，即道光十二年（1832），会试中（联捷）第一百七十二名进士、殿试第三甲第四十名，钦点主事签封户部广西司，也就是说，此后有王茂荫三十三年重要的经历没记载，不知为何？此字谱为何人所写？有待进一步考证。

二、有关王茂荫咸丰八年至咸丰十年主要去向的新发现

…………

那么，在这几年，除了曾受聘潞河书院担任主讲之外，王茂荫又到了哪里去呢？在"材料"中，有一本王茂荫在二姑父二姑母去世时写就的《公祭轴挽诗词联集》，记录了有关王茂荫的一些轴挽诗词联句。从他二姑父二姑母去世的时间，还有王茂荫的一些轴挽诗词联句中，不难发现王茂荫这段时间的主要去向是在歙南三阳坑他二姑母家。

王茂荫二姑父姓洪名梅庵，家住歙南三阳坑。据这本《公祭轴挽诗词联集》中记载，王茂荫二姑父于咸丰八年（1858）七月初六日酉时在家去世，终年七十七岁；二姑母于咸丰九年（1859）十一月廿三日酉时也年老告终，终年七十八。

王茂荫的挽词联句转抄如下。

悼念二姑父的：

忆昔年，居近仁乡，常瞻道范，名至亲，实逾骨肉。慨自备员后，会少遂至离多。南北攸分，不时曾入梦。起服来生违，遽成死别。阴阳相隔，何处可招魂？值今日，身羁帝里，卒奉讣音，伤知己，痛彻肝肠，悔从。①

覃恩诰封资政大夫梅庵姑丈大人　灵次
兵部左侍郎愚内侄王茂荫顿首拜挽
（其一）恭挽

覃恩诰封资政大夫梅庵姑丈大人仙逝
俭音孔昭
愚内侄王茂荫偕弟茂兰同顿首拜
（其二）

悼念二姑母的：
姑侄有深情，姑抚侄如见②，侄视姑如母。依依骨肉，何期一旦分离，愚兄弟不堪回首。
皇清貤封宜人　从洪门二姑母大人　灵次
覃恩诰封夫人　缌服茂茹
缌服侄王茂荫阶弟功服茂兰顿首百同拜挽
缌服茂蔼（其一）

恭祝貤封宜人覃恩诰封夫人从燉煌郡二姑母王太夫人仙逝　慈云望黯
缌服振麟　铭焘　缌茹　铭诒
缌服侄茂荫偕弟功服茂兰率子侄孙铭诏等顿首百同拜

---

① 编者按：全联应断句为：忆昔年，居近仁乡，常瞻道范。名至亲，实逾骨肉。慨自备员后，会少遂至离多。南北攸分，不时曾入梦；值今日，身羁帝里，卒奉讣音。伤知己，痛彻肝肠。悔从起服来，生违遽成死别。阴阳相隔，何处可招魂？

② 编者按："见"字为"兒"（儿）字之误。

缌葛铭训

缌服铭治锡麟

（其二）

处尔两年徂，谢贤子孙何以为情？夫妻原偕老，夫先妻而倡，妻后夫而随，渺渺精灵。

皇清貤封宜人覃恩诰封夫人从洪门二姑母老大人灵次

同声一哭缌茹

缌服侄王茂荫阶弟功服茂兰顿首百同拜挽

缌葛（其三）

从悼念二姑母（其三）的"处尔两年徂，谢贤子孙何以为情"这句，我们不难知道，王茂荫在他二姑父、二姑母先后去世期间，在三阳坑姑母家住了两年的时间……由此可见，咸丰八年（1858）七月，王茂荫以病假请求开缺，在开缺养病期间除了曾受聘在潞河书院担任主讲外，主要生活的地方，是在他"视姑如母"的二姑母家——歙南三阳坑。

三、有关王茂荫信件及《养蒙必读》序言的新发现

在王茂荫"材料"中，有一本《雁简鱼书》，封面上写着"石逸山民录""戊子年抄"字样的手抄本子。在这本《雁简鱼书》中，抄录了王茂荫、柯钺（歙南水竹坑人）、胡澍（绩溪人）、缪德菜（不知何处人，待考）等人给王茂荫二姑母家人的一些信件。

其中有一封王茂荫给三阳坑姑表弟洪亮采（又名洪肖梅）的信中这样写道：

亮采仁弟台启。前寄讣信谅先收到，去冬胡石生孝廉携来之书，今夏自晋省衔恤归京之后始见……此地（北京）为国家定鼎之所，自然要比外间靠得住。然自咸丰年以来，各事之艰难已极，街市生意萧索，明

火执仗之案习以为常。尊意欲挈眷来京到部当差，风鹤之惊虽然可省，而旅用之费，未免有加。大约只身带一家人，来此当差，除所进不计外，每年净五百金；若连家眷齐来，则恐需千金或八百金矣；南方若无事，则北方断下不去，是否？望吾弟自裁之。缪兄人极好，奈兄居忧，不能外出……

同治元年（1862）四月，茂荫起署左副都御史，偕兵部尚书清恪查办山西事件。同治二年（1863）六月王茂荫继母病故。此信当在王茂荫得知继母病故，从山西差次转京告假时所写。信中所言缪兄，可能是指缪德菜，因这本《雁简鱼书》中收录了好几封缪德菜给王茂荫表弟洪亮采的信，其中有一封缪德菜去北京路过上海时写给洪肖梅的信中这样说道：

……初三日自泰州起程，初六日抵七壕口。当即附搭轮船，每人银六两。

初七日酉时刻达沪上。一路托芘顺平。现在天津轮船业也觅得，上下五人共银百两，定于明日开行。计到京总在二十左右，颇较陆路为迅速……

由此可见，王茂荫信中的"缪兄"可能指的是缪德菜。《雁简鱼书》里，缪德菜给洪肖梅的另外几封信中也多次谈到王茂荫。如在一封信中说道："……子怀先生业经谒见，极荷垂青……"在另一封信中说道："……子怀少宰闻已旋里，想起居康健，深为悬系……"

在其他人的信中，也多次提到王茂荫的一些情况。如柯钺在一封信中说：

……十九日，王少宰过皖复本……少宰维舟三日，即赴吴城。吴城不能安居，拟挈家来皖，其前审江西之贼，有经我军击败，克复新城，不意杭湖两处逆贼由宁国经昌化两路入徽，十三、十七官军连败，贼遂趋龙湾、五城，以犯婺源……倘今阑入腹地则势必成燎原之势……

这封信的开头是"亮采大人阁下"，结尾落款是"愚表侄柯铖书三月廿六"。

再如胡澍在一封信中说道："……子怀先生、仲芬兄、燮夫兄，春闻均须南下，怀翁意在侨居……"此信开头称呼是："肖梅仁兄大人阁下"，结尾落款是："愚弟胡澍顿首 甲子新正廿日 都门寓斋。"

《雁简鱼书》直接或间接记录了王茂荫的一些史实和活动情况。另外，在"材料"中，还有一本《养蒙必读》，此书为歙县胡为治舜庭辑，歙县洪氏文翰次芬和洪氏祖诒梅孙同校。在这本书中，笔者惊异地发现，此书的序是王茂荫写的。这篇《序》也是其他有关王茂荫的著作中不曾见过的。在这篇《序》中，王茂荫说：

……教人未见意趣，必不乐学……物之善感人者，莫如声，声之善感人者，莫如诗……诗言志，歌咏言……

这篇《序》写于道光三十年（1850）。《序》文开头"序"字顶格写，"序"字下空白。这行至底与"序"相对的地方盖着一枚大红印章，是篆体的"子怀"两字，想必是王茂荫图章的真迹。这篇《序》的末尾是这样落款的："道光三十年岁次庚戌仲秋月日赐进士出身诰授奉政大夫户部贵州司员外郎记名御史加一级纪录三次愚弟王茂荫拜书。"

[原载《黄山日报》2004年11月1日、11月12日]

王茂荫与三阳坑

王经一

一、王茂荫原配娘家情况

王茂荫原配阳川洪氏，嘉庆丙辰（1796）六月十四申时生，壬申（1812）八月十七日未时卒，享年十七岁。

据《梅溪洪氏支谱》利册记载，王茂荫岳丈，名伯烊，又名伯烊，字融光，号晴村，太学生。乾隆丁亥（1767）正月十七日亥时生，道光丁亥（1827）八月初八日殁，享年61岁，配杞梓里王氏，乾隆丁亥（1767）十二月初二日寅时生，道光庚子（1840）殁，生子二，长本坤，次本坚，女一，适道光壬辰进士王少宰茂荫。

王茂荫原配阳川洪氏的奶奶，是胡宗宪的七世孙女，爷爷名叫洪兆澍。据《梅溪洪氏支谱》利册记载，兆澍，字济和，太学生，雍正乙巳（1725）生，乾隆壬申（1752）殁，葬荷花茬鸣禧公墓侧，配绩溪邑大坑口少保七省总督胡宗宪公七世孙女，青年守志，奉旨建坊，雍正丁未（1727）生，殁未详。公弟兆潜、兆溟，蔚为人望，时有三珠之目。三公后嗣皆贤，克承先志，将水口学堂地址助入宗祠，以为义学，里人仰其高义，既勒石以纪芳徽，复设昆季三牌位于崇德龛内，列于始祖列宗之次，春秋祭祀，同享蒸尝，同族敬恭，百世罔替，猗欤休哉。生二子。

二、王茂荫女婿家情况

王茂荫的大女嫁歙南三阳坑洪承基为妻，生于道光乙酉（1825）四月初七巳时，殁于同治庚午（1870）三月二十六日寅时，享年46岁。

《梅溪洪氏支谱》贞册承基款是这样写的："承基，字洪甫，小名大隆，五品衔，布政司理，问为王少宰之婿，怀才不试，生于道光丁亥（1827）七月三十日亥时，殁于光绪乙未（1895）九月初十日巳时，享年六十八岁，配王宜人，生于道光乙酉（1825）四月初七日巳时，殁于同治庚午（1870）三月二十六寅时，继配沈宜人，生道光庚戌（1850）七月十六日子时，殁于光绪壬辰（1892）九月初七日午时，女一适西溪罗镜海，以承炜次子兼祧。"

王茂荫女婿父，名本佳。《梅溪洪氏支谱》享册是这样记载的："本佳，字岚光，号澹如，国学生，敕封儒林郎，诰授中宪大夫，候选道加四级。覃恩例晋资政大夫。生嘉庆己未年（1799）八月十八日寅时，殁于同治甲戌年（1874）四月十四日申时，配冯氏，诰赠恭人，例晋夫人，生于嘉庆庚申年（1800）六月初四亥时，殁于道光己亥年（1839）四月二十九日未时，继配汪氏，诰赠恭人，例晋夫人，生于嘉庆丁丑年（1817）三月初六日酉时，殁于道光丙午（1846）正月初四日巳时，继配章氏诰封恭人，例晋夫人，生于道光庚寅年（1830）六月二十四日亥时，殁于光绪庚辰年（1880）三月初一未时，子三，长承基，冯夫人出，次承炜，三承谨，女一适绩溪程廷焕，均章夫人出。"

三、王茂荫二姑母情况

王茂荫二姑父，名伯成，字禹功，号梅庵，国学生，敕封儒林郎光禄寺署正，貤封奉直大夫，户部贵州司员外郎，覃恩诰封资政大夫议叙道加四级。公慷慨之怀，为世所稀，关桥迤西山径崎岖，公捐资以成坦途，至今负戴之，夫跋涉之旅，无不啧啧称之，其他善行，难以枚举，盖耳鸣阴德，乃真阴德也。乾隆壬寅（1782）九月二十二日未时生，咸丰戊午（1858）七月初六日申时殁。配王氏，敕封安人，貤封宜人，覃恩诰夫人，乾隆壬寅（1782）十月初七日丑时生，咸丰己未（1859）十一月二十四日戌时殁。庶配陈氏，敕赠安人，嘉庆戊午（1798）二月十六日子时生，嘉庆戊寅（1818）五月二十二日午时殁。庶配方氏，敕赠安人，嘉庆戊辰（1808）五月初七日巳时生，道光己亥（1839）二月十二日辰时殁。庶配曹氏，敕赠安人，嘉庆丁丑（1817）五月二十日丑时生，道光丁未（1847）十一月二十三日亥时殁。公同夫人合葬老竹源来龙白虎首。

王茂荫姑表弟，本耀，字亮采，号肖梅，国学生，候选光禄寺署正，军功保奏赏戴花翎，诰封中议大夫，钦加四品京衔，记名员外户部主政，赏换花翎。道光壬辰（1832）八月二十五日亥时生，光绪戊寅（1878）十一月二十三日未时卒于石港寓次，柩归故里。公生性倜傥，见义必为，江苏为忠酉久踞，故里音书断绝，公航海逃出，力保族长竹安，公为寄书邮里中，涸辙得以全活无数，乱后回里，收揞暴露骸骨于新干畈麓，惟枯骨同归一丘，未能分掩为生平遗憾，又倡修宗祠，并水口庙，举春园公为总办，百废俱举，此其大略也，他若排解周济诸善端，指不胜屈，里人以此多之。元配方氏，例封淑人，持家有法，教子成名，生于道光壬辰（1832）八月二十三日申时，生一子祖诒，庶配顾氏，待赠孺人，生于道光己酉（1849）六月初一日酉时，殁于同治丁卯（1867）七月二十九日申时，庶配季氏，待赠孺人，生于道光丁未（1847）五月二十六日辰时，生一女，适溧阳缪武烈公梓次孙虎候。

四、王茂荫与《养蒙必读》

《养蒙必读》序为王茂荫所撰写，歙县胡舜庭辑，歙县洪文翰次芬和洪氏祖诒梅孙同校。

洪文翰次芬，三阳坑人。据《梅溪洪氏支谱》利册记载："瑞文，又名文翰，字应昌，号筱图，别号寄樵，县增贡生，候选儒学生，壬午荐卷奖叙翰林院待诏，著有《晚芗吟馆诗草》十二卷、《试帖》四卷、《海陵杂事诗》二卷、《识小录》二卷、《所见录》二卷、《晚悔笔记》八卷、《梓行者海上联吟稿》二卷、《梅溪节烈双褒录》二卷、《二十四孝图说试帖》二卷。生于道光癸巳（1833）五月初五日戌时，配吴氏，昌溪候补府通判广涵公季女，生于道光辛卯（1831）十月十七日，殁于泰州寓邸内寝，光绪辛卯（1891）二月二十七日也。生子六，长元绂，次裕元，三申元，四联元。次三四皆幼殇。五嘉绂，六载绂。女四，长名掌珠，适磻溪候补县丞方炳涵，次名双珠，三名品珠，皆幼殁。四名爱珠，字昌溪吴祖泽，未嫁而卒。吴氏厝中村茶亭外攒基，乾山巽向兼戌辰。

洪氏祖诒梅孙，三阳坑人，即王茂荫二姑父的孙子，王茂荫的姑表弟亮采的儿子。

据《梅溪洪氏支谱》贞册记载："祖诒，小名玉祝，字梅孙，号磊公，邑庠生，试用通判。诰授奉直大夫，提举衔江西即补督粮府，奉檄办公，以慎勤自任，颇惬，众望其去也。公赠德政牌伞以壮其行色。工诗词，精铁笔，小篆尤古雅，直入梁安胡荄甫正郎之室。生于道光庚戌（1850）十一月初九日亥时，殁于光绪甲午（1894）十月初四日戌时。原配吴氏，敕封安人，诰授宜人，生于道光戊申（1848）二月十六日吉时，殁于同治壬戌（1862）六月二十日午时。继配程宜人，生于道光庚戌（1850）八月十二日辰时，殁于光绪戊子（1888）六月二十日亥时。庶聘李宜人，生失考，殁于光绪戊寅（1878）十二月初三日，葬泰州，再配白宜人，生于同治己巳（1869）七月十二日巳时。子一。"

五、王茂荫、程蒲孙、曹文正公振镛与三阳坑洪源授（王茂荫二姑父之父）

据《梅溪洪氏支谱》享册记载："源授，字颂南，国学生，诰赠奉直大夫，布政司理问加二级，覃恩晋赠资政大夫，候选道加四级。性孝友，乐善好施，训五子以义，方时目为燕山，五桂同邑。曹文正公振镛与公同庚生习，闻其行谊，尝称为一乡善士，逮公寿八十，特书'灵椿堂'

三字匾额寄赠，祝嘏之日，牓诸厅堂，乡里咸荣之。生平事实，具载同邑王少宰、绩溪程蒲孙太史、通州顾殀谷大令所撰传志碑表中。公生于乾隆乙亥（1755）年二月十八日亥时，殁于道光甲午（1834）年五月二十四日丑时。配方氏，璠溪承求公女，诰赠宜人，晋赠夫人，生于乾隆乙亥（1779）年正月初五丑时，殁于道光乙酉（1825）年九月初三日子时。生五子，伯矿、伯炑、伯成、伯林、伯海，二女均适杞梓里王氏。公同夫人合葬老竹铺旗鼓茔墓坤山艮向。"

[原载《黄山晨刊》2005 年 4 月 20 日、5 月 18 日]

探寻马克思笔下的中国人

蒋 茜

在《资本论》第一卷第一篇第三章的注释83中，马克思这样写道："清朝户部右侍郎王茂荫向天子上了一个奏折，主张暗将官票宝钞改为可兑现的钞票。在1854年4月的大臣审议报告中，他受到严厉申斥。他是否因此受到笞刑，不得而知。审议报告最后说：'臣等详阅所奏……所论专利商而不便于国'。"①这段发生在中国的史实被马克思作为引证用来阐述其货币思想，其中出现的清朝财政官员王茂荫，也成为了马克思在《资本论》中唯一提到的中国人。

一

王茂荫字椿年，号子怀，清朝嘉庆三年（1798）出生于安徽歙县。徽州自古有"山深不偏远，地少士商多"之说，他的祖父和父亲就是经营茶叶的徽商代表。在重农抑商的社会环境中，独有的徽商文化潜移默化地浸润了童年时期的王茂荫。贾而好儒是徽商的重要特点。嘉庆十年（1805），7岁的王茂荫开始进入私塾，后又就读于紫阳书院，师承多位饱学之士，深受儒学教育。无奈他的科举之路并不太顺，24岁考上秀才之后，虽多次乡试，却未能中举。道光十年（1830），已过而立之年的王茂荫深感仕途渺茫，决定弃儒从商，北上通州，经营自家的茶庄，这一年

---

① 《资本论》第一卷，人民出版社1975年版，第146—147页。

的商业经验，虽说短暂但为他日后的货币理念奠定了实践基础。一年之后，恰逢北闱恩科取士，王茂荫赴京应试并考中举人，次年的会试又高中进士，被授予户部主事。道光十二年（1832），王茂荫正式踏上了他的仕宦之途。

然而，道光二十年（1840），第一次鸦片战争的炮火震裂了没落帝国的大门，开启了中国的漫长黑暗。血腥的侵略、肆意的践踏、疯狂的掠夺，让古老、封闭、自大的清王朝措手不及，清廷试图用大量的赔款和土地来换取一时的平静，从而导致白银外流，铸铜紧张，财政异常混乱。王茂荫心痛地目睹了这一切，他希望通过自己的努力研究，能够找到破除清王朝财政之危的良策。咸丰元年（1851），太平天国运动爆发，庞大的军费开支更是让清政府陷入千疮百孔、捉襟见肘的财政困局。此时，王茂荫向朝廷提出了自己的货币主张，受到了刚刚即位的少年天子咸丰皇帝的重视。咸丰三年（1853），王茂荫被擢升为户部右侍郎，监管钱法堂事务，成为了当时主管财政的重要官员之一。但事与愿违，他的货币改革方案在现实中却受到重重阻碍，最终未被采纳。咸丰八年（1858），王茂荫辞官离京。1862年同治皇帝即位之后，王茂荫被再度"恩宠"。无奈，时过境迁，加之体老年迈，王茂荫于同治四年（1865）病逝，享年67岁。

纵观王茂荫的一生，仕任道光、咸丰、同治三朝。为官三十余载，几乎把大部分的时间与心血都投身于户部，研究并推动货币改革，也因此被近代历史学家吴晗誉为"清代货币改革者"。王茂荫的货币改革思想主要反映在1851年以来所写的奏折中，这些奏折后被编辑成《王侍郎奏议》，于同治五年（1866）首次问世。

二

那么，王茂荫当时提出的货币改革是什么呢？要获得答案，我们得从他1851年上书的《条议钞法折》开始谈起。在这份奏折中，王茂荫首次提出了发行有限制的、可兑换的纸币的主张，也因此成为了咸丰时期第一个倡议发行纸币的官员。

实际上，纸币对于当时的清王朝来说并不陌生。在人类货币发展史上，中国是世界上最早发行纸币的国家。从北宋的交子、南宋的会子，到元明的宝钞等等，纸币发行虽有间断，但大体绵延不绝。然而，纸币为何会出现，又为何会被中止？这对于当时的封建统治者来说却是个难以认清的谜。认识的匮乏注定他们对于纸币的感情是纠结的。一方面既钟爱这种带有魔力的纸币，只需付出少量的成本，通过大量发行便可以搜刮财富，欢呼雀跃地享受着通过多印纸币所窃取的劳动财富；另一方面，滥发纸票所导致的巨大恐慌和阴影却愈来愈重，当纸币最终变为一文不值的废纸时，当民怨沸腾，社会动荡时，他们又害怕承担随之而来的恶果，并把这种恶果归咎于纸币本身。殊不知，纸币本身是没有价值的，它是从金属货币中演化而来，并由国家强制发行流通的货币符号，代替金属货币执行流通手段。如果纸币的发行量超过了流通中所需要的金属货币量，那么纸币就会发生贬值，从而引发通货膨胀，这就是纸币的流通规律。违反了流通规律，必然难逃厄运，自古以来皆如此。

相比较而言，对于纸币的认识，王茂荫是那个时代的先行者。他花了十余年的时间悉心研究历朝历代纸币发行的利弊得失，对纸币已经有了较为清晰的认识，其中一些观点甚至已经探触到了本质规律的层面。可以说，王茂荫此番上书发行纸币，与一般的封建官员是有所不同的。在当时的条件下，王茂荫虽然没有认识到历史上纸币反复出现，是商品经济发展到了一定阶段所产生的必然要求。但是，他的智慧却在于透过纸币中断的种种原因，清晰地看到因纸币发行不当所带来的严重问题，并总结归纳了历代纸币发行的十大弊端，提醒在发钞的同时必须注意防弊。归根到底，就是要遏制因滥发纸币所导致的纸币贬值、物价飞涨的通货膨胀。所以，王茂荫的纸币改革虽然主观上是为了维护清王朝的统治，但他却极力反对用通货膨胀的办法转嫁危机于民，因为他深知这种饮鸩止渴的行为最终只能让国家财政陷入更深的泥潭。"先求无累于民，而后求有益于国，方可以议立法"①，这正是王茂荫纸币改革的出发点。总而言之，在王茂荫看来，纸币发行虽有弊端，但只要做好除弊兴利，就可以保证其顺畅流通，促进财政稳定。为此，王茂荫提出了相应的货币措施，其核心思想主要有四点：

其一，控制纸币的发行数量和速度。王茂荫清晰地看到一个事实，即"钞无定数，则出之不穷，似为大利，不知出愈多，值愈贱"②。为了防止纸币发行的盲目性，稳定纸币的购买力，发行总量上需要"限之以制"，发行速度上保持"行之以渐"。其二，纸币与金属货币相辅通行。王茂荫继承了"纸虚银实"的传统货币金属论观点，但他又不同于一般的货币金属论者将纸币与金属货币对立的主张，而是认为纸币与金属货币相比也有自身的优势，即"利轻赍与远行，无成色与轻重，较之金银，与民为便"③，在流通中以金属货币为主，辅以适量的纸币有利于弥补银两短缺，促进商品流通。其三，纸币可以与金属货币兑现。王茂荫意识到纸币发行流通的关键在于建立纸币的信用，他指出"钞法贵在持之以信"④。然而，在人们长期使用金属货币的惯性思维下，真正接受纸币并非易事。在当时的历史环境中，依靠金属货币作为纸币的保障，一方面有助于降低纸币使用的风险，消除人们积存的对纸币信用的疑虑；同时，还可以进一步控制政府毫无节制的滥发行为，避免恶性的通货膨胀，从而逐渐找回纸币的社会信誉。为了进一步保证纸币兑现的可能，王茂荫提出国家需要留出一定的"准备金"，并论证了这种"准备金"的数量可以大大少于纸币的发行额。其四，充分发挥商业在纸币流通中的枢纽作用。王茂荫通过研究纸币的流通环节，提出了国家与银号、钱庄相结合的发行机制，并积极主张借助商人的力量来推进纸币流通。从上述的纸币改革方案来看，王茂荫基于历史的经验教训，认为纸币与金属货币之间不能脱离联系，只有保持某种联系才能"以实运虚，虽需可实"，才能

---

① 王经一：《王茂荫年谱》，安徽人民出版社2015年版，第108页。
② 王经一：《王茂荫年谱》，安徽人民出版社2015年版，第109页。
③ 王经一：《王茂荫年谱》，安徽人民出版社2015年版，第110页。
④ 王经一：《王茂荫年谱》，安徽人民出版社2015年版，第151页。

在扩充国家财政的同时，更避免重蹈历史的覆辙。

可悲的是，一场试图挽救清王朝于财政危亡的货币改革还未正式开始，就已结束。当时的清政府只采用了王茂荫发行纸币的主张，但实施的纸币方案却与王茂荫的理念完全背道而驰。清政府错误地认为钞票不必受到金属货币的限制，开始大量发行不可兑换的"官票""宝钞"，其发行额远远高于清王朝的财政总量。同时，还铸造各种不足值的大钱，让种类繁多的货币大量地涌入了市场。面对日益恶化的财政状况，王茂荫试图挽回颓局，屡次上书献策，坚持直言敢谏。他曾精辟地写道："官能定钱之值，而不能限物之值。钱当千，民不敢以为百；物值百，民不难以为千。"①然而，短视的清政府在欲望的驱使下怎肯罢手，为了掠夺更多的财富，纸币已经失去了原本的意义，沦为了压榨人民的工具，他们妄图凭借皇权肆意地违背经济规律，其结果正如王茂荫所预见。到了咸丰末年，币值混乱程度在历朝历代中实属罕见，恶性的通货膨胀导致纸币贬值、物价飞腾、商业停顿、民怨四起，本已腐朽不堪的社会经济体变得支离破碎，近乎崩溃。在1854年上书的《再议钞法折》中，王茂荫曾悲痛地写道："现行的官票宝钞，虽非臣原拟之法，而言钞实由臣始"，请旨"将臣交部严加议处，以谢天下，而慰人心"②。这份奏折最终触怒了咸丰皇帝。马克思在《资本论》中所记载的那些文字，正是从晚清的这段历史中截取的。最后的结局虽然没有出现马克思所担心的笞刑，但王茂荫也因此受到了非常严厉的申斥，被调离了户部，这对于一个毕生致力于货币改革的财政家来说无疑是场悲剧。

三

这场发生在咸丰年间的货币改革，引起了当时驻北京的俄国传教士巴拉第的关注。巴拉第搜集了王茂荫关于货币改革的相关奏折，并让叶夫拉姆皮写成了俄文《内阁关于纸币的奏折》，并收入到了他所主编的

---

① 王经一：《王茂荫年谱》，安徽人民出版社2015年版，第144页。

② 王经一：《王茂荫年谱》，安徽人民出版社2015年版，第153页。

《帝俄驻北京布道团人员论著集刊》第3卷。1858年，德国人卡·阿伯尔博士和弗·阿·梅克伦堡选译了这本集刊，以《帝俄北京公使馆中国著述集》为名在德国出版。正是通过这本书，催生了马克思与王茂荫在思想上的交集。

值得注意的是，马克思与王茂荫身处于完全不同的历史发展阶段。马克思通过研究最发达的商品经济，从货币的本源以及演变形式中总结出了纸币的流通规律。而王茂荫是生活在自然经济占统治地位的封建社会，他能够从历史经验中去探触到纸币与金属货币之间的某种联系，实属难能可贵。当然，由于历史的局限，王茂荫还没有清晰地看到这种联系，也还没有把这种联系上升到本质和规律的层面。但是，在纸币没有充分发展的早期阶段，在纸币信用还没有建立的时候，或者说人们还没有充分认识到纸币流通规律的时候，兑换与限量却是控制纸币滥发，防止通货膨胀的有效方式。可以说，王茂荫提出的货币改革方案符合了当时的历史要求，在一定程度上代表了近代纸币改革的发展方向，顺应了经济的发展规律。正是因为如此，王茂荫的货币思想引起了马克思关注与认可，并有幸成为马克思在研究政治经济学时引证的材料之一。随着《资本论》的广泛传播，这段尘封的历史被越来越多的人知晓，王茂荫在中国货币发展史以及在世界货币发展史上的地位得到了应有的认可。

一百多年后的今天，随着商品经济的日益繁荣，纸币获得了越来越充分的发展，现代的国家纸币已经代替了贵金属成为了货币领域的主导者，货币全面走向了符号化。放眼当今的世界货币，布雷顿森林体系所代表的金本位制已经成为了历史，不再受制于金属货币的美元成为了国际货币流通到了世界各地。美国政府只需要付出低微的印刷成本，就可以向世界不断输出"绿纸"。历史总是惊人的相似，纸币发行引发的通货膨胀似乎又以全新的姿态出现在了今天。当前，这一轮轮量化宽松政策的背后究竟是什么，值得我们深思。然而，强大的政治权力真的能凌驾于流通规律之上吗？发生在咸丰年间的这场货币改革已经给予了答案，违背规律的种种做法势必会就酿出一场危害更大的危机，或迟或早。公权掌握者和政策制定者需要做的应是遵循纸币的流通规律，发挥纸币本身对商品经济的促进作用，以此获得持久的发展，或许这也正是王茂荫的货币改革给我们今天留下的有益启示。

[原载《理论视野》2016年第12期]